Cinzia Ciulli - Anna Lia Proietti

da zero a cento

Test di (auto)valutazione sulla lingua italiana

Direzione editoriale: **Ciro Massimo Naddeo**

Redazione: **Carlo Guastalla**

Progetto grafico e impaginazione: **Andrea Caponecchia**

Progetto copertina: **Sergio Segoloni**

Disegno copertina: **Thelma Alvarez-Lobos e Sergio Segoloni**

Illustrazioni: **Cristiano Senzaconfini**

Nota
Cinzia Ciulli è autrice dei seguenti test: test 4-6/livello A1, test 1-3/livello A2, test 4-6/livello B1, test 1-3/livello B2, test 4-6/livello C1, test 1-3/livello C2.
Anna Lia Proietti è autrice dei seguenti test: test 1-3/livello A1, test 4-6/livello A2, test 1-3/livello B1, test 4-6/livello B2, test 1-3/livello C1, test 4-6/livello C2.

Printed in Italy

ISBN 978-88-8923-703-8

Alma Edizioni
Viale dei Cadorna, 44
50129 Firenze
alma@almaedizioni.it
www.almaedizioni.it

Indice

Introduzione

Il progetto di questo eserciziario nasce dall'esigenza, verificata nelle nostre classi, di test oggettivi che si adattino ad obiettivi comunicativi.

Abbiamo cercato di costruire test che fossero coerenti con quanto si fa quotidianamente in classe secondo un approccio umanistico-affettivo, proponendo esercizi di verifica (formativa e sommativa) e di rinforzo che non violassero l'abito mentale dello studente inibendolo, con il conseguente rischio dell'innalzamento del filtro affettivo.

Nella stesura di questo eserciziario abbiamo seguito le indicazioni del Consiglio d'Europa, riassunte nel Progetto Lingue Moderne in particolare le sue linee guida sul Language Testing.

I test sono graduati secondo un ordine di difficoltà progressiva, e possono essere utilizzati come test di verifica formativa o sommativa, o come esercizi di rinforzo in classe o in autoapprendimento.

Ad ogni livello del framework corrispondono 6 test di difficoltà crescente in modo da coprire l'intero percorso di apprendimento, a partire dai primi passi nel mondo dell'italiano, dopo poche ore di lezione, ovvero dall'inizio del livello A1, fino all'ultima verifica al termine del livello C2.

Lo studente può misurarsi con un intero test accettando la sfida dei 100 punti o seguire un proprio percorso fra test diversi per esercitarsi su un preciso elemento morfosintattico o una tipologia di esercizio.

L'insegnante può invece sfruttare più propriamente la peculiarità del test integrato, ovvero costituito da testi e non da singole frasi, e attingere dall'eserciziario materiale per le proprie verifiche e lezioni in base al curricolo lessicale e culturale.

È importante notare che gli esercizi sono costituiti da materiale autentico o semiautentico, quali trascrizioni di dialoghi. Per rendere i test più attraenti e motivanti abbiamo riunito gli esercizi secondo un filo conduttore che porta l'apprendente a scoprire curiosità sulla vita italiana, percorsi turistici alternativi oppure a raccogliere i vari elementi di storie di fantasia, inserite comunque in un'ambientazione tipicamente italiana.

Riteniamo che gli esercizi contenuti in "Da zero a cento" abbiano un alto grado di accettabilità perché "provati sul campo" nelle nostre classi innumerevoli volte. Ad ogni riscrittura abbiamo tenuto peraltro conto della preziosa opinione dei nostri studenti.

Il punteggio facilmente calcolabile e volutamente ostentato richiama l'idea della sfida giocosa piuttosto che quella del severo giudizio dell'insegnante, al quale lo studente si rivolgerà non tanto per il controllo e la correzione degli esercizi, già fornita dalle chiavi, quanto piuttosto per delucidazioni e approfondimenti sui testi.

Per questi e tanti altri suggerimenti ancora vogliamo ringraziare Paolo E. Balboni e Roberto Dolci rispettivamente Direttore e Coordinatore del laboratorio Itals, Università di Venezia, che per primi ci hanno incoraggiate a raccogliere tutto il materiale che quotidianamente preparavamo per le nostre classi, in un volume disponibile a tutti e C. Massimo Naddeo, di Alma Edizioni, che con la sua preziosa esperienza ci ha guidate nella redazione di questo libro.

Le autrici

Livello A 1

- 1. Studiare l'italiano
- 2. Conoscersi
- 3. A casa di amici
- 4. Tempo libero
- 5. Coppie
- 6. Gite in Italia

A1 Studiare l'italiano

Test 1 Studiare l'italiano

1 L'iscrizione

Completa la scheda con le parole della lista.

americana - cognome - Italia - luglio - telefono

Scheda d'iscrizione

Nome:	Mary
...............:	Armstrong
Nata/o il:	3 1982
Nazionalità:	....
Indirizzo in ....:	Via C. Colombo n. 12
...............:	02/7895667

Ogni parola inserita in modo esatto vale 2 punti. **Totale: ______/10**

2 La lingua italiana

Completa il testo con la forma corretta dell'aggettivo.

La lingua italiana è molto *(bello)* ______________ perché è *(armonioso)* ______________. Secondo *(alcuno)* ______________ studenti è *(complicato)* ______________ perché ci sono *(molto)* ______________ verbi *(irregolare)* ______________, gli aggettivi cambiano - c'è la declinazione - e le frasi spesso sono *(lungo)* ______________.
La pronuncia invece è più *(facile)* ______________: l'Italiano si legge come si scrive, a parte *(poco)* ______________ eccezioni: per esempio la H è una lettera *(muto)* ______________, cioè non ha suono.

Ogni aggettivo esatto vale 1 punto. **Totale: ______/10**

3 Uno studente

Scegli l'articolo corretto.

George è **uno/un** studente molto bravo, ogni giorno studia **la/le** lezione e fa sempre tutti **i/gli** esercizi. Ha qualche problema con **i/gli** verbi, ma in generale capisce subito **il/lo** sbaglio e si corregge. Ama molto parlare e quando non capisce **le/i** domande dell'insegnante non ha paura di chiedere spiegazioni. George ha anche **un/una** bel carattere, infatti è sempre pronto ad aiutare **un'/un** amico o **un/un'** amica; insomma è **un/uno** ragazzo veramente intelligente, simpatico e generoso.

Ogni aggettivo esatto vale 1 punto. **Totale: ______/10**

4 Mary in Italia

Scegli, per ogni riga in quale spazio inserire la parola a destra, come nella prima riga di esempio.

Mary è _X_ ragazza ___ americana, di ___ San Francisco.	**una**
Studia ___ la ___ lingua ___ a Milano	**italiana**
perché ___ college frequenta ___ la facoltà ___ di Design.	**al**
Il suo sogno ___ diventare ___ una grande ___ progettista di mobili.	**è**
Ama ___ molto ___ anche ___ antiquariato	**l'**
e l'anno ___ forse torna ___ in Italia ___	**prossimo**
per ___ frequentare ___ un corso ___ restauro.	**di**
Studia ___ italiano da ___ mesi ___	**tre**
e ___ può già ___ parlare ___	**bene**
___ perché ___ anche lo ___ spagnolo.	**conosce**
Infatti ___ madre ___ è ___ una ispano-americana.	**sua**

Ogni parola inserita nello spazio esatto vale 1 punto. **Totale: ______/10**

5 Paula e Mary

Riordina il dialogo.

Paula

1. Mary, tu dove abiti?
2. Anch'io, ma cerco una camera in affitto.
3. Perché lì bisogna rientrare presto.

Mary

A. Perché?
B. Ah sì, l'orario è un problema.
C. Alla casa dello studente, e tu?

1/__ __/__ __/__

Ogni frase inserita al posto giusto vale 2 punti. **Totale: ______/10**

6 Mary e Hans

Scegli la preposizione corretta.

Mary e Hans frequentano la stessa scuola **da/di** lingue. Mary viene **da/per** San Francisco, Hans invece è tedesco, **di/in** Hannover. Studiano italiano **a/da** poco tempo, ma sono molto bravi e parlano già bene. **A/In** Milano abitano **alla/dalla** casa dello studente **in/con** via Cristoforo Colombo. È molto vicino **alla/della** scuola e vanno **a/per** lezione **a/in** piedi.

Ogni preposizione esatta vale 1 punto. **Totale: ______/10**

7 In classe

Completa il testo con i verbi all'indicativo presente

Rita, la professoressa di italiano, arriva a scuola.

Rita - Buongiorno ragazzi, come *(andare)* ______________?
Mary - Bene, grazie. Tu come *(stare)* ______________? Stamattina *(sembrare)* ______________ stanca.
Rita - Sì Mary, *(tu - avere)* ______________ ragione. Mia figlia *(essere)* ______________ malata, *(avere)* ______________ l'influenza e la notte non *(io - dormire)* ______________. Io e mio marito non *(chiudere)* ______________ occhio da due giorni. *(Essere)* ______________ distrutti.
Hans - Scusa, che *(significare)* ______________ "non chiudiamo occhio"?
Rita - Ah, voi tedeschi non *(avere)* ______________ questa espressione? Quando qualcuno dice che non "*(chiudere)* ______________ occhio" *(volere)* ______________ dire che non *(riuscire)* ______________ a dormire.
Mary - In inglese *(usare)* ______________ la stessa espressione.
Hans - Sì, sì, ora ho capito, questa espressione *(esserci)* ______________ anche in tedesco. Beh, allora *(capire)* ______________ perché *(essere)* ______________ stanca! Sono sicuro che non *(tu - avere)* ______________ nessuna voglia di fare lezione.
Mary - Beh, allora oggi *(organizzare)* ______________ noi la lezione!

Ogni verbo esatto vale 1 punto. **Totale: ______/20**

8 La casa dello studente

Completa il testo con i verbi della lista.

avvisare - chiude - devono - è - possono - può - rientrano - rispettare - usare - vogliono

Casa dello studente - Regolamento

La casa ______________ alle 24.00. Gli studenti che ______________ dopo mezzanotte devono ______________ prima il portiere. Per entrare ______________ suonare il campanello.
______________ vietato correre e fare rumore nei corridoi.
Gli studenti che ______________ ascoltare musica in camera devono ______________ le cuffie.
Non si ______________ cucinare in camera.
Gli studenti ______________ svolgere attività ricreative nelle stanze comuni al piano terra. Tutti gli ospiti devono ______________ il regolamento.

Ogni verbo inserito nello spazio esatto vale 2 punti. **Totale: ______/20**

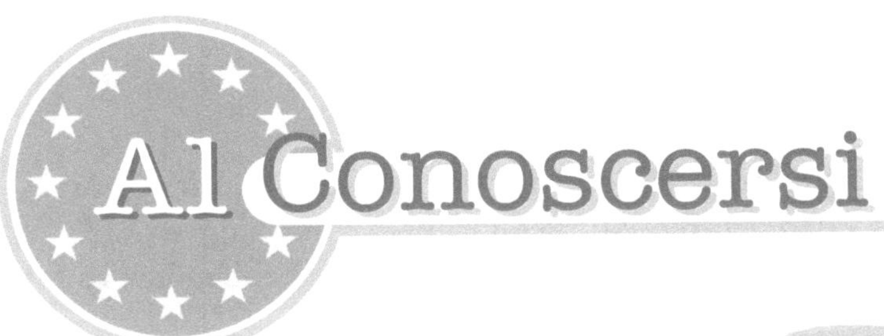

1 In treno

Scegli la forma corretta.

Giulio - Buonasera, mi chiamo Giulio Vittori.
Alberto - Mi chiamo Alberto Gasparri. Piacere. Sono di Bari, e **tu?/Lei?/voi?/loro?**
Giulio - Io abito a Roma, sono deputato in Parlamento. Lei che lavoro **fa?/lavora?/fai?/lavoriamo?**
Alberto - Sono avvocato; ma **tu sei/noi siamo/Lei ha/Lei è** molto giovane per essere un deputato, no?
Giulio - Ho 45 anni, non sono così giovane. **Tu di quanti anni sei?/Tu quanti anni hai?/Lei quanti anni ha?/Lei di quanti anni è?**
Alberto - 37. Sono sposato e ho un bambino. **Loro hanno/Voi avete/Lei è/Lei ha** bambini?
Giulio - No, non sono sposato. C'è un caldo terribile, **Lei non fa caldo/Lei non ha caldo/tu non hai caldo/Lei fa caldo?**
Alberto - Sì, certo. Meno male che oggi il treno **è/ha/c'è/non è** vuoto.
Giulio - Sì, non c'è nessuno, che fortuna, di solito è affollatissimo!
Alberto - Io di solito preferisco viaggiare in macchina. **Tu prendi/Lei sale/Tu sali/Lei prende** spesso il treno?
Giulio - No, quasi mai, anch'io preferisco la macchina. Oh, finalmente siamo arrivati a Milano. Allora **complimenti/arrivederci/ci sentiamo/distinti saluti**.
Alberto - **Ciao/Ci vediamo/Arrivederci/Auguri**.

Ogni forma esatta vale 1 punto. **Totale: ______/10**

2 In fila alla biglietteria

Scegli la forma corretta.

Stazione di Firenze. Mo'r è in fila per fare il biglietto per Milano. L'altoparlante dice: *Il treno Eurostar per Milano è in arrivo sul primo binario. Non effettua fermate intermedie...*
Mo'r è straniero e non capisce bene, così chiede un'informazione ad un ragazzo davanti a lui.

Mo'r - Scusa, hai capito dove arriva il treno per Milano?
Victor - Sul primo binario, prendo anch'io quello...
Mo'r - Salve, mi chiamo Mo'r e tu?

Victor - **Molto piacere, mi chiamo signor Victor/Ciao, io sono Victor/Ciao, sono il signor Victor/Buongiorno, mi chiamo Victor Havel**. Non sei italiano, vero? Di dove sei?
Mo'r - Sono senegalese, sono ingegnere, **tu che lavoro fai?/chi sei?/Lei che è?/Lei che lavoro fa?**
Victor - Sono dottore all'ospedale di Forlì.
Mo'r - Dottore, un bel lavoro. **È italiano?/Sei italiano?/Sei di Italia?/Viene dall'italia?**
Victor - No, sono ceco. La mia famiglia vive a Praga.
Mo'r - **Ha/Hai/Sei/Vuoi** sposato?
Victor - Sì, sono sposato da 3 anni e ho un bambino, e **Lei?/le?/tu?/voi?**
Mo'r - Sono scapolo. **Perché abiti/Perché vive/Perché si trova/Perché vai** a Milano?
Victor - Per una conferenza e tu?
Mo'r - Io ci vado per la fiera dell'auto. **Hai la macchina?/Compri una macchina?/Ha la macchina?/Prendi la macchina?**
Victor - Sì, ho una Lada, è molto vecchia, ha 15 anni e tu?
Mo'r - Ho una macchina nuova, piccola, ma ora è guasta.
Victor - Che problema **ce l'ha?/ha?/sei?/tiene?**
Mo'r - Mah, **non conosco/non sa/non importa/non lo so**, sono ingegnere di case, non di macchine.
Victor - Oh, finalmente tocca a me.
Mo'r - **Ci vediamo/Vai/Salutami/Ciao** in treno!
Victor - D'accordo, a fra poco.

Ogni forma esatta vale 2 punti. **Totale: ______/20**

3 Per conoscersi

Trova la risposta più logica ad ogni domanda.

1. Di dove sei?
2. Quando finisce la lezione?
3. Dove vai?
4. Perché non mangiamo insieme stasera?
5. Come stai?
6. Chi conosci in questa città?
7. Ti piace la pizza?
8. Prendi qualcosa da bere?
9. Che lavoro fa?
10. Cos'è Latina?

A. Da Maria.
B. In pizzeria?
C. Sono italiano, di Latina.
D. Non c'è male, grazie.
E. Una città vicino a Roma.
F. Alle 5.
G. Sono operaio, lavoro alla FIAT.
H. No, niente, grazie. Non ho sete.
I. Sì, molto.
L. Nessuno.

1/___ 2/___ 3/___ 4/___ 5/___ 6/___ 7/___ 8/___ 9/___ 10/___

Ogni coppia esatta vale 1 punto. **Totale: ______/10**

4 La mia città

Completa le parole con l'ultima lettera.

Roma è una città bellissim____, con una storia molto antic____. Io viaggio molto per lavoro e ved____ spesso città bellissime e capitali meravigliose, eppure, ogni volta che torn____ a Roma sono emozionata. Per prim____ cosa, vado al Caffè Greco, in Via Condotti, che ancora conserv____ una certa atmosfera artistica (anche se i prezzi sono veramente troppo alt____). Poi passeggi____ fino a Piazza di Spagna. La casa dei miei genitor____ non si trov____ in questa zona, ma in una zona nuova e interessant____, l'Eur: il quartiere non ha il fascino del centro ma è comodo, tranquill____ e molto verde.

I miei genitori preferiscon____ vivere qui perché la gente è più gentil____ e meno stressata. I trasporti funzionan____ bene e non ci sono tant____ problemi di parcheggio come a Trastevere o Testaccio. Io lavoro da poco e non poss____ avere una casa tutta mi____, così per abitare in centro dev____ dividere un appartament____ con un'amica.

Ogni parola completata nel modo esatto vale 1 punto. **Totale: ______/20**

5 Una coppia italiana

Completa con i verbi all'indicativo presente.

Io e mia moglie Carolina *(essere)* ______________ italiani, *(abitare)* ______________ a Torino. Io *(avere)* ______________ 35 anni, mia moglie 28. Io *(fare)* ______________ l'ingegnere alla FIAT e qualche volta *(dovere)* ______________ lavorare anche di notte. Carolina invece *(frequentare)* ______________ l'ultimo anno di Storia dell'arte all'Università e lavora con suo padre e sua madre in un negozio di antiquariato, per questo né io né lei *(volere)* ______________ ancora bambini. Gianfranco e Patrizia, i genitori di Carolina, *(comprare)* ______________ e *(vendere)* ______________ mobili antichi, mentre mia moglie *(preferire)* ______________ i quadri e i piccoli oggetti. Qualche volta anch'io, quando *(finire)* ______________ presto di lavorare, *(andare)* ______________ al negozio, perché mi *(piacere)* ______________ l'arte, ma Carolina *(dire)* ______________ che io *(essere)* ______________ solo un ingegnere e non un artista, così mi *(ripetere)* ______________ sempre: "Voi ingegneri *(conoscere)* ______________ solo le figure geometriche, non *(capire)* ______________ niente d'arte e tu non *(sapere)* ______________ riconoscere un Giotto da un Michelangelo!" Io allora *(arrabbiarsi)* ______________, però alla fine per fortuna facciamo sempre la pace!

Ogni verbo esatto vale 1 punto. **Totale: ______/20**

6 Tu e voi

Riscrivi il testo e trasforma le parole <u>sottolineate</u> dal singolare al plurale.

Tu <u>sei</u> molto <u>antipatico</u> ed <u>arrogante</u>. <u>Hai</u> un brutto carattere, <u>vuoi</u> sempre avere ragione e <u>ti arrabbi</u> per niente. Per <u>te</u> <u>esiste</u> solo <u>la</u> <u>motocicletta</u>!

Voi ....

....

....

Ogni parola trasformata nel modo esatto vale 1 punto. **Totale: ______/10**

7 Eros Ramazzotti

Completa con le parole nel riquadro. Attenzione: c'è una parola in più!

a - anni - cantante - è - gioca - in - la - ma - racconta - simpatico - un

Conoscete Eros Ramazzotti? È un famoso ______________ italiano. È di Roma, ha circa 60 ______________ e in "Adesso tu" una sua famosissima canzone, ______________ la sua vita: la vita di ______________ ragazzo di periferia che con ______________ musica riesce ad avere successo. Ora abita ______________ una bellissima villa vicino a Roma ______________ viaggia molto per lavoro. Ama il calcio e ________________ nella Squadra Nazionale Cantanti. ___________________ carino, ___________________, generoso, e naturalmente… ricco!

Ogni parola inserita nel modo esatto vale 1 punto. **Totale: ______/10**

A casa di amici

1 L'invito a cena

Completa la telefonata tra Pino e Rodrigo con gli aggettivi possessivi.

Pino - Pronto, sono Pino, posso parlare con Rodrigo?
Rodrigo - Ciao, Pino, sono io! Come va?
Pino - Tutto a posto, ti telefono per invitarti a cena a casa ______.
Rodrigo - A casa ______ ? Che bello! Quando?
Pino - Venerdì sera. Puoi portare anche i ______ amici, se vuoi...
Rodrigo - Grazie ma vengo solo, i ______ amici venerdì vanno a ballare.
Pino - Ah, allora, venite sabato.
Rodrigo - No, venerdì va bene, a me non piace ballare e Silvina , la ______ ragazza, il venerdì sera va al corso per sommelier. I vini sono la ______ passione e vuole diventare una vera esperta!
Pino - Ah bene, così finalmente ti presento ______ moglie.
Rodrigo - Ci sono anche i ______ figli?
Pino - No, Luigi è al campeggio con i ______ compagni di scuola mentre le due femmine sono al mare con le ______ cugine. Così almeno possiamo parlare tranquillamente.
Rodrigo - Ah, perfetto, non vedo l'ora di essere da te. Allora ci vediamo sabato.

Ogni aggettivo possessivo esatto vale 2 punti. **Totale: ______/20**

2 Una casa italiana

Completa la descrizione con gli articoli della lista.

gli - i - il - l' - la - la - la - la - le - lo

______ ingresso è ampio e luminoso, a sinistra c'è ______ porta del salotto, di fronte ______ porta d'ingresso invece c'è ______ cucina e accanto c'è ______ bagno. A destra ci sono ______ camere da letto e ______ studio di Pino. ______ mobili sono tutti molto belli, soprattutto ______ libreria e ______ armadi dello studio.

Ogni articolo inserito nello spazio giusto vale 1 punto. **Totale: ______/10**

Test 3 A casa di amici

3 Un'e-mail

Completa l'e-mail di Rodrigo con i verbi all'indicativo presente.

File Modifica Visualizza Inserisci Formato Strumenti Messaggio ?

Invia Taglia Copia Incolla Annulla Controlla Controllo or... Allega Priorità Firma Crittografia Non in linea

Da: rodrigo@yahoo.it
A: borabora@hotmail.com
Cc:
Oggetto: invito a cena

Caro Enrique,
oggi *(io-essere)* ____________ davvero eccitato, molto eccitato e contento. Per la prima volta *(andare)* ____________ a casa di amici italiani. Io *(abitare)* ____________ a Treviso da 6 mesi ma è la prima volta che degli amici italiani mi *(invitare)* ____________. Di solito *(frequentare)* ____________ gli altri argentini che *(vivere)* ____________ qui, *(noi - pranzare)* ____________ o *(cenare)* ____________ insieme: *(preparare)* ____________ piatti del nostro paese e *(parlare)* ____________ dei nostri problemi. Oggi *(io-dovere)* ____________ fare molte cose prima di andare a casa dei miei amici italiani, Pino e sua moglie Maria. *(Volere)* ____________ comprare dei fiori per Maria e una bottiglia di vino: io *(preferire)* ____________ il vino bianco, molto freddo, ma Pino *(bere)* ____________ solo vino rosso. Io non *(conoscere)* ____________ i vini italiani. Veramente non *(capire)* ____________ niente di vino in generale, ma vicino a casa mia *(esserci)* ____________ un supermercato con un grande reparto di vini. *(Pensare)* ____________ di chiedere un consiglio a Silvina. Lei *(essere)* ____________ un'esperta: *(fare)* ____________ un corso per sommelier. Ti saluto. A presto!
Rodrigo

Ogni verbo esatto vale 1 punto. **Totale: ______/20**

4 Alcune regole di comportamento

Completa il testo con le parole della lista.

casa - di - dolce - è - fiori - il - italiani - molto - per - serata - una

"Paese che vai, usanza che trovi" dice il proverbio. È vero. Allora cosa facciamo quando andiamo a cena da amici __________? Di solito dobbiamo portare un piccolo regalo: dei __________ per la padrona di casa e __________ bella bottiglia di vino o un __________ da mangiare tutti insieme. Se l'invito __________ informale possiamo chiedere ai padroni di __________ che cosa preferiscono. Se invece l'invito è __________ formale è meglio non portare niente e poi, __________ giorno dopo, mandiamo un mazzo __________ fiori alla padrona di casa con un biglietto __________ ringraziare della bellissima __________.

Ogni parola inserita in modo esatto vale 1 punto. **Totale: ______/11**

5 La casa di Pino e Maria

Completa il testo con la forma corretta dell'aggettivo.

La casa di Pino e Maria è veramente una *(bello)* _________ casa: la cucina è *(grande)* _________ e *(comodo)* _________. Il salotto è *(luminoso)* _________ perché ha tre *(grande)* _________ finestre. Le camere dei bambini invece sono abbastanza *(piccolo)* _________ ma i mobili sono davvero *(carino)* _________. La camera delle bambine, che è più grande, è *(bianco)* _________ mentre quella del bambino è *(azzurro)* _________. *(Tutto)* _________ i dettagli sono curati nei minimi particolari.

Ogni aggettivo esatto vale 1 punto. **Totale: ______/10**

6 A cena da amici

Scegli la forma corretta nel dialogo tra Rodrigo, Pino e sua moglie Maria.

Pino - **Arrivederci/Benvenuto** Rodrigo!
Rodrigo - Ciao, sono molto **tardi/in ritardo?**
Pino - Non molto, solo qualche minuto.
Rodrigo - **Scusami/Ciao**.
Pino - Non importa, vieni, ti **presento/presenta** mia moglie Maria.
Maria - Buonasera Rodrigo, finalmente ci conosciamo, Pino mi parla sempre di **voi/te**.
Rodrigo - Grazie, sei molto gentile. Spero di **non/no** disturbare troppo.
Pino - Ma no! Siamo molto **contenti/contento** di vederti!
Maria - È quasi **pronto/pronti**, intanto voi due **andate/andiamo** a tavola.
Pino - Vieni, Rodrigo, **andiamo/veniamo** a tavola, Maria non vuole nessuno in cucina. **Ha/È** paura di perdere **le/i** sue ricette segrete. **Sei/Hai** fame? Apro un pacchetto di patatine?
Rodrigo - No, posso **avere/ho** un bicchiere d'acqua? Oggi **fa/faccio** così caldo!
Pino - Ma certo, questo caldo **è/ho** veramente terribile. **Preferisci/Ami** acqua naturale o gasata?
Rodrigo - Tu cosa **bevi/beve?**
Pino - Ah, io bevo vino, **un/uno** buon vino siciliano, Nero d'Avola.
Rodrigo - Bene, allora un bicchiere di vino anche per **io/me**, grazie.

Ogni forma esatta vale 1 punto. **Totale: ______/20**

7 I cannoli siciliani

Ricostruisci il dialogo inserendo le battute di Maria al posto giusto.

Rodrigo - Maria, questi biscotti sono buonissimi!
Maria - ____________________________
Rodrigo - Non so ancora bene l'italiano e tutte le cose dolci per me sono "biscotti". Scusa.
Maria - ____________________________
Rodrigo - Nemmeno l'inglese?
Maria - ____________________________

Maria

1. Ma che dici? Parli benissimo l'italiano, io non parlo nessuna lingua straniera.
2. Grazie Rodrigo, ma non si chiamano biscotti, sono i cannoli siciliani.
3. No, solo due parole di francese.

Ogni frase inserita al posto giusto vale 3 punti. **Totale: ______/9**

Al Tempo libero

1 Sport

Completa il testo con gli articoli della lista.

gli - gli - i - il - la - le - le - lo - un - una

Mia madre ha _______ macchina molto bella ma usa sempre _______ bicicletta perché _______ strade a Pisa sono strette e _______ parcheggi sono sempre tutti pieni. _______ spazio è poco, _______ traffico è tanto e _______ italiani non sono molto gentili quando guidano. Mia madre non è _______ tipo sportivo: odia _______ palestre e tutti _______ sport in genere, perciò, per fare un po' di movimento, va in bicicletta.

Ogni articolo inserito in modo esatto vale 1 punto. **Totale: ______/10**

2 Cinema

Completa il testo con gli aggettivi possessivi e scegli le preposizioni corrette.

Io e i miei fratelli amiamo molto andare **al/nel** cinema. Paolo, _________ fratello, preferisce gli attori americani, infatti la _________ attrice preferita è Sharon Stone. Invece Claudia, _________ sorella, è stata molti mesi **in/a** Spagna e preferisce gli attori spagnoli: il _________ attore preferito è Antonio Banderas.

I _________ genitori dicono che il cinema è molto noioso e invece di andare **per/a** vedere un film vanno con i _________ amici **al/nel** ristorante.

Ogni forma esatta vale 1 punto. **Totale: ______/10**

3 La domenica

Completa il dialogo con i pronomi diretti.

- Ciao Mario, andiamo al cinema?
- Perché no, che film danno? _____ sai?
- No, guardiamo sul giornale. Dunque, c'è questo film comico...
- No, questo _____ devo guardare con i miei figli domenica pomeriggio.
- Ma _____ porti al cinema tutte le domeniche?
- In inverno sì. Perché, tu cosa fai con tua figlia?
- Domenica per esempio _____ porto al circo e qualche volta andiamo a sciare o facciamo una gita. Mia moglie dice che io _____ vizio, ma non è vero.

Ogni pronome esatto vale 2 punti. **Totale: ______/10**

4 La discoteca

Completa il testo con le parole della lista. Attenzione: c'è una parola in più!

bene - con - così - di - mai - ragazzo

Al mio ragazzo non piace ballare, invece a me sì. Così quando voglio andare in discoteca ci vado ____________ le mie amiche, mentre lui rimane a casa a guardare la TV. Infatti per Giampiero non è un problema se esco da sola.
Le mie amiche non hanno il ____________ e non capiscono certi problemi. Quando parliamo ____________ Giampiero discutiamo sempre. Secondo loro io faccio sempre quello che vuole lui e non mi diverto perché lui è noioso. "Guarda film orribili, non ride ____________, non sa ballare, dorme sempre, neanche mio padre è ____________ noioso!" - mi ripete tutte le volte Margherita, la mia migliore amica.

Ogni parola inserita nello spazio esatto vale 2 punti. **Totale: ______/10**

5 A proposito di cinema

Completa il testo con i verbi all'indicativo presente.

Di solito la domenica io non *(uscire)* _____________ perché tutti *(andare)* _____________ fuori e sulle strade *(esserci)* _____________ molto traffico. Qualche volta io e il mio ragazzo *(andare)* _____________ al cinema; lui *(amare)* _____________ i film d'azione. Io *(preferire)* _____________ i film drammatici ma spesso *(noi-guardare)* _____________ il film che sceglie lui. Dopo il cinema, se non *(essere)* _____________ tardi, *(mangiare)* _____________ insieme qualcosa e *(discutere)* _____________ del film. Naturalmente io e Giampiero - così *(chiamarsi)* _____________ il mio ragazzo - *(avere)* _____________ sempre idee opposte. Ieri, dopo "Mission Impossibile", abbiamo litigato, come sempre. Secondo me quel film è esagerato e anche un po' noioso, e poi Tom Cruise non *(dormire)* _____________ mai, non mangia mai, non *(bere)* _____________ mai, *(sembrare)* _____________ Superman! Giampiero invece dice che io non *(capire)* _____________ che questi film *(basarsi)* _____________ sugli effetti speciali. Secondo lui Mission Impossibile *(dovere)* _____________ essere esagerato perché l'azione è molto più importante della storia.
Ancora non capisco perché *(continuare)* _____________ ad andare al cinema con lui, se non *(divertirsi)* _____________! La prossima volta al cinema ci vado da sola!

Ogni verbo esatto vale 1 punto. **Totale: ______/20**

6 Dipingere

Scegli la forma corretta del verbo.

Stamattina **mi ho alzata/mi sono alzata** tardi e **ho perso/è perso** l'autobus come al solito. Alla fermata **ho incontrata/ho incontrato** Federica che mi **ha chiesto/ho chiesto** se domenica prossima **voglio/vogliamo** andare al mare con lei a Calafuria, in Toscana. Mi ha detto: "Si **vede/vediamo** un panorama magnifico!" Io generalmente **preferisce/preferisco** andare a sciare, ma la scorsa settimana mio padre **ha avuta/ha avuto** un piccolo incidente e perciò domenica non mi **è potuto/ha potuto** portare in montagna, così **sono decisa/ho deciso** di accettare il suo invito. Federica l'anno scorso **ha presa/ha preso** delle lezioni di pittura e ora **saputo/sa** dipingere molto bene. Qualche giorno fa mi **è fatta/ha fatto** vedere i suoi quadri. Ama dipingere panorami marini e per questo **organizza/organizzi** spesso delle gite al mare. Anche a me **piace/piaccio** dipingere e l'estate passata anch'io **ho cominciato/sono cominciata** il corso, ma **ho smesso/sono smesso** di frequentarlo quando le vacanze **hanno finite/sono finite**. Non **è stata/sono stata** molto brava. Domenica però **sono andata/ho andato** lo stesso.

Ogni verbo esatto vale 1 punto. **Totale: ______/20**

7 Partita o concerto?

Riordina il dialogo tra Luigi e Stefano.

Luigi	Stefano
1. Devi studiare?	**A.** Mi dispiace, non posso.
2. Ciao Stefano, come va?	**B.** E allora? Ci puoi andare da solo.
3. Giochi ancora a basket?	**C.** Che c'è? Non sta bene?
4. Bene, ma ho un problema con Linda.	**D.** Non c'è male e tu?
5. Sì certo, ma non mi diverto. Perchè non vieni tu con me?	**E.** Studiare? No, ma c'è la partita.
6. No no, non vuole venire al concerto.	**F.** Non io, mio fratello. Lo devo accompagnare.

2 /__ __/__ __/__ __/__ **1** /__ __/__

Ogni frase inserita al posto giusto vale 2 punti. **Totale: ______/20**

Test 4 Tempo libero

A1 Coppie

1 Carla e Giorgio

Completa il testo con la forma corretta dell'aggettivo.

Carla è una ragazza molto *(carino)* ________________ e *(dolce)* ________________: ha i capelli *(castano)* ________________, *(lungo)* ________________ e gli occhi *(verde)* ________________.
Non ama studiare ma è *(intelligente)* ____________, quindi a scuola va molto bene.
Anche suo fratello Giorgio è molto *(gentile)* ________________, non è *(bello)* ________________ ma ha due *(fantastico)* ________________ occhi *(blu)* ________________.
Carla e Giorgio sono entrambi veramente simpatici ed io sto bene con loro.

Ogni aggettivo esatto vale 1 punto. **Totale: ______/10**

2 Philip e Jorg alla Bocconi[1]

Scegli per ogni riga in quale spazio inserire la parola a destra, come nella prima riga di esempio.

Ciao ___ Marco, sono a Milano ___ da tre settimane e _X_ bene.	**sto**
Abito nella casa ___ dello studente, in camera ___ un ragazzo ___ danese.	**con**
Il ___ compagno di ___ camera si chiama Jorg, è ___ molto simpatico:	**mio**
___ studia economia e ___ ha 20 anni come___.	**me**
___ Facciamo ___ sempre colazione ___ in camera o al bar;	**insieme**
___ non piove, ___ andiamo a scuola ___ a piedi, perché non è lontana.	**se**
La Bocconi non ha ___ un campus, è ___ differente ___ nostre università; è in città.	**dalle**
Il pomeriggio ___ abbiamo ___ lezione. Studiamo e poi andiamo in giro per ___ il centro.	**non**
___ La sera mangiamo alla mensa o andiamo con altri studenti ___ mangiare ___ fuori.	**a**
Il ___ fine-settimana vado con Jorg e ___ un altro amico italiano sul ___ lago di Garda.	**prossimo**
Tu ___ conosci ___ bene. Secondo te cosa ___ devo visitare?	**lo**

A presto.
Philip

Ogni parola inserita al posto giusto vale 2 punti. **Totale: ______/20**

note
1. Bocconi: Università di Milano, famosa per la facoltà di Economia.

3 La colazione

Completa il testo con i pronomi diretti e riflessivi.

Quando _____ alzo devo subito bere un caffè, _____ prendo senza zucchero perché dolce non mi piace, ma mio marito, che _____ conosce da 7 anni, ancora non _____ sa! Qualche volta _____ alza prima di me e prepara la colazione, ma _____ prepara solo come piace a lui: dimentica le paste[2] o _____ prende alla crema, ma io non _____ posso mangiare, perché sono allergica. Prepara sempre due toast, ma se non arrivo subito _____ mangia tutti e due e non compra mai "La Repubblica", il mio giornale preferito, perché lui non _____ legge. Insomma io sono maniaca per certe cose, ma anche lui...!

Ogni pronome inserito in modo esatto vale 2 punti. **Totale: ______/20**

4 Due vecchi amici

Completa il testo con i verbi al passato prossimo.

Qualche giorno fa *(io-incontrare)* ________________ Pietro, un mio amico che lavora alla Borsa. Veramente Pietro e sua moglie Sabrina *(venire)* ________________ alla mia galleria per comprare un quadro da regalare ai genitori di Sabrina.
(Essere) ________________ una grande sorpresa incontrarci così, per caso, dopo molti anni.
Io e Pietro *(fare)* ________________ la stessa scuola, così per 5 anni *(passare)* ________________ molto tempo insieme.
Poi *(noi-prendere)* ________________ strade diverse: Pietro *(andare)* ________________ alla Bocconi e *(diventare)* ________________ un economista famoso.
Io, invece, *(rimanere)* ________________ a Bologna e dopo l'Accademia di Belle Arti *(aprire)* ____________ una galleria. All'inizio *(avere)* ________________ qualche problema, ma oggi la mia galleria va molto bene e fra un mese mi sposo anch'io. Pietro *(capire)* ________________ subito che mi sposo con Gaia perché la conosce anche lui visto che stiamo insieme dai tempi del Liceo.

Ogni verbo esatto vale 1 punto. **Totale: ______/12**

note

2. paste: piccoli dolci che si comprano in pasticceria.

5 Una telefonata

Ricostruisci il dialogo al telefono tra la madre di Sara e Matteo.

La madre di Sara	Matteo
1. Ah, ciao Matteo, Sara è in palestra.	**A.** Grazie, signora. Arrivederci.
2. Ho detto che Sara non c'è, è in palestra, telefoni dopo?	**B.** Pronto, c'è Sara, per favore?
3. Ma chi parla?	**C.** No, non posso. Posso lasciare un messaggio?
4. Pronto?	**D.** Oh scusi signora, sono Matteo.
5. Va bene, l'avverto. Ciao Matteo, a sabato.	**E.** Le dica che sono a Perugia e torno sabato.
6. Certamente!	**F.** Come? Non sento bene, può parlare più forte?

___/___ 3/___ ___/___ ___/C ___/___ ___/___

Ogni frase inserita al posto giusto vale 2 punti. **Totale: ______/20**

6 Le chiavi di casa

Scegli la preposizione giusta.

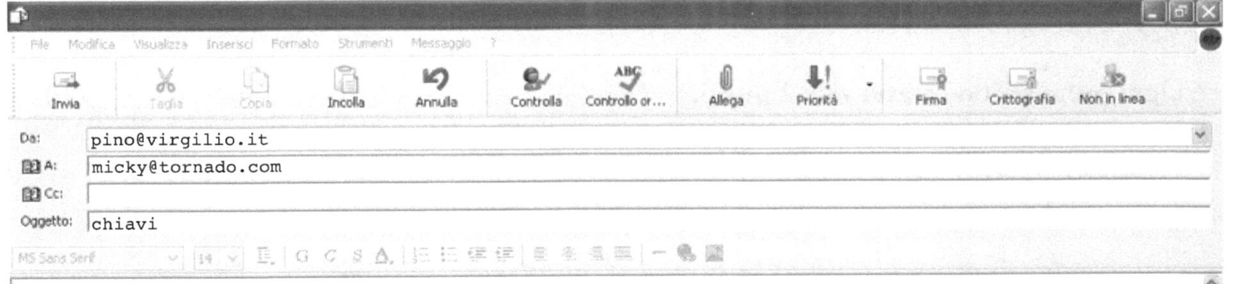

Ciao Michael,
quando arrivi, io non sono **a/di** casa perché il martedì lavoro fino **delle/alle** 7.
Non ti preoccupare! Non mi devi aspettare **a/di** fuori. Lascio le chiavi **di/per** casa al mio vicino, quello che abita **al/sul** secondo piano. È Fabio, ti ricordi? Quel simpatico ragazzo che lavora **nel/in** bar sotto casa mia. Lascio le chiavi **a/con** lui. Quando arrivi **a/nella** casa, se hai fame, puoi prepararti un panino. Non devi cenare però, perché quando torno voglio andare **a/per** cena fuori con te!
Pino

Ogni forma esatta vale 2 punti. **Totale: ______/18**

A1 Gite in Italia

1 Un'e-mail per Carolina

Trova le cinque preposizioni sbagliate e correggile con le preposizioni della lista.

ad - da - dalla - dall' - fra

Da: matogrosso@hotmail.it
A: pappappero@libero.it
Oggetto: informazioni

Parto per Firenze il 24 giugno e ho saputo solo ora che **a** (.....) voi è festa. Mi hanno detto che è S. Giovanni, il patrono[1] di Firenze. Ma che cos'è un patrono? È vero che la gente non va **a** (.....) lavorare? Ma se nessuno lavora come faccio **di** (.....) arrivare in centro? **Da** (.....) aeroporto al centro c'è un autobus o devo prendere un taxi? La mia camera si trova a 300 metri **dal** (.....) stazione, vicino **alla** (.....) scuola, così posso andarci **a** (.....) piedi, anche se mi alzo tardi. Tu abiti lontano? **Per** (.....) venire a trovarti devo prendere l'autobus?
In (.....) una settimana ci rivediamo. Non vedo l'ora.
PS. Che tempo fa **a** (.....)Firenze? Che devo mettere in valigia?

Ogni preposizione esatta vale 2 punti. **Totale: ______/20**

2 Un giro in Sicilia (parte I)

Completa il testo con i verbi all' indicativo presente e passato prossimo.

L'anno scorso Mike *(rimanere)* ________________ a Milano per 3 mesi per fare un corso di design. A Mike la città non *(piacere)* ________________, perché lui *(amare)* ________________ le città grandissime e moderne, dove *(esserci)* ________________ spazi enormi, come a Los Angeles. Comunque in Italia *(divertirsi)* ________________; naturalmente ha studiato molto, ma *(conoscere)* ________________ molti ragazzi e tutti i fine-settimana *(organizzare)* ________________ insieme a loro qualcosa. Per le vacanze di Natale Mike e altri 3 ragazzi americani *(prendere)* ________________ una macchina e *(partire)* ________________ per Palermo. Lì *(incontrare)* ________________ altre due ragazze americane e insieme a loro hanno visitato la Sicilia.

Ogni verbo esatto vale 1 punto. **Totale: ______/10**

note

1. In Italia ogni città ha un santo che la protegge (patrono) e il giorno che corrisponde a quel santo la città fa festa. Per esempio il Santo Patrono di Milano è Sant'Ambrogio, il 6 Dicembre.

3 Un giro in Sicilia (parte II)

Completa il testo con l'ausiliare dei verbi al passato prossimo.

Tutti insieme ___________ *girato* la costa a sud, da Palermo alla Valle dei Templi vicino ad Agrigento. Poi ___________ *andati* a Catania per salire sull'Etna. Ma a causa dell'attività vulcanica non ___________ *potuto* visitare il monte. Comunque non *si* ___________ *annoiati*, ___________ *tornati* a Taormina e, a Capodanno ___________ *fatto* anche il bagno in mare, come vuole la tradizione del posto. Insomma ___________ *viaggiato* molto, ___________ *camminato* tantissimo, non ___________ *dormito* quasi mai e secondo Mike la vacanza ___________ *finita* subito.

Ogni ausiliare esatto vale 1 punto. **Totale: ______/10**

4 Una settimana a Roma (parte I)

Scegli la forma corretta del verbo.

Roma, 20 aprile

Ciao Isabel!
***Finisco/Ho finito** proprio ora di leggere la tua lettera. Veramente **stai venendo/vieni** a trovarmi la prossima estate? Che bello! Io **faccio/ho fatto** un magnifico programma: la prima settimana stiamo a Roma e **stiamo visitando/visitiamo** i monumenti e i musei più famosi. Ti **porto/sto portando** anche a vedere le Catacombe, **hai saputo/sai** che cosa sono? Cimiteri sotterranei!*
*Ma non **devi/hai dovuto** avere paura! **Ti ricordi/Ti sei ricordata** l'anno scorso al mare, quando **è arrivato/arriva** Antonio da Napoli e **abbiamo bevuto/beviamo** un sacco di limoncello[2]?*

Ogni forma esatta vale 1 punto. **Totale: ______/10**

5 Una settimana a Roma (parte II)

Completa il testo scrivendo accanto ad ogni preposizione tra parentesi la giusta sequenza preposizione - articolo determinativo (se necessario), come nell'esempio.

*Quella sera effettivamente **(con)** __**con il**__ limoncello abbiamo esagerato. Io sono salita **(su)** _____ tavolo **(per)** _____ ballare la tarantella[3] e tu ti sei messa a cantare "O sole mio" e poi ci siamo divertiti a spaventare i fidanzati **(su)** _____ spiaggia. Che ridere!*
*Antonio mi ha scritto qualche giorno fa, **(in)** _____ sua e-mail dice che adesso studia storia **(di)** _____ arte classica e sta finendo la sua ricerca sul Pantheon. La deve consegnare **(a)** _____ fine **(di)** _____ settembre. È molto stanco e vorrebbe riposarsi, ma non ha tempo per una vacanza. Forse i primi di luglio viene **(a)** _____ Roma per qualche giorno **(per)** _____ andare **(a)** _____ Biblioteca Nazionale, ma ancora non lo sa di sicuro. Speriamo di sì, così ci ritroveremo di nuovo tutti insieme.*
Ciao, a presto. Ti aspetto!!!
Veronica

Ogni forma esatta vale 2 punti. **Totale: ______/20**

note
2. limoncello: bevanda alcolica al limone. 3. tarantella: danza tradizionale dell'Italia del sud.

6 Una gita fuori porta[4]

Scegli il pronome opportuno (pronomi riflessivi, diretti e indiretti).

Veronica - Ehi ragazzi, Corrado **mi/si** ha mandato un messaggio: *"Domani* ***gli/vi*** *va di fare una gita fuori porta?"* Che **lo/gli** rispondo?
Isabel - Non **la/lo** so, veramente **mi/si** piacerebbe visitare il museo d'arte moderna.
Antonio - Ma dai, **gli/lo** visiti un'altra volta. Domani andiamo ai Castelli. **Gli/Li** conosci?
Isabel - No, cosa sono?
Antonio - È una zona vicino Roma famosa per il vino.
Isabel - Vuoi dire che andiamo a bere un po' di vino? Chi **ti/si** ricorda cosa è successo con il limoncello?
Antonio - Come posso dimenticar**si/mi** quella serata? Che ridere quando **le/vi** siete messe a cantare e a ballare sul tavolo!

Ogni forma esatta vale 1 punto. **Totale: ______/10**

7 La gita del 1° Maggio

Ricostruisci il dialogo al telefono tra Luciano e Ugo.

Ugo	Luciano
1. Vorrei organizzare una gita al mare con Lucia e Valentina.	**A.** Ma no, sabato prossimo non lavora, è il primo Maggio!
2. Pronto, sono Luciano, c'è Ugo?	**B.** Ah, ho capito, ma domenica è il compleanno di mia nonna, devo andarci. Perché non la facciamo sabato?
3. So che Lucia il sabato lavora fino alle 2.	**C.** Sono io, ciao Luciano, come va?
4. Sì, le chiamo io. Allora se per le ragazze non ci sono problemi ci vediamo sabato alle 8.30.	**D.** Sì. Telefoni tu alle ragazze per sapere se sabato va bene anche a loro?
5. Hai ragione, allora possiamo partire sabato mattina!	**E.** Domenica devo andare da mia nonna, perché?
6. Bene. Senti, sei libero domenica?	**F.** Ok, l'appuntamento è alle 8.30 a casa mia.

__/__ __/__ __/__ __/__ __/__ **4/F**

Ogni frase inserita al posto giusto vale 2 punti. **Totale: ______/20**

note

4. Le città antiche sono circondate da mura con porte. "Andare fuori porta" significa uscire dal centro e fare un giro nella campagna e nei paesi vicini.

5. 1° Maggio: festa dei lavoratori. In Italia è un giorno festivo.

Livello A2

- 1. Problemi d'amore
- 2. Pettegolezzi
- 3. Mangiare
- 4. Festa a sorpresa
- 5. Viaggi e gite
- 6. Le storie di Simona

A2 Problemi d'amore

1 Biagio racconta

Inserisci nel testo le parole della lista. Attenzione: c'è uno spazio in più.

a cui - anzi - che - con cui - in cui - insomma - mai - modo - quando - tanto

Ieri al bar __________ suona il mio amico Matteo ho incontrato Martina, la ragazza __________ l'estate scorsa ho telefonato ogni sera __________ per chiederle di uscire. Lei non ha __________ accettato e alla fine ho smesso di chiamarla, così non l'ho più vista né sentita per un anno. __________ l'ho incontrata al bar sono rimasto senza parole perché adesso è ancora più bella! "Matteo, riprovaci! - mi sono detto subito - Eventualmente ti dice ancora di no, __________ non hai niente da perdere." L'ho vista parlare con Alessandro, un vecchio amico, __________ vecchissimo perché ci conosciamo dall'asilo e mi sono avvicinato. Lei mi ha guardato in un __________ strano e secondo me non mi ha riconosciuto, così non ci siamo parlati. Dopo un po' però il mio telefonino ha suonato e la ragazza dei miei sogni, quella __________ per tre mesi mi aveva sempre risposto di no e __________ non ero riuscito neanche ad andare a prendere un gelato, __________ quella davanti a cui poco prima non avevo detto una parola, mi ha chiesto se volevo ballare. Allora è vero: "Chi meno ama, è il più forte!"

Ogni parola inserita in modo esatto vale 2 punti. **Totale: ______/20**

2 Marianne e il fascino latino-americano

Scegli la forma corretta del verbo.

Quando **studiavo/ho studiato** all'università, avevo conosciuto un ragazzo che **veniva/è venuto** dalla Bolivia: Enrique.

Enrique **veniva/era venuto** in Italia perché sua madre **lavorava/ha lavorato** per la FAO a Roma, la città dove io e i miei amici facevamo l'università. Dopo essere arrivato a Roma, Enrique **ha incontrato/incontrava** alcuni ragazzi sudamericani che **frequentavo/frequentavamo** anch'io. Con questi amici ci vedevamo spesso per ascoltare musica latino-americana, così un giorno Enrique e gli altri **decidevano/hanno deciso** di mettere su una piccola band.

Quasi ogni sera, quando **ho finito/finivo** di studiare, **andavo/sono andato** a sentirli suonare.

Una volta, per il compleanno di Massimo, io e i miei amici **decidevamo/abbiamo deciso** di fare una festa; anche Enrique **doveva/è dovuto** venire ma alle 10 di sera ancora non era arrivato. La mia amica Marianne **era/è stata** molto triste perché **si era innamorata/si innamorava** di Enrique appena lo **aveva visto/vedeva**. Finalmente alle 11 passate Enrique ed il suo gruppo **arrivavano/sono arrivati** e **cominciavano/hanno cominciato** a suonare. Mentre Enrique **cantava/aveva cantato**, Marianne **aveva/aveva avuto** occhi solo per lui. Ma alle tre di notte Marianne **andava/è andata** via piangendo, perché Enrique **aveva trovato/trovava** un'altra ragazza.

Ogni verbo esatto vale 1 punto. **Totale: ______/20**

3 Consigli

Leggi i consigli a Marianne e quelli a Biagio, segna se i pronomi sono usati correttamente e correggi le frasi sbagliate (sono 5).

A Marianne, che è innamorata di Enrique, ma lui non la ama (vedi testo dell'esercizio 2).

1. Ci non pensare!	*1. ( ) Frase corretta ( ) Frase sbagliata, deve essere: ______*
2. Dimenticagli!	*2. ( ) Frase corretta ( ) Frase sbagliata, deve essere: ______*
3. Dovresti uscire con qualcun altro.	*3. ( ) Frase corretta ( ) Frase sbagliata, deve essere______*
4. Al tuo posto ti guarderei intorno. Ci sono tanti ragazzi che vorrebbero uscire con te.	*4. ( ) Frase corretta ( ) Frase sbagliata, deve essere: ______*
5. Sta' tranquilla, Marianne, "chi non ti ama, non ti merita."	*5. ( ) Frase corretta ( ) Frase sbagliata, deve essere: ______*

A Biagio che deve decidere che cosa fare con Martina (vedi testo dell'esercizio 1).

6. Fa' finta di non ricordarti di lei.	*6. ( ) Frase corretta ( ) Frase sbagliata, deve essere: ______*
7. Falle aspettare un po'.	*7. ( ) Frase corretta ( ) Frase sbagliata, deve essere: ______*
8. Al tuo posto le direi che non l'avevi più chiamata perché non si piacciono le ragazze che si fanno desiderare.	*8. ( ) Frase corretta ( ) Frase sbagliata, deve essere: ______*
9. Poi se Martina t'interessa ancora, dovresti scoprire perché l'anno prima non voleva uscire con te.	*9. ( ) Frase corretta ( ) Frase sbagliata, deve essere: ______*
10. Eventualmente dalle un'altra possibilità.	*10. ( ) Frase corretta ( ) Frase sbagliata, deve essere: ______*

Ogni frase sbagliata corretta nel modo giusto vale 2 punti. **Totale: ______/10**

4 Lettera al giornale

Scegli la forma corretta.

LETTERE A DORIANA

Cara Doriana,
sono una ragazza di 17 anni e ho **una grande/un grande** problema: mi sono innamorata pazzamente del marito **della/di** mia sorella. Secondo me anche lui **mi/si** ama profondamente, mi guarda sempre e **ieri/un giorno prima** l'ho visto davanti alla scuola **che/in cui** vado per il corso di danza. **Cosa/Quale** devo fare? Io non voglio far soffrire **niente/nessuno**, soprattutto mia sorella, ma se lui non **l'ama/le ama**, lei non può essere felice comunque e vivrebbe **meglio/migliore** da sola. Come può stare con qualcuno **con/da** cui non ha niente in comune e **che/chi** l'ha sposata per errore? Lui è **molto/molte** brillante, ride sempre, scherza, ama ballare come **io/me**, invece mia sorella è così seria e **noiosa/noiose**! Senza dubbio io sono la donna perfetta per **gli/lui**: io e lui insieme saremmo più **felice/felici**, lo so, lo sento, ma chi riesce **a/per** dirlo a mia sorella e ai miei genitori? Infatti di questa storia ancora non **conosce/sa** niente nessuno. La mia **meglio/migliore** amica è sempre stata mia sorella, ma ora **che/chi** può darmi una mano? Dammi un consiglio, aiutami tu!
Sabrina Senza Speranza

Ogni forma esatta vale 1 punto. **Totale: ______/20**

5 Doriana risponde

Riordina la lettera di risposta della giornalista Doriana a Sabrina inserendo nei giusti spazi le parti mancanti.

(1) Insomma, Sabrina, prima di far soffrire qualcuno dovresti pensarci bene

(2) perciò, Sabrina, vivi la tua età, divertiti, conosci gente e poi … "Domani è un altro giorno".

(3) e passava davanti alla tua scuola per una coincidenza.

(4) Forse hai ragione, sono molto diversi, ma spesso gli opposti si attraggono.

(5) Tu scrivi di amarlo pazzamente, ma alla tua età succede spesso di credersi innamorati e dopo qualche giorno passa tutto.

DORIANA RISPONDE

Mia cara Sabrina,
prima di tutto, sei davvero innamorata di quest'uomo?
(____) In secondo luogo, come puoi essere sicura dell'amore del marito di tua sorella per te? È facile interpretare male il comportamento degli altri.
Forse lui vuole essere un tuo buon amico proprio per l'amore che ha per tua sorella (____) Nella tua lettera scrivi anche che quest'uomo e tua sorella non hanno niente in comune. (____)(____) e dovresti pensare che potresti essere proprio tu quella che soffrirà di più; (____)

Ogni frase inserita al posto giusto vale 2 punti. **Totale: ______/10**

6 Un amore in crisi

Completa il testo con i verbi all'indicativo presente e passato prossimo e al condizionale semplice.

Cara Rita,
non *(noi-vedersi)* ________________ da molto tempo e mi *(tu-mancare)* ________________ molto, specialmente adesso! Mario mi *(lasciare)* ________________, mi *(dire)* ________________ che *(dovere)* ________________ lavorare ad un progetto molto importante e non *(avere)* ________________ tempo per me, ma ieri sera l' *(vedere)* ________________ con un'altra! *(tu-Ricordarsi)* ________________ l'estate scorsa come *(divertirsi)* ________________ quando *(andare)* ________________ in montagna tutti insieme? *(Passare)* ________________ solo un anno, ma mi *(sembrare)* ________________ un secolo! *(Sentirsi)* ________________ terribilmente sola e non *(sapere)* ________________ cosa fare; tu pensi che *(io-dovere)* ________________ telefonargli? Quella ragazza *(potere)* ________________ essere solo una collega.
Ma no, *(io-continuare)* ________________ a raccontarmi un sacco di bugie perché non *(riuscire)* ________________ ad accettare la realtà, non *(farcela)* ________________, ma adesso basta, scusami, ti *(annoiare)* ________________ con i miei problemi d'amore e non ti ho neanche domandato come stai. Sono la solita egoista!
Un bacio. Melissa

Ogni forma esatta vale 1 punto. **Totale: ______/20**

1 Il simpatico cugino di Roberta

Leggi il testo, poi completa la tabella scrivendo a cosa si riferiscono i pronomi segnati, come nell'esempio.

Tutti gli anni la stessa storia!

Ho una casetta con un bel giardino in un paesino sul mare e **mi** piacerebbe passar**ci** le vacanze da sola a dipingere, invece ogni estate mio cugino viene a trovarmi. Mi telefona da una cabina dicendo che casualmente **si** trova a pochi chilometri da casa mia e mi chiede se può fare un salto da me. Io naturalmente rispondo di sì e dopo mezz'ora **lo** vedo arrivare con una valigia enorme.

“Dove vai con quel valigione?” **gli** domando io, sorpresa, ma non troppo viste le esperienze passate. Lui ogni anno risponde la stessa cosa: che **gli** piacciono le vacanze improvvisate senza spendere una lira, in autostop e senza alberghi. Poi comincia la solita storia che i suoi amici non **lo** seguono in questa follia, che non **li** sopporta e che visto che era solo ha pensato di venire da me.

Quest'anno ho provato una reazione. **Gli** ho detto: “Perché non vai in giro con la tua ragazza?” ma lui, come al solito ha avuto l'ultima parola: “Quale? Rosa, quella che hai conosciuto l'anno scorso, **l'**ho lasciata sei mesi fa, poi è venuta Manuela, poi Francesca e infine Monique. Ah l'amore! Basta, ora non **ne** voglio più sapere niente e voglio stare tutto il tempo con te, cuginetta!”

Riga	Pronome	Si riferisce a	Riga	Pronome	Si riferisce a
2	**mi**	*Roberta*	*10*	**lo**	
2	**ci**		*11*	**li**	
4	**si**		*14*	**Gli**	
5	**lo**		*18*	**l'**	
7	**gli**		*20*	**ne**	
8	**gli**				

Ogni riferimento esatto vale 2 punti. **Totale: ______/20**

2 Il collega raccomandato

Completa il testo con le parole della lista. Attenzione: ci sono due parole in più.

avrei - ci - le - fare - giusto - insieme - lei - lui - mio - quando - sarei - successo

La settimana scorsa io e Luciana ________________ siamo incontrate al bar per prendere un caffè _______________ e chiacchierare un po'. Le ho raccontato del mio "simpatico" collega e che cosa era _____________ in ufficio per chiederle un consiglio. Questo mio collega infatti era diventato direttore al posto ________________, solo perché lui era raccomandato e io no! Ero molto nervosa e non sapevo cosa ________________.

Luciana mi ha detto che secondo ________________ avrei dovuto cercarmi un altro lavoro, ma prima _______________ dovuta andare dal mio nuovo direttore e _______________ dovuto dirgli cosa pensavo di _____________. Così ieri sono andata davvero dal direttore, ma __________________ sono entrata, gli ho detto solamente: "Congratulazioni per la promozione, Direttore!"

Ogni parola inserita in modo esatto vale 1 punto. **Totale: ______/10**

3 Pettegolezzi: dove?

Scegli la preposizione corretta.

A/In/Nella Italia solo 3 città (Milano, Napoli e Roma) hanno più di un milione **dei/degli/di** abitanti. Gli italiani amano vivere **dai/nei/sui** piccoli centri: paesi o piccole città che hanno spesso la stessa struttura. **Al/Alla/Dallo** centro c'è una piazza **a/con/in** una chiesa. Davanti **alla/della/di** chiesa si trova il bar, sempre pieno di pensionati che chiacchierano e giocano **a/con/-** carte. Ma per sapere un autentico pettegolezzo bisogna andare **al/alle/dal** barbiere. Anche lui ha il suo negozio **alla/della/sulla** piazza, dove ci sono sempre anche la farmacia e la banca. Anche il forno o il negozio d'alimentari non sono lontani e si trovano generalmente in una strada che esce **alla/con/dalla** piazza.

Ogni preposizione esatta vale 1 punto. **Totale: ______/10**

4 Due chiacchiere con un vecchio amico del Liceo (parte I)

Completa il dialogo coniugando all'indicativo presente e passato prossimo i verbi della lista. I verbi NON sono in ordine.

conoscere	diventare	essere	fare	finire
incontrare	**leggere**	**prendere**	**sposarsi**	**studiare**

Andrea - Allora Matteo, che ____________ ora? ____________ ancora?

Matteo - No, __________ l'università sei mesi fa e la settimana prossima comincio a lavorare alla "Plaxo".

Andrea - Oh la "Plaxo", che coincidenza! Proprio oggi ____________ un appuntamento con il direttore per martedì prossimo. È incredibile! Per anni non ____________ più nessuno dei vecchi amici. Invece ora sono insieme a te e stamattina in banca ho trovato Paolo, Paolo Corsi della IIIC. Ti ricordi di lui? Mi ha detto che la settimana prossima ____________. Indovina con chi?

Matteo - Non saprei... Con chi?

Andrea - Con Lucia. Quella bella ragazza bionda della IIA. Aspettano un bambino!

Matteo - Davvero?! ____________ pazzo di lei dalla III alla V liceo, finché non ____________ Laura.

Andrea - Laura Conti? Qualche giorno fa ____________ che ____________ direttrice di una rivista famosa!

Ogni verbo esatto vale 1 punto e ½. **Totale: ______/15**

5 Due chiacchiere con un vecchio amico del Liceo (parte II)

Completa la seconda parte del dialogo coniugando all'indicativo presente e passato prossimo i verbi della lista. I verbi NON sono in ordine.

andare	avere	essere	lavorare	morire
passare	**perdere**	**portare**	**tornare**	**uscire**

Matteo - Sì, è vero, ____________ molto successo nel lavoro, ma è una donna molto triste e sola. Due anni fa, quindici giorni dopo il loro matrimonio, suo marito ____________ in un incidente d'auto. Da allora Laura ____________ ogni interesse per la vita; non ____________ mai, non vede mai nessuno, ____________ tutto il giorno, la sera ____________ a casa stanca morta e ____________ a dormire. Qualche volta la ____________ a prendere e la ____________ a cena fuori. Ma ____________ sempre così difficile convincerla.

Andrea - Che peccato, povera Laura! Forse con il tempo riuscirà a superare questo shock, ma non sarà mai più la ragazza allegra di prima.

Ogni verbo esatto vale 1 punto e ½. **Totale: ______/15**

6 Due chiacchiere con un vecchio amico del Liceo (parte III)

Completa la terza parte del dialogo con i determinatori temporali della lista.

ancora	già	inizio	mai	ora	poi	più	primo	quando	sempre

Matteo - Lo penso anch'io. ___________ eravamo al liceo rideva ___________ e ___________ è così raro vederla sorridere. E tu che fai, stai ___________ con Lisa?

Andrea - No, l'anno scorso Lisa è partita per gli Usa per il master. All'___________ avevamo deciso di continuare a stare insieme, ___________ un giorno mi ha scritto una bella lettera: "Caro Andrea, mi dispiace, ma la mia vita è cambiata completamente, sono successe molte cose e io penso di non tornare ___________ in Italia. Non dimenticherò ___________ i nostri giorni felici insieme. Addio."

Matteo - E tu che hai fatto quando hai ricevuto questa letterina?

Andrea - Beh, in un ___________ momento sono rimasto senza fiato, poi ho deciso che dovevo fare qualcosa per me. Avevo ___________ deciso di prendere una bicicletta, l'ho comprata e nei tre mesi seguenti ho fatto un vero giro d'Italia.

Ogni parola inserita in modo esatto vale 1 punto. **Totale: ______/10**

7 Brasile che passione!

Scegli il pronome corretto.

Camilla - Ciao Barbara, come va?

Barbara - Bene, senti, **mi/la/ti** ricordi che sabato prossimo è il compleanno di Riccardo? Che **gli/le/si** compriamo? Da Benetton ho visto dei cappellini molto carini, **gli/li/ne** prendiamo un paio?

Camilla - Mah, non so, perché non **ci/la/lo** chiediamo ad Elisa? **La/Le/Lo** telefono subito. **Ci/La/Le** chiamo sul cellulare.

Barbara - Ma che dici?! Elisa e Riccardo **li/gli/si** sono lasciati due giorni fa.

Camilla - Davvero? Allora sta male, dobbiamo andare a trovar-**ci/la/le**. Perché non **ci/la/le** facciamo un salto ora? Il regalo per Riccardo **lo/ne/si** prendiamo dopo.

Barbara - Guarda che Elisa sta benissimo, probabilmente adesso è fuori con il suo nuovo ragazzo brasiliano; Riccardo non **gli/le/si** manca proprio.

Camilla - Cosa?! **Ci/Le/Si** è innamorata di un brasiliano? E dove **l'/ne/si/** ha conosciuto?

Barbara - Al club. **Ci/Gli/Lo** è andata per vedere sullo schermo gigante la partita Italia-Brasile e, invece di guardare i brasiliani in TV, **ci/lo/ne** ha trovato uno seduto vicino a lei, bellissimo.

Camilla - **Mi/Si/Ti** stai prendendo in giro? Elisa con un brasiliano, **le/gli/ti** sembra possibile?

Barbara - Assolutamente sì, **la/li/ne** ho visti insieme al cinema, **ci/li/si** sono seduti davanti a me! Dai, adesso pensiamo a Riccardo!

Camilla - Sì, ma non compriamo magliette o cappelli verdi e gialli[1]. In questo momento non **gli/li/ne** apprezzerebbe!

Ogni pronome esatto vale 1 punto. **Totale: ______/20**

note

1. Verde e giallo sono i colori della bandiera e della squadra nazionale brasiliana.

A2 Mangiare

1 Al bar

Scegli la forma appropriata del verbo.

Mi chiamo Antonio e **ho fatto/facevo** il barista in un bar del centro di Roma per 22 anni. Di solito noi **abbiamo aperto/aprivamo** alle 7 e **abbiamo chiuso/chiudevamo** alle 22, ma io **ho cominciato/cominciavo** a lavorare alle 6,30 per preparare il banco e quindi spesso **sono andato/andavo** via prima. Anche mio nipote è un barista. Lui **lavora/ha lavorato** fino alle 2 di notte perché **sta/è stato** nel bar di un piccolo paese e lì la gente **si incontra/si è incontrata** ancora al bar dopo cena, per giocare a carte e per **ha chiacchierato/chiacchierare**. Qui in città **è/è stato** tutto differente, soprattutto al centro: non **si frequenta/è frequentato** molto il bar dopo cena mentre durante la giornata a tutte le ore la gente ci **andare/va** per mangiare qualcosa velocemente. Anche l'ora di pranzo **è/è stata** molto frequentata perché ormai da parecchi anni in Italia il pranzo **ha smesso/smetteva** di rappresentare un momento importante per le famiglie. Ormai sempre più spesso i bambini **devono/dovevano** restare a scuola fino al pomeriggio e gli adulti **pranzano/hanno pranzato** fuori, al bar o in un fast food, per motivi di lavoro. L'unica usanza che **rimanere/è rimasta** sempre uguale nel corso del tempo **è/è stata** quella del caffè: qualcuno lo vuole corretto, qualcuno macchiato, un cliente lo **sta chiedendo/chiede** "ristretto", un altro "lungo", qualcuno lo **sta preferendo/preferisce** decaffeinato e qualcun altro doppio.

Ogni verbo esatto vale 1 punto. **Totale: ______/20**

2 Cucinare, che passione!

Completa il dialogo con i possessivi e gli articoli (se necessari), cambiando la preposizione (se necessario) quando è tra parentesi, come nell'esempio.

Es.** Simone e Vincenzo sono due cuochi. Quando si incontrano, parlano (di)* ***del loro *lavoro.*

Simone - Ciao Vincenzo, come ti trovi *(in)* ___________ nuovo posto di lavoro?
Vincenzo - Non c'è male, ___________ lavoro mi piace e anche ___________ colleghi in cucina sono simpatici. Il proprietario del ristorante sta in sala e ___________ figlio fa la scuola alberghiera. Vuole imparare, ma per ora ___________ piatti non si possono dare ai clienti. ___________ penne alla puttanesca[1] non le ha volute mangiare neanche il cane! E tu come stai?
Simone - Mah, mi sto separando *(da)* ___________ moglie. Lo sai, *(con)* ___________ lavoro, dobbiamo lavorare anche il sabato e la domenica e lei non lo capisce.
Vincenzo - Ma Simone, forse è solo un momento. Non puoi cambiare tutta ___________ vita e quella *(di)* ___________ figli per un momento difficile. Devi avere pazienza e parlare con lei. Paola è una donna intelligente e tu puoi cercare lavoro in un altro ristorante chiuso la domenica.

Ogni forma esatta vale 2 punti. **Totale: ______/20**

3 Mangiare: dove e quando

Completa il testo con le parole della lista. Attenzione: c'è uno spazio in più.

aperti - e - festivi - giornata - il - molte - negozi - orari - pomeriggio - solo

In Italia i negozi di generi alimentari sono ___________ tutti i giorni, esclusi la domenica e i ___________, di mattina dalle 8 alle13 e nel ___________ dalle 17 alle 20. Durante la settimana i ___________ sono chiusi per mezza giornata, ma il giorno e gli ___________ possono cambiare da città a città. In ___________ zone i negozi di generi alimentari sono chiusi il mercoledì, mentre tutti gli altri negozi (librerie, profumerie, abbigliamento, ecc.) si riposano ___________ lunedì mattina. Nelle grandi città alcuni grandi supermercati ___________ hanno l'orario continuato, infatti sono aperti tutta la ___________.
I ristoranti generalmente aprono da mezzogiorno alle 4 di pomeriggio ___________ la sera dalle 6.30 alle 10,30, mentre molte pizzerie sono aperte ___________ di sera.
Una curiosità: se state facendo la pasta di domenica e avete finito il sale, potete comprarlo dal tabaccaio, anche se questa usanza sta ormai scomparendo e generalmente nessuno lo compra più lì.

Ogni parola inserita al posto giusto vale 1 punto. **Totale: ______/10**

note
1. penne alla puttanesca: un primo piatto, un tipo di pasta.

4 Due amici al bar

Completa il dialogo tra Luigi e Giorgio con le battute della lista.

Luigi	Giorgio
- Ciao Giorgio, come va?	-
- Oh mi dispiace, perché?	-
- Un cappuccino e un cornetto.	*(Al barista)* - Un bicchiere di latte caldo, un cappuccino e un cornetto.
-	- Sì, non posso bere il caffè.
-	-
- Vado alla partita di basket, vieni anche tu?	-
-	- Devo presentare la pubblicità per i nuovi gelati Algida.
-	- Sì, la concorrenza è molto forte e la pubblicità è importantissima.
-	- Grazie, se va bene, poi festeggiamo al ristorante!
-	- No! Dopo questo lavoro il gelato non lo digerisco...

*Battute di **Luigi** da inserire*	*Battute di **Giorgio** da inserire*
1. Hanno inventato un nuovo gelato anche quest'anno?	**A.** No, non ho fame. È il mio solito problema: gastrite nervosa. Che fai stasera?
2. Allora, buona fortuna.	**B.** Non molto bene.
3. Un bicchiere di latte? Sei sicuro?	**C.** No, devo prepararmi per la riunione.
4. Ah, ecco perché hai mal di stomaco.	**D.** Da qualche giorno ho sempre mal di stomaco, tu che prendi?
5. Al ristorante? Non festeggiamo in gelateria?	
6. E non mangi niente?	

Ogni frase inserita al posto giusto vale 1 punto. **Totale: ______/10**

5 La pizza

Scegli per ogni battuta del dialogo in quale spazio inserire la parola a destra, come nell'esempio.

Es. *Ora voglio mangiare niente.*	***non***
Rosa - Perché non vieni di là? Cosa stai facendo in cucina?	**qui**
Moreno - Non vedi? Ho fame, mangio un panino.	**lo**
Rosa - Ma ho ordinato la pizza!	**appena**
Moreno - Non c'è problema. Mangio quella. Come l'hai ordinata?	**anche**
Rosa - Ne ho ordinate 2: ai funghi e l'altra prosciutto e funghi, perché?	**una**
Moreno - Ma quante volte devo dirti che i funghi non piacciono!	**mi**
Rosa - Ma, i funghi ci vogliono!	**dai**
Moreno - Eh sì, almeno la birra l'hai?!	**ce**
Rosa - Veramente, l'ho dimenticata. E che ci penso, è finito anche il vino.	**ora**
Moreno - Brava e adesso beviamo?	**che**
Rosa - Acqua!	

Ogni parola inserita al posto giusto vale 2 punti. **Totale: ______/20**

6 Carmelina e le sue ricette

Completa il testo con i pronomi diretti, riflessivi e la particella "ne".

Carmelina prepara tutti i giorni una salsa per la pasta (ragù, pesto, pummarola, amatriciana, ecc.). ______ prepara per tutta la sua famiglia, ma ______ dà sempre un po' anche a me. Quando prepara i biscotti invece, ______ chiama e io ______ aiuto ad accendere il forno (perché lei ha paura e non ______ usa mai da sola).

Io ______ diverto molto ad aiutar______ in cucina, perché è molto simpatica. Che buoni i suoi biscotti! Purtroppo io non so far______, perché Carmelina è molto gelosa delle sue ricette e non ______ dice mai a nessuno, neanche a me, eppure ______ conosciamo da 10 anni.

Ogni pronome esatto vale 2 punti. **Totale: ______/20**

A2 Festa a sorpresa

1 Rachele organizza una festa

Completa il dialogo con i pronomi riflessivi, diretti, "ci" e "ne".

Rachele - Abbiamo bisogno anche di qualche bottiglia di coca cola.
Elisa - Io _____ posso portare un paio.
Marco - Bene, le altre _____ compro io.
Rachele - E l'insalata?
Elisa - _____ prepara mia madre, non ci sono problemi.
Rachele - E poi cosa facciamo?
Marco - Perché non facciamo del pollo? _____ compriamo due già cotti in rosticceria?
Rachele - Sì, buona idea, _____ posso comprare io quando torno dalla palestra, esco dieci minuti prima e _____ fermo da "Remo", _____ passo davanti. Sentite, invitiamo anche la cugina di Matteo?
Massimo - No, io non voglio veder_____.
Elisa - Neanche io. È antipaticissima. Quando ci incontriamo in piscina, non _____ saluta e non _____ parla.

Ogni pronome esatto vale 2 punti. **Totale: _____/20**

2 Altri preparativi

Scegli per ogni battuta del dialogo in quale spazio inserire il pronome a destra, come nell'esempio.

Alla festa a casa di Rachele si festeggia il compleanno di Massimo.

Marco - Hai comprato lo spumante per stasera?

Biagio - Sì, ho preso. Tu hai telefonato a tutti gli invitati? **l'**

Marco - Ci ho provato, ma non ho trovati tutti; non ha risposto né Ada né Pina. **li mi**

Biagio - Perché non chiami ora? **le**

Marco - Scusa, perché non fai tu? Io devo preparare. **lo mi**

Biagio - Uffah! Devo sempre fare tutto io, a proposito, hai ordinato la torta?

Marco - Certo, ho ordinata al cioccolato ed enorme, con la scritta "Sei un mito!" **l'**

Biagio - Una torta al cioccolato per Massimo?! Ma cosa hai nella testa!
Il cioccolato non piace! Ora ritelefoni per cambiare la torta! **gli gli**

Marco - A chi dovrei telefonare?

Biagio - Al pasticcere!

Marco - No, prego! Tonino, il pasticcere, è un tipo nervoso, quello arrabbia con me! **ti si**

Biagio - Bene, così impari.

Ogni pronome inserito al posto giusto vale 2 punti. **Totale: ______/20**

3 Musica per la festa

Completa il dialogo con le parole della lista. Attenzione: c'è uno spazio in più.

continuamente - ieri - ne - neanche - occupato - paio - per - puoi - ragione - tutto

Marco - Ciao Riccardo, ______________ ti ho cercato tutto il giorno, ma il telefono era sempre ______________.

Riccardo - Infatti l'avevo staccato perché Paola mi chiamava ______________.

Marco - Eh, sí, hai ______________. Paola, la cugina di Matteo, vero? ____________ stare tranquillo, non l'abbiamo invitata. Non la sopportano ______________ Massimo ed Elisa. ______________ la festa a casa di Rachele è ______________ pronto, ma se puoi, dovresti portare un ______________ di CD per ballare.

Riccardo - Certo, non c'è problema, ______________ ho diversi e la settimana scorsa ho comprato anche la compilation dell'estate.

Marco - Perfetto. Stasera allora ______________ ci divertiamo sicuramente.

Ogni parola inserita al posto giusto vale 1 punto. **Totale: ______/10**

4 Rachele e la "festa a sorpresa" (parte I)

Completa il testo coniugando i verbi tra parentesi all'indicativo presente, passato prossimo e imperfetto.

Qualche giorno fa mia madre *(andare)* ________________ a trovare mia nonna che non *(stare)* ________________ molto bene. Mentre mamma *(essere)* ________________ a Milano, mio padre *(dovere)* ________________ partire urgentemente per lavoro. In realtà mio padre non voleva lasciarmi da sola in città ma non *(trovare)* ________________ altra soluzione e alla fine *(decidere)* ________________ di partire. Naturalmente prima di uscire mi *(fare)* ________________ mille raccomandazioni: "Rachele, mi raccomando, *(dovere)* ________________ stare attenta, *(essere)* ________________ pericoloso uscire di notte. Non dire a nessuno che i tuoi genitori non *(essere)* ________________ a casa e non invitare nessuno. Fra due giorni io e la mamma *(tornare)* ________________. Va bene?".
"Naturalmente, babbo - *(rispondere)* ________________ io - non *(esserci)* ________________ problemi."
Finalmente *(avere)* ________________ la casa tutta per me!
Appena mio padre *(uscire)* ________________ *(io - telefonare)* ________________ a tutti i miei amici per organizzare una festa a casa mia. Alle 9 *(arrivare)* ________________ tutti: *(noi - divertirsi)* ________________ moltissimo, ma poi qualcuno *(suonare)* ________________ alla porta: "Sorpresa!" *(dire)* ________________ mia madre entrando.

Ogni verbo esatto vale 1 punto. **Totale: ______/20**

5 Rachele e la "festa a sorpresa" (parte II)

Completa il testo coniugando i verbi della lista all'indicativo presente, passato prossimo e imperfetto. I verbi sono in ordine.

vedere	aprire	sentirsi	capire	immaginare
spegnere	**portare**	**salire**	**volere**	**dovere**

Non vi dico che faccia ha fatto la mamma, quando ________________________ il salotto. Non ________________________ con le sue chiavi, perché la musica ________________________ fin dal giardino e lei ________________________ che non ero sola in casa, ma certo non ________________________ di trovare 40 ragazzi nel suo salotto e piatti e bicchieri dappertutto. Era furiosa. Poi qualcuno ________________________ tutte le luci, e Riccardo e Marco ________________________ la torta con le candeline. Tutti hanno cominciato a cantare "Tanti auguri a te" e la mamma ________________________ in camera sua dicendomi: "Io non ti ________________________ dire niente, ti ________________________ dire tutto da sola!"

Ogni verbo esatto vale 1 punto. **Totale: ______/10**

6 Una telefonata inopportuna

Riordina la telefonata tra Elisa e la mamma di Rachele.

Elisa	Mamma di Rachele
1. Oh, mi scusi signora, sono Elisa.	**A.** Grazie Elisa, ma conosco bene mia figlia. Io non mi preoccupo, lei però si deve preoccupare quando torna!
2. Ah, sì, forse telefona direttamente a me. Allora la richiamiamo dopo, così lei non si preoccupa.	**B.** No, è uscita. Chi la vuole?
3. Probabilmente Rachele ha finito la batteria. Non risponde.	**C.** Certo, ma secondo me, non mi telefona.
4. No, signora, ecco, veramente... non ci siamo incontrate, perché... ho fatto tardi.	**D.** Ah, ho capito. E perché non vi siete chiamate con il telefonino?
5. Pronto, c'è Rachele?	**E.** Elisa?! Ma Rachele non è con te?
6. Penso di sì. Senta, se telefona, può dire a Rachele che io l'aspetto qui al Roxi Bar?	**F.** Non risponde, eh? E secondo te ha finito la batteria...

__/__ __/__ __/__ __/__ 6/C __/__

Ogni frase inserita al posto giusto vale 1 punto. **Totale: ______/10**

7 I consigli della nonna

Segna nel testo i 5 verbi sbagliati e scrivi le forme corrette nella tabella, come nell'esempio.

La madre di Rachele è molto arrabbiata con la figlia, così la nonna scrive un biglietto alla nipote per darle dei consigli per far pace con la madre.

Prima di tutto, Rachele, al tuo posto ~~chiederesti~~ scusa. Poi, per fare bella figura potresti aiutare in casa e almeno per qualche giorno dovresti mettere in ordine la tua camera. E poi dovresti faresti attenzione ad alcune cose che danno fastidio a tua madre: non dovresti passare molto tempo al telefono; dovresti mangiare quello che ha preparato anche se non ti piaceresti; ti dovresti alzare presto per non fare tardi a scuola; non dovresti tornare tardi la sera. Anzi, saresti meglio non uscire questa settimana. E poi faresti bene a non andare in Vespa a scuola, perché sai che lei si preoccupa. Spero che seguiresti questi consigli. Sono sicura infatti che se ti comporterai come ti dirò tua madre ti perdonerà.

Es.: chiederei	1.	2.	3.	4.	5.

Ogni parola corretta nel modo esatto vale 2 punti. **Totale: ______/10**

A2 Viaggi e gite

1 Un elefante a Roma (parte I)

Segna nel testo i 5 verbi sbagliati e scrivi le forme corrette nella tabella, come nell'esempio.

Ho sempre avuto la passione della fotografia e da giovane ~~mi piace~~ molto viaggiare. Andavo spesso all'estero, specialmente in Africa ed in Estremo Oriente e i miei genitori non erano molto contenti. In effetti avevano ragione, perché la mia fotografia migliore l'ho fatta proprio nella mia città. Una volta a Roma vedevo un elefante che camminava davanti al Colosseo. Tutta la gente aveva paura. Una donna, che mi ha visto andare verso l'elefante, mi ha gridato spaventata: "Ehi tu, ma sei pazzo? Stai attento, torni qui, non avvicinarti!" Invece io mi divertivo un mondo a vedere questo grande animale libero per la città, perché gli animali selvaggi mi piace molto e, certo, non ci sono molte possibilità di vederne qualcuno a Roma. Così mi sono avvicinato piano piano e gli ho fatto una foto. Per fortuna l'elefante è rimasto calmo e non si muoveva. Il giorno dopo ho letto sul giornale che l'elefante fuggiva due giorni prima dal circo per cercare la sua "fidanzata", che lavorava in un altro circo.

Es.: *mi piaceva*	**1.**	**2.**	**3.**	**4.**	**5.**

Ogni verbo corretto in modo esatto vale 2 punti. **Totale: ______/10**

2 Un elefante a Roma (II parte)

Completa il testo con i verbi all'indicativo presente, passato prossimo e futuro, al condizionale semplice e all'imperativo.

Molte persone, colpite dalla storia della fuga per amore dell'elefante, hanno mandato al giornale una lettera per esprimere la loro idea e dare un consiglio ai proprietari dei due elefanti.
"Al vostro posto io *(lasciare)* ____________________ liberi i due innamorati", ha scritto una ragazza. E un'altra persona: "*(voi - dovere)* ____________________ riportare gli elefanti a casa loro." Anch'io ho spedito una lettera al giornale e *(volere)* ____________________ dare il mio consiglio, ma agli elefanti: "Al vostro posto, non *(essere)* ____________________ così docile e non mi *(fare)* ____________________ riportare al circo. Amici miei, non *(fidarsi)* ____________________ delle persone che dicono di volervi con loro perché vi amano. *(Scappare)* ____________________!"
Alla fine i proprietari dei due circhi, dopo tutte queste lettere, hanno pensato di farsi un po' di pubblicità e *(decidere)* ____________________ di lasciare insieme i due elefanti innamorati. Recentemente da un amico di Roma *(io - sapere)* ____________________ che oggi vivono tutti e due liberi in Kenia e che fra qualche mese *(avere)* ____________________ un piccolo elefantino.

Ogni verbo esatto vale 1 punto **Totale: ______/10**

3 Il mio primo viaggio in aereo

Inserisci nel testo le parole della lista. Attenzione: c'è uno spazio e una parola in più.

a - breve - del - ha - in - lo - nello - passeggeri - paura - perché - volta

Io e Christopher ci siamo conosciuti __________ aereo: io andavo a Francoforte alla Fiera __________ libro e lui tornava da una __________ vacanza in Italia. Volavo per la prima __________ e mentre tutti gli altri __________ leggevano o chiacchieravano, io non riuscivo __________ fare niente perché avevo __________. Christopher si è reso conto che avevo un __________ problema, allora mi ha sorriso e mi __________ fatto delle domande, ma io __________ guardavo senza rispondere, non dicevo una parola __________ ero troppo nervosa e ho cominciato a piangere. Allora Christopher mi ha preso la mano e ha continuato a parlarmi. Io mi sono rilassata e quando siamo arrivati a Francoforte eravamo amici.

Ogni parola inserita in modo esatto vale 2 punti. **Totale: ______/20**

4 Viaggio in Italia

Completa il dialogo tra Norma e Dilek con i pronomi diretti, indiretti, "ci" e "ne".

Norma - Dilek, sai che molti italiani la mattina prima di andare al lavoro prendono un espresso o un cappuccino al bar?
Dilek - Davvero? Un espresso a colazione? Io non ____ ho mai bevuto a colazione, non ____ piacerebbe!
Norma - Invece è molto buono; io ho provato sia il caffè che il cappuccino e ____ sono piaciuti più del tè.
Dilek - Ma a colazione gli italiani non mangiano niente?
Norma - Mangiano dei dolci, delle paste, ____ mangiano una o due, bevendo il caffè o il cappuccino. È buona la colazione così, davvero. Dilek, tu quando parti per l'Italia?
Dilek - ____ vado tra una settimana. ____ serve qualcosa?
Norma - Beh, non proprio, ma ho finito le buste di carta fiorentina. ____ avevo comprate a Firenze in un negozio vicino al Duomo.
Dilek - Dici quelle belle buste, con quella carta fiorita che hai usato per gli inviti al party?
Norma - Esatto. ____ dispiacerebbe comprar____ una scatola di buste e fogli? Se non trovi esattamente la stessa carta non importa, puoi prender____ una simile.

Ogni pronome esatto vale 1 punto. **Totale: ______/10**

5 Tour organizzato

Riordina il dialogo tra Silvia e Alberto.

Silvia	Alberto
1. Perché non la fai parlare con Rossana e Tommaso? Hanno fatto un tour organizzato in Egitto e sono rimasti molto delusi.	**A.** Ancora non lo so, probabilmente resterò tutta l'estate a Rimini.
2. Oddio no! I tour organizzati sono noiosissimi.	**B.** Sì, volevo andare in Turchia, ma con Laura è impossibile.
3. Esatto. Forse se parla con Rossana, Laura si convince.	**C.** È quello che ho detto anch'io, ma prova tu a spiegarlo a Laura!
4. Ma non volevi fare un viaggio all'estero?	**D.** Non credo, Laura ha paura a viaggiare senza guida. Comunque è un'idea. Ci provo.
5. Non le piace viaggiare?	**E.** Ah sì, lo so, gli hanno fatto passare ore ed ore nei negozi con la guida.
6. Ehi Alberto, che hai deciso di fare la prossima estate?	**F.** Viaggiare le piace. Il problema è che vuole andare con un tour organizzato.

__/__ __/__ __/__ __/C 1/__ __/__

Ogni frase inserita al posto giusto vale 1 punto. **Totale: ______/10**

Test 5 Viaggi e gite

6 Due città italiane (parte I)

Completa il testo con le espressioni della lista.

bellissima - del - di più - inferiori - la più - meno - più - quanto - superiore - tanto

Durante il mio viaggio in Italia, ho visitato molte città; ___________ interessante di tutte è sicuramente Roma, ma anche Firenze è ___________, anzi forse mi piacerebbe ___________ vivere a Firenze, perché la qualità della vita è ___________: c'è ___________ traffico e anche i prezzi sono ___________ (purtroppo bisogna dire che l'Italia in generale è ___________ bella ___________ cara).

A Firenze è tutto ___________ piccolo: le strade, i palazzi, le piazze, anche l'Arno è più stretto ___________ fiume che attraversa Roma, il Tevere.

Ogni espressione inserita in modo esatto vale 1 punto. **Totale: ______/10**

7 Due città italiane (parte II)

Completa il testo con le espressioni della lista.

come - del - del - delle - il più - la più - meglio - ottime - più - superiore

La cucina fiorentina e quella romana sono entrambe ___________, ma a Firenze ormai è difficile trovare un ristorante veramente tipico. A Trastevere, a Roma, per esempio, si mangia ___________ perché ci sono molte trattorie tradizionali dove mangiano anche i romani insieme con i turisti.

La gente invece è uguale: i romani sono simpatici e chiacchieroni ___________ i fiorentini. Tutti parlano molto velocemente, ma secondo me il dialetto romano è ___________ difficile da capire ___________ fiorentino. Tutti si vestono con molta cura, ma bisogna dire che spesso i ragazzi sono più eleganti ___________ ragazze; a Roma sono entrata in una profumeria enorme, ___________ grande della città: al piano terra si vendono cosmetici da donna, ma al piano ___________ ci sono solo prodotti per uomo, profumi, creme, cosmetici, ecc. Insomma è proprio vero che l'uomo italiano è ___________ vanitoso ___________ mondo.

Ogni espressione inserita in modo esatto vale 1 punto. **Totale: ______/10**

8 Orangutango nel parco nazionale della Maiella

Scegli la forma corretta del verbo.

D'estate la domenica io e mia moglie di solito andiamo al mare. La scorsa domenica tuttavia non ci **andiamo/andavamo/siamo andati** perché mio figlio, che **ama/amava/ha amato** gli animali, voleva fare una gita al parco nazionale.

Ci siamo alzati/Ci alziamo/Ci alzavamo alle 8 e **siamo partiti/partivamo/partiremo** quasi subito, ma sulla strada **c'è stato/c'era/c'era stato** molto traffico, perciò mio figlio e mia moglie, che **odiano/hanno odiato/stanno odiando** il traffico e il rumore, **cominciano/hanno cominciato/stanno cominciando** a lamentarsi. Dopo un paio d'ore **raggiungiamo/abbiamo raggiunto/raggiungevamo** l'ingresso del parco nazionale e abbiamo parcheggiato in un posto tranquillo, ideale per un pic-nic.

Mia moglie, che **sa/sapeva/ha saputo** sempre organizzare tutto benissimo, **si mette/si metteva/si è messa** a preparare qualcosa per il pranzo. Purtroppo, dopo poco **arrivano/arrivavano/sono arrivate** due macchine piene di ragazzi ed il silenzio **è finito/finisce/finiva**.

Io ho provato a parlare con i ragazzi: "Scusate, **avete potuto/potreste/potevate** fare un po' meno rumore? - ho chiesto io con estrema gentilezza - Mia moglie **ha desiderato/desidererebbe/sta desiderando** riposarsi un po'."

Ma uno di loro mi ha risposto sgarbatamente: "Ci dispiace, ma **abbiamo festeggiato/festeggiavamo/stiamo festeggiando** la fine degli esami, e voi non **avete/avrete avuto/avevate avuto** il diritto di disturbarci. Se questo posto vi **è sembrato/sembra/sembrerebbe** rumoroso, perché non ne cercate un altro più silenzioso?"

Allora **mi innervosisco/mi innervosivo/mi sono innervosito** davvero e gli ho risposto: "Personalmente **andrei/sono andato/vado** subito in un altro posto, ma mio figlio **si divertiva/si è divertito/si sta divertendo** un sacco, infatti gli piacciono molto gli orangutanghi, specialmente quelli con gli occhiali da sole!"

Ogni verbo esatto vale 1 punto. **Totale: ______/20**

A2 Le storie di Simona

1 Simona racconta... (parte I)

Completa il testo con i pronomi diretti o riflessivi della lista.

ci - ci - lo - lo - la - le - li - mi - mi - si

Oggi vado in centro e faccio un giro per i negozi; ______ voglio girare tutti per scegliere un vestito speciale per questo San Silvestro[1]. È una serata unica. Io di solito ______ vesto sportiva, ma per questa notte anche il mio vestito ______ voglio unico ed elegante, così come le scarpe. Non ______ compro mai con i tacchi perché divento più alta di mio marito e lui si sente a disagio, ma questa volta... Voglio comprarmi anche una borsa, ma naturalmente non ______ posso scegliere senza il vestito e le scarpe. Io ______ diverto a fare spese, mentre mio marito ______ annoia da morire quando deve andare a comprare qualcosa. Odia girare per i negozi e quando è costretto a far______, si lamenta per tutto il tempo. Così io e sua madre ______ preoccupiamo di scegliere e comprare i suoi vestiti. Lui però, non ______ ringrazia mai, anzi, critica sempre quello che compriamo!

Ogni pronome inserito in modo esatto vale 1 punto. **Totale: ______/10**

2 Il marito di Simona

Riordina il dialogo tra Simona e Filippo.

Simona	Filippo
1. Bravo. Ma che giorno è oggi?	**A.** Perché? Cosa c'è stasera?
2. Filippo, che cosa ti metti stasera?	**B.** Ah, io l'ho già comprato. Guarda, ti piace?
3. Cosa c'è?! Ma come, che giorno è oggi?	**C.** E poi cosa? Domani è giovedì.
4. Basta! Io esco, vado a comprarmi un vestito per stasera, per San Silvestro!	**D.** 31 Dicembre. È l'ultimo giorno per fare l'abbonamento alla TV.
5. Sì, mercoledì, e poi?	**E.** Sorpresa, eh?!
6. È bellissimo, elegante! Incredibile!	**F.** Mercoledì.

2/__ __/F __/__ __/__ __/__ __/__

Ogni frase inserita al posto giusto vale 1 punto. **Totale: ______/10**

note

1. San Silvestro: 31 dicembre.

Test 6 Le storie di Simona

3 Simona racconta... (parte II)

Inserisci nel testo le preposizioni della lista dove mancano. Le preposizioni sono in ordine.

a - per - di - a - in - per - nella - del - da - a

Stamattina sono andata comprare un vestito elegantissimo questa sera, perché finalmente mio marito ha deciso non festeggiare l'ultimo dell'anno casa e andiamo un locale alla moda molto elegante. Ho trovato subito il vestito, ma ho dovuto girare molti negozi trovare le scarpe e la borsa; mia famiglia infatti abbiamo tutti i piedi lunghi e non è facile trovare le scarpe nostro numero. Di solito in queste occasioni mio marito non ha un vestito elegante mettersi, perché lui non piace fare spese e spendere molti soldi per vestirsi bene, ma quest'anno mi ha sorpresa perché si è comprato un vestito bellissimo.

Ogni preposizione inserita nel punto esatto vale 2 punti. **Totale: ______/20**

4 Una breve vacanza

Scegli nella lettera la forma corretta del verbo.

Cara Rita,
ti **sto scrivendo/ho scritto** da Verona, una città meravigliosa. Io e Filippo **siamo arrivati/arrivavamo** ieri, ma domani **eravamo dovuti/dobbiamo** già ripartire, perché le nostre vacanze **hanno finito/sono finite** e io **sto volendo/vorrei** visitare anche Venezia. Stamattina **andavamo/siamo andati** a visitare la casa di Giulietta: il famoso balcone **è/è stato** delizioso. È anche molto alto, povero Romeo! **Ci abbiamo divertiti/Ci siamo divertiti** a girare per il centro storico e poi all'Arena **abbiamo preso/abbiamo presi** due biglietti per l'Opera di stasera: **ci sta essendo/c'è** l'Aida. Ti ricordi quando a scuola Filippo la **cantava/sta cantando** mentre **aspettavamo/abbiamo aspettato** la lezione di matematica?
Adesso ti **lascio/sto lasciando** perché anch'io **devo prepararmi/devo mi preparare**. Stamattina **mi ho comprato/mi sono comprata** un vestito nero, lungo, elegantissimo e molto caro; a Filippo non **è piaciuto/piaceva**, specialmente per il prezzo, ma quando mi **ha visto/aveva visto**, non **dice/ha detto** più niente e me l'**ha regalato/ho regalato**.
Ti **abbraccio/ho abbracciato**.
Un bacio. Simona

Ogni verbo esatto vale ½ punto. **Totale: ______/10**

5 Dopo le vacanze

Completa il testo con i verbi all'indicativo presente, passato prossimo, imperfetto e trapassato prossimo, al condizionale semplice e all'infinito.

Simona - Ma come sei abbronzata, Veronica! *(stare)* _______________ in Sardegna anche quest'anno?

Veronica - No, no. Quest'anno io e Marilena *(andare)* _______________ in Puglia. Sai, Marilena *(separarsi)* ________ appena __________ dal marito; *(lavorare)* _______________ da poco e non *(potere)* _______________ spendere molto. La Puglia *(essere)* _______________ più economica.

Simona - Sì certo. Ma chi è Marilena?

Veronica - Ma come, non la *(conoscere)* _______________? L'*(incontrare)* _______________ all'ospedale quando *(io-avere)* _______________ la bronchite e tu sei venuta a trovarmi.

Simona - Ah sì, sì, ora *(ricordare)* _______________, quella tua vecchia amica di Bergamo.

Veronica - Esatto. E tu e Filippo che *(fare)* _______________?

Simona - Niente di speciale. Filippo ha cambiato lavoro e quindi non *(avere)* _____________ molti giorni di ferie. Solo per Ferragosto[2] *(riuscire)* _____________ a prendere due giorni e così *(noi-partire)* _____________ all'ultimo momento, senza *(prenotare)* _____________ niente. In autostrada *(io-vedere)* _____________ il cartello per Verona e improvvisamente mi *(venire)* _____________ voglia di andare a visitarla. Io non l'*(vedere)* _________ mai __________ e Filippo c'era andato in gita al liceo.

Veronica - Anch'io *(visitare)* _____________ Verona alle scuole medie, ma non sono mai stata né a Vicenza né a Padova. E tu?

Simona - Neanch'io. Mi *(piacere)* _____________ moltissimo andarci.

Ogni verbo esatto vale 1 punto. **Totale: _____/20**

note

2. Ferragosto: il 15 Agosto, festa nazionale.

6 Le nuove case di Simona e Veronica

Completa con i possessivi e gli articoli (se necessari) nel dialogo, cambiando la preposizione (se necessario) quando è tra parentesi, come nell'esempio.

Es.: *Simona parla con* ***la sua amica*** *Veronica (di)* ***della sua*** *nuova casa.*

Simona - Ciao Veronica, come ti trovi *(in)* _________ nuova casa?

Veronica - Benissimo. _________ vicini sono molto simpatici e poi _________ sorella abita nella stessa strada. E voi vi siete trasferiti?

Simona - Purtroppo sì.

Veronica - Perché dici così? Non ti trovi bene *(in)* _________ nuovo appartamento?

Simona - No, per niente. _________ marito è felice, perché adesso abitiamo vicino *(a)* _________ genitori, ma per me è una tortura. La casa è più piccola, _________ vicini sono rumorosissimi, hanno un cane che abbaia per ore e _________ figlia suona la chitarra elettrica.

Veronica - Ah ti capisco, ma perché non parli con _________ vicini?

Simona - Ci ho provato, ma lui non mi ha neanche ascoltato e ________ moglie è insopportabile.

Ogni forma esatta vale 2 punti. **Totale: ______/20**

7 Simona in un negozio

Inserisci nel dialogo le parole della lista dove mancano. Le parole non sono in ordine.

basta - più - qualche - quel - stesso

Simona - Scusi, vorrei provare vestito in vetrina. Che taglia è?
Commessa - Una 42. Cosa dice, va bene?
Simona - No, non c'è una taglia piccola?
Commessa - Certo, abbiamo anche la 38.
Simona - Uhm, probabilmente la 38 è troppo piccola, ma voglio provarla lo. Che colori avete?
Commessa - Ci sono colori splendidi: verde chiaro, azzurro e grigio…
Simona - No, grigio no, preferisco i colori vivaci.
Commessa - Capisco. Vuole provare qualcos'altro?
Simona - No, ma vorrei vedere cravatta per mio marito.
Commessa - Certamente. Abbiamo delle fantasie vivacissime. Guardi questa.
Simona - Ah sì, questa mi sembra perfetta.
Commessa - Bene, così?
Simona - Sì, grazie.

Ogni parola inserita nel punto esatto vale 2 punti. **Totale: ______/10**

Livello B1

- 1. Fatti insoliti
- 2. La moda
- 3. Oltre a Roma, Venezia, Firenze
- 4. Prodotti tipici
- 5. Innamorarsi a Venezia
- 6. Musica

B1 Fatti insoliti

1 Una storia incredibile

Completa il testo con i verbi all'indicativo presente, passato prossimo e imperfetto, al gerundio e all'imperativo.

Maurizio racconta:

Ancora non riesco a capire esattamente quello che è successo. Venerdì sera *(uscire)* ______________ dall'ufficio alle sei e *(prendere)* ____________________ la macchina per andare come al solito da mia madre. Sai che *(io-andare)* ____________________ a trovarla a Milano tutti i fine-settimana da quando *(morire)* ____________________ mio padre.

Dunque, quella sera *(piovere)* ____________________, ma stranamente non *(esserci)* ____________________ traffico e dopo 15 minuti *(entrare)* ____________________ in autostrada. *(Viaggiare)* ____________________ tranquillo, *(ascoltare)* ______________ quel programma di musica rock che *(loro-dare)* ____________________ tutti i giorni prima del radiogiornale, quando una voce ha interrotto il programma *(dire)* ____________________: "Ehi tu, se non *(volere)* ____________________ morire qui, *(guidare)* ____________________ più piano, non *(sorpassare)* ____________________ ogni 5 secondi, *(essere)* ____________________ prudente!" Dopo *(ricominciare)* ____________________ la musica, io ho pensato alla solita "pubblicità progresso"[1] e *(continuare)* ____________________ a guidare a 160Km/h.

Non *(io-ricordare)* ____________________ quante volte *(fare)* ______________ questa strada, e anche mio padre *(guidare)* ____________________ così, anche se mia madre *(arrabbiarsi)* ____________________ e regolarmente *(loro-finire)* ____________________ per litigare. Dopo qualche minuto comunque, mentre la radio *(trasmettere)* ____________________ la mia canzone preferita, la polizia mi *(fermare)* ____________________.

"Mi *(fare)* ____________________ vedere la patente, prego!" - ha ordinato formalmente il poliziotto - Sa a che velocità stava andando? *(rendersi)* ____________________ conto che a causa di gente come Lei ogni fine settimana *(succedere)* ____________________ decine di incidenti? Lei *(perdere)* ____________________ 10 punti[2] e la prossima volta *(dare)* ____________________ ascolto a chi le dà buoni consigli alla radio, altro che pubblicità progresso!"

Improvvisamente *(riconoscere)* ____________________ quella voce, ma certo, era quella che aveva fatto la pubblicità alla radio! Veramente strano, ancora non riesco a capire esattamente come sia potuto succedere.

Ogni verbo esatto vale 1 punto. **Totale: ______/30**

note

1. pubblicità progresso: informazioni ed avvisi per informare e insegnare qualcosa ai cittadini.

2. In Italia ogni automobilista ha a disposizione per la patente di guida 20 punti che gli possono essere sottratti quando commette qualche errore.

2 Una strana paura

Riordina il dialogo tra Marco e Vittorio.

Marco	Vittorio
1. Infatti e io ho paura di volare.	**A.** Beh, ci vogliono 10 ore di aereo.
2. Sì, cioè no, insomma Vittorio, a Cuba non ci vengo.	**B.** Sì, vorrei andarci e tu?
3. Sì, ma c'era anche Elisa.	**C.** Bell'amico, grazie tante!
4. No, ma vale la pena rischiare.	**D.** Vuoi dire che volando con lei non hai paura?
5. Ti piacerebbe andare a Cuba?	**E.** Ma dai, l'anno scorso sei andato a NY!
6. Io no, è molto lontano.	**F.** E con me no, è così?

___/___ ___/A ___/___ ___/___ ___/___ 2/___

Ogni frase inserita al posto giusto vale 1 punto. **Totale: ______/10**

3 Il favore

Completa il dialogo tra Salvo e Rodolfo con i pronomi e le particelle "ci" e "ne". Attenzione: c'è un solo spazio anche per i pronomi combinati.

Salvo - Ciao Rodolfo, ho saputo che ieri tua moglie si è arrabbiata molto.

Rodolfo - Sì, chi ______ ha detto?

Salvo - ______ ha detto lei, ______ ho incontrata al supermercato e ______ ha raccontato che avete litigato.

Rodolfo - Infatti. Giuliana non voleva prestare la macchina a Luigi perché dovevamo andare da sua madre, ma io ______ dovevo dare: Luigi è un amico e quando noi ______ abbiamo chiesto un favore, lui ______ ha sempre fatto.

Salvo - Sì, hai ragione, d'altra parte Giuliana non vedeva sua madre da molto tempo; ______ è andata alla fine?

Rodolfo - Certo, siamo andati con la moto.

Salvo - Ma non l'avevi venduta?

Rodolfo - Sì, ma ______ ho comprata una nuova, rossa fiammante: una favola. Vieni, è qui, ______ faccio vedere, ma non dire mai a Giuliana quanto costa!

Ogni pronome esatto vale 2 punti. **Totale: ______/20**

4 Il messaggio misterioso

Completa il testo con la forma opportuna.

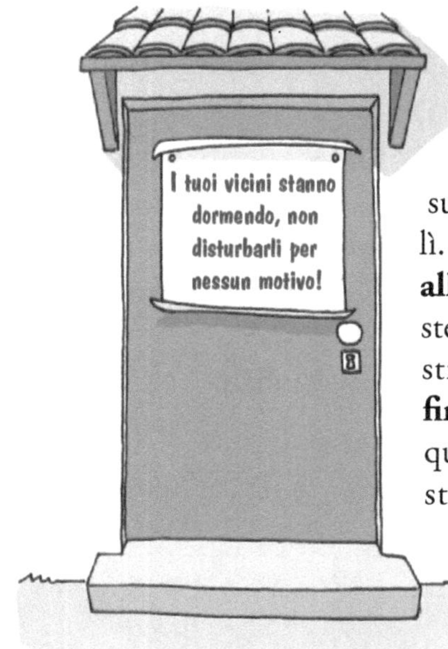

Siccome/Perché/Perciò si è svegliata tardi, oggi Annalisa non è andata a lavorare. Infatti ha perso l'unico traghetto che c'è alle 8.15 ogni giorno feriale dall'Isola del Giglio a Porto Santo Stefano. Di solito l'estate Annalisa passa il fine-settimana con gli amici nella sua casa sull'isola **e/, /come** il lunedì mattina va direttamente con loro in ufficio da lì. Qualche volta la notte restano a chiacchierare sul terrazzo fino a tardi, **allora/dunque/ma** la mattina tutti riescono sempre ad alzarsi presto lo stesso. Stamattina **invece/poiché/quando** è successo un fatto veramente strano; **dove/infatti/mentre** nessuno è riuscito a svegliarsi **finché/invece/ma** la vicina non li ha chiamati per raccontargli **che/, /e** qualcuno le aveva lasciato sulla porta questo messaggio: "I tuoi vicini stanno dormendo, non disturbarli per nessun motivo!" Lei **ma/perciò/però** conosce bene Annalisa **e/,/tuttavia** sa che non si comporterebbe mai così. Perciò, dopo un primo momento di sorpresa **che/,/sebbene** è andata a chiamarla e l'ha svegliata. Uno scherzo? Chissà?

Ogni forma esatta vale 1 punto. **Totale: ______/10**

5 Un regalo inaspettato

Inserisci nel dialogo le parole della lista dove mancano. Le parole sono in ordine.

che - niente - me l' - una - ci

Camilla - Ma bella borsa, dove l'hai comprata?
Barbara - È un regalo. Mio marito di solito non mi regala mai per San Valentino, preferisce farmi un regalo quando non aspetto. Questa volta invece mi ha fatto una sorpresa. Ha visto questa borsa in una vetrina, gli è piaciuta e così si è ricordato della festa degli innamorati.
Camilla - Che romantico! Ti dispiacerebbe domandargli dove l'ha presa? Mi piacerebbe comprarne simile.
Barbara - Certo, lo chiamo subito, così se è un negozio qui vicino puoi andare ora.

Ogni parola inserita nel punto esatto vale 2 punti. **Totale: ______/10**

6 Il piatto della casa

Completa il dialogo con l'imperativo formale e informale. Inoltre inserisci i pronomi dove sono necessari.

Serena - Sta passando il cameriere. *(Chiamare)* ______________ che ho fame.

Giorgio - *(Fare)* ______________ tu, io posso aspettare!

Serena - Cameriere, *(scusare)* ______________, *(venire)* ______________ per favore, vogliamo ordinare!

Giorgio - Io prendo le linguine allo scoglio[3], *(prendere)* ______________ anche tu!

Serena - Ma no, sono troppo piccanti! *(Dare)* ______________ il menù. Scelgo qualcos'altro!

Giorgio - Dai, stai studiando il menù da dieci minuti, *(decidersi)* ______________, *(sbrigarsi)* ______________! Non avevi tanta fame?

Serena - Sì, uffah, non so cosa prendere! Dai Giorgio, *(consigliare)* ______________ tu!

Giorgio - Non saprei! Comunque non *(scegliere)* ______________ il cacciucco[4]. A me non piace!

Serena - Che c'entra, *(scusare)* ______________! Lo mangio io, non tu! Anzi, non *(pensare)* ______________ di scambiare i piatti, come fai di solito e non *(aspettarsi)* ______________ che ti dia mezzo del mio. Ho fame davvero.

Giorgio - Allora *(prendere)* ______________, *(fare)* ______________ come vuoi!

Serena (al cameriere) - *(Sentire)* ______________, prima di tutto *(portare)* ______________ una bottiglia d'acqua gassata, ma non *(andare)* ______________ via! Vogliamo ordinare! Lei cosa mi consiglia di primo?

Cameriere - *(Prendere)* ______________ il piatto della casa. Sono sicuro che le piacerà. È squisito, non troppo pesante né piccante.

Serena - Allora una porzione di linguine per mio marito e la specialità della casa per me. Ma *(aspettare)* ______________, che cosa è esattamente il piatto della casa?

Cameriere - Una specie di cacciucco!

Ogni forma esatta vale 1 punto. **Totale: ______/20**

note

3. linguine allo scoglio: primo piatto di pasta con una salsa di pesce e frutti di mare.

4. cacciucco: zuppa di pesce tipica di Livorno (Toscana).

B1 La moda

1 I saldi

Completa il testo con i verbi all'indicativo presente, passato prossimo e futuro semplice, e al condizionale semplice e composto.

Maria - Ieri sono andata a fare spese. Sai, *(cominciare)* ______________ i saldi e per tutto l'inverno non avevo comprato niente.

Paola - È tutto molto caro. Arrivare a fine mese *(essere)* ______________ sempre più difficile. Ora però con i saldi cambia tutto. Che *(tu-comprare)* ______________?

Maria - Non ci *(tu-credere)* ______________, ma ieri *(avere)* ______________ il coraggio di entrare nel negozio di Gucci.

Paola - Ma dai, non mi dire che *(fare)* ______________ spese lì! Con il nostro stipendio!

Maria - E invece sì, *(prendere)* ______________ una bellissima borsa con il manico in bambù scontata al 50%.

Paola - Accidenti! Ed adesso come *(arrivare)* ______________ a fine mese?

Maria - Con la carta di credito! Ma cosa *(dovere)* ______________ fare secondo te? Al posto mio cosa *(fare)* ______________?

Paola - Ti *(potere)* ______________ solo dire che io, da Gucci, non *(entrare)* ______________ mai neppure a guardare, *(sapere)* ______________ già di non potermi permettere neppure un portachiavi, figuriamoci poi una borsa!

Maria - Lo so, ma tu hai una famiglia da mantenere, io sono sola, e sono anche figlia unica.

Paola - Che *(entrarci)* ______________ essere figli unici, scusa?

Maria - Cosa pensi, con il mio stipendio io non riesco a fare niente. *(Pagare)* ______________ l'affitto, *(comprare)* ______________ da mangiare, *(andare)* ______________ al cinema qualche volta e basta. Però ci sono i miei: per Natale, anche quest'anno, mio padre e mia madre mi *(regalare)* ______________ 5000 € da spendere come *(volere)* ______________.

Paola - Ah, ecco perché sei sempre vestita alla moda e ti puoi permettere di entrare da Gucci. I tuoi sono ricchi.

Maria - Beh, non proprio ricchi, però *(aiutarmi)* ______________ molto.

Ogni verbo esatto vale 1 punto. **Totale: ______/20**

Test 2 La moda

2 Un regalo per Maria

Ricostruisci i dialoghi inserendo le frasi delle due liste.

Maria - Papà, dove stiamo andando?
Papà - ______________________________
Maria - ______________________________
Papà - ______________________________
Maria - ______________________________
Papà - ______________________________

1.- E lo sei, ma che male c'è se un padre regala qualche pezzo di arredamento bello alla figlia? ... Eccoci qua, questo è il mio negozio preferito.
2.- In un negozio di arredamento, voglio farti un regalo.
3.- Ma non c'è bisogno, mi hai già regalato tutti quei soldi a Natale.
4.- È vero, ma io volevo provare ad essere indipendente...
5.- Il bello di un regalo è farlo quando non c'è bisogno, e poi nel tuo appartamentino non c'è quasi niente.

Nel negozio:
Maria - Papà, hai visto che bello questo divano?
Commesso - ______________________________
Maria - ______________________________
Commesso - ______________________________
Papà - ______________________________
Commesso - ______________________________

6.- Lei dice? La linea è bella ma non sembra di altissima qualità.
7.- Ma come? Guardi che tessuti, che imbottiture... Non vede com'è funzionale?
8.- Allora dovrebbe guardare i prodotti Kartell, sono molto adatti ad una casa giovane e allegra.
9.- Lei signorina ha davvero buon gusto, si tratta di un divano Living, una casa di arredi di alta qualità.
10.- La scusi, sa, ma mia figlia sta mettendo su casa per la prima volta...

Ogni frase inserita al posto giusto vale 1 punto. **Totale: ______/10**

3 Una casa di moda famosa nel mondo: Gucci

Leggi la storia della Gucci, trova le 4 frasi grammaticalmente sbagliate e correggile.

1. La casa di moda Gucci nasce in Firenze grazie a Guccio Gucci.
( ) Frase corretta ( ) Frase sbagliata, deve essere: ________________________________

2. Nel negozio si dovevano vendere prodotti in pelle, ideati e realizzati dai migliori artigiani locali.
( ) Frase corretta ( ) Frase sbagliata, deve essere: ________________________________

3. Negli anni '30 e '40 il successo di Gucci crescono e si aprono i primi negozi nelle principali città italiane.
( ) Frase corretta ( ) Frase sbagliata, deve essere: ________________________________

4. Negli anni '50 la casa di moda Gucci apre i loro negozi anche all'estero.
( ) Frase corretta ( ) Frase sbagliata, deve essere: ________________________________

5. Gucci oggi produce solo prodotti di lusso, dall'accessorio al capo di abbigliamento.
( ) Frase corretta ( ) Frase sbagliata, deve essere: ________________________________

6. Mitica è la borsa con il manico in bambù.
( ) Frase corretta ( ) Frase sbagliata, deve essere: ________________________________

7. Gli artigiani Gucci la realizzano per la prima volta nel 1947, in pelle nera.
( ) Frase corretta ( ) Frase sbagliata, deve essere: ________________________________

8. Gli artigiani montano la borsa a mano ed appoggiano i pezzi su una forma di legno.
( ) Frase corretta ( ) Frase sbagliata, deve essere: ________________________________

9. Gucci la realizza ancora completamente a mano con gli stessi procedimenti di tanto tempo fa.
( ) Frase corretta ( ) Frase sbagliata, deve essere: ________________________________

10. Famosissimo è il mocassino Gucci: presentato per la prima volta nel 1950, ha avuto subito un enorme successo.
( ) Frase corretta ( ) Frase sbagliata, deve essere: ________________
____

Ogni frase corretta nel modo giusto vale 2 punti e ½ .
Totale: ______/10

4 Storia della moda italiana

Completa il testo inserendo gli articoli della lista dove ritieni più opportuno. Gli articoli sono in ordine.

il - il - l' - un - le - la - il - gli - lo - i

La moda, come affermazione sociale ed importante mezzo di comunicazione, nasce alla fine dell'Ottocento, a Parigi. In Italia nasce all'inizio del secolo scorso, ma è 12 febbraio 1951 che acquista una fama internazionale. In questa data infatti, conte Giovanni Battista Giorgini ha idea di presentare in solo ed unico luogo, Firenze, collezioni delle diverse case di moda sparse tra Roma, Milano e Firenze. Organizza prima grande sfilata nella sua magnifica villa: Villa Torrigiani. Inizia così «Rinascimento» della moda italiana.
Con anni, la moda italiana ottiene sempre maggiori successi. Milano diventa una delle capitali della moda, con Parigi e New York. sforzo delle aziende italiane dà suoi frutti: il Made in Italy diventa simbolo di prestigio, altissima qualità e design.

Ogni articolo inserito in modo esatto vale 2 punti. **Totale: ______/20**

5 Moda oggi, storia domani

Completa il testo con le parole della lista. Attenzione: ci sono due parole in più.

che - cambiato - chi - composti - considerare - costume - figli - guardare - inutile - primi - spendere - speso

La moda ha una vita brevissima. Quello ___________________ oggi è sensazionale domani sembrerà ___________________. La moda celebra, in questi giorni, i ___________________ 100 anni del bikini. Dopo aver fatto scandalo, ci appare un ___________________ innocente se lo confrontiamo al topless e al tanga. Dobbiamo però ___________________ che anche lo stile di vita degli italiani è molto ___________________ negli ultimi cento anni. Sono aumentati i nuclei familiari, ma sono ___________________ mediamente da 2,6 persone contro le 4,6 del 1901. Ci si sposa meno e più tardi, e più tardi si hanno ___________________ (se si decide d'averli). È cambiato anche il modo di ___________________: se nel 1956 gli alimenti costituivano il 55% della spesa delle nostre famiglie, oggi rappresentano solo il 16%, mentre oltre 25% del reddito viene ___________________ per vestiti e per gli oggetti alla moda, come per esempio l'ultimo modello di telefonino.

Ogni parola inserita in modo esatto vale 1 punto. **Totale: ______/10**

6 Il sistema moda

Scegli la forma corretta.

Tra/Per la fine degli anni '70 e l'inizio **agli/degli** anni '80 il prête-à-porter italiano conquista il mondo. Milano diventa una capitale **dalla/della** moda insieme a Parigi e New York. **Alla/In** Francia la moda era nata come l'espressione artistica **dei/ai** grandi sarti. In Italia diventa industria, come **negli/agli** Stati Uniti.
Negli/Agli anni '60 e '70, la critica verso prodotti di moda come simbolo **per/di** status sociale e ricchezza porta i consumatori **a/di** preferire abiti meno cari e più casual. **Di/In** questo periodo i produttori tessili italiani, già famosi **per la/sulla** maglieria, iniziano **di/a** collaborare con alcuni giovani stilisti come Armani e Versace.
Il "Sistema Moda" italiano è completo: crea **-/con** abiti, tessuti, accessori, fa crescere nuovi professionisti e nuove attività. Le ditte italiane attive **con il/nel** sistema moda importano **all'/dall'**estero solo le fibre grezze. Le fabbriche italiane trasformano le fibre grezze **in/a** splendidi tessuti che, tagliati **da/per** mani esperte, diventano vestiti **da/di** alta moda. Tutti (politici, stilisti, lavoratori) vogliono che il prodotto "made in Italy" sia davvero fatto completamente **in/tra il** territorio nazionale. In Italia si sono sviluppati distretti industriali specializzati **con la/in**: pelletteria, tessuti, maglieria, bottoni, calzatura, calzetteria e intimo, confezioni, imballaggi, macchine utensili e lavorazioni.

Ogni forma esatta vale 1 punto. **Totale: ______/20**

7 L'industria del falso

Riordina il testo inserendo nei giusti spazi le parti mancanti.

L'industria del falso è un problema vecchio, ma (____). Solo in Italia il falso fattura (____). L'Italia non è più la capitale del falso: (____). Da qualche anno l'industria del falso (____): qualche tempo fa la guardia di finanza ha sequestrato (____).

1. profumi falsi preparati in Cina, imbottigliati in Italia e venduti ai russi
2. adesso ha iniziato a far preoccupare seriamente le persone che lavorano nel campo della moda
3. si è globalizzata
4. ci siamo fatti superare dalla Cina e dalla Corea
5. fra i 3 e i 5 miliardi di euro

Ogni frase inserita al posto giusto vale 2 punti. **Totale: ______/10**

B1 Oltre a Roma, Venezia, Firenze

1 La Val d'Aosta

Scegli la forma corretta

Con i suoi 3264 Kmq è la regione **la più piccola/più piccola/piccolissima** della Repubblica Italiana e le sue montagne, il Monte Bianco, il Monte Rosa e il Gran Paradiso, sono **le più alte/più alte/le più altissime** d'Europa. Vive prevalentemente di turismo sia invernale che estivo; infatti centri come Saint Vincent e Courmayeur erano già famosi nella seconda metà del '700. Il **grande/maggiore/superiore** afflusso di turisti si registra d'inverno durante la cosiddetta "settimana bianca", ma non sono poche le persone che ci passano le loro vacanze estive. Alcuni sono amanti dell'alpinismo, altri, **meno/molto/più** sportivi, si limitano a fare lunghe passeggiate nei boschi e a visitare i **belli/più belli/bellissimi** castelli della regione, altri ancora sono attirati dalla sua **ottima/pessima/superiore** cucina. Chi ama la natura e non ha paura di camminare deve assolutamente visitare il Parco Nazionale del Gran Paradiso, **un dei/uno di/uno dei** più vecchi e famosi d'Italia; un autentico paradiso per **moltissimi/più/troppi** animali.
I prezzi per soggiornare in questa parte delle Alpi sono generalmente **altissimi/maggiori/superiori** a quelli delle Alpi orientali o di oltre il confine, ma vale la pena pagare qualcosa in **più/troppo/meglio**.

Ogni forma esatta vale 1 punto. **Totale: ______/10**

2 Informazioni

Completa i dialoghi con i pronomi e la particella "ci".

Dialogo 1 - Per strada

Pedro - Scusi, ____ sa dire dov'è Piazza Dante?

Un Signore - ____ dispiace, non ____ so, abito da poco a Parma e questa piazza non ____ ho mai sentita. Perché non ____ chiedete al bar? Il barista sa tutto ed è molto gentile. Anch'io ____ chiedo sempre qualche informazione.

Pedro - Sì, grazie, ____ vado subito, così bevo anche un caffè, oggi non ____ ho ancora preso. Vieni con me, Luis?

Luis - No, io ___ aspetto qui. La mia valigia è pesantissima. Ah, Pedro, se ce ____ ha, ____ compri le cartoline? Voglio scrivere ai miei amici.

Pedro - Va bene.

Dialogo 2 - Al bar

Pedro - Buongiorno, vorrei un caffè e delle cartoline.

La barista - Cartoline?! ____ chieda al tabaccaio, ma che crede? Nei bar italiani non abbiamo cartoline.

Pedro - In alcuni bar italiani ____ vendono. Non è la prima volta che vengo in Italia, anzi, ____ vengo spesso. Senta, per cortesia, sa dov'è Piazza Dante?

La barista - È lontana.

Pedro - Ah, e con l'autobus quanto tempo ____ vuole?

La barista - Troppo.

Pedro - Scusi, ____ posso fare ancora una domanda?

La barista - Anche due. ____ piace parlare con i ragazzi. Se posso ____ aiuto sempre volentieri.

Pedro - ___ ringrazio. ____ capisce subito che Lei è una persona molto gentile e socievole!

Ogni pronome esatto vale 1 punto. **Totale: ______/20**

3 Pedro e Luis alla ricerca di Piazza Dante

Riordina il dialogo.

Luis	Pedro
1. Che ti ha detto? Dov'è piazza Dante?	**A.** No. Siccome non ha voluto dirmi dov'era la piazza, io non le ho chiesto altro.
2. Neanch'io, certo! Perché non l'hai chiesto al barista?	**B.** Non era un barista, era una barista! E pure antipatica.
3. Ah! Allora, se è lontana prendiamo l'autobus.	**C.** Non mi ha detto niente.
4. Ah, allora va a domandarlo all'edicola!	**D.** Quale autobus? Io non lo so e tu?
5. Barista uomo o donna, non potevi chiederglielo comunque?	**E.** Forse lo sapeva ma non aveva voglia di parlare. Mi ha detto solo che Piazza Dante è lontana.
6. Come?! Non lo sapeva neanche lui?	**F.** Vacci tu!

1/__ __/E __/__ __/__ __/__ __/__

Ogni frase inserita al posto giusto vale 1 punto. **Totale: ______/10**

4 Parma

Completa il testo con le parole della lista. Attenzione: c'è uno spazio in più.

circa - come - della - fine - più - progettato - quello - si - trovano - uno

Oggi è una piccola città, famosa in tutto il mondo per il suo prosciutto e il suo formaggio (il Parmigiano), ma alla __________ del '700 era conosciuta in tutta Europa __________ la "piccola capitale"; era infatti la capitale del Ducato __________ famiglia Farnese, che l'ha governato per __________ duecento anni.

Il nome di Parma è indissolubilmente legato a __________ della sua Certosa in cui Stendhal __________ ha ambientato il suo celebre romanzo *La Certosa di Parma*, ma in città si __________ molti altri splendidi monumenti da visitare. __________ dei più belli ed interessanti è senza dubbio il Battistero, __________ dall'architetto e scultore Benedetto Antelami nel 1194 in forma di ottagono (la forma della perfezione perché più vicina al cerchio).

In generale non __________ può lasciare Parma senza prima visitare il Palazzo Ducale, il Palazzo della Pilotta, il Palazzo del Governatore e la storica Spezieria di San Giovanni Evangelista, ma per gli appassionati della musica lirica i monumenti __________ importanti da ammirare sono altri: il Teatro Regio (del sec. XIX, fra i più illustri d'Italia per l'opera lirica) e la casa del grande direttore d'orchestra Arturo Toscanini.

Ogni parola inserita in modo esatto vale 1 punto. **Totale: ______/10**

5 La Repubblica di San Marino

Completa il testo inserendo le preposizioni della lista dove ritieni più opportuno. Le preposizioni sono in ordine.

della - del - della - in - della - dalle - a - nei - per - in

Si tratta più antica e piccola repubblica mondo. La sua superficie copre solo 61 chilometri quadrati penisola italiana. San Marino infatti si trova, come il Vaticano, dentro la Repubblica Italiana, ma ne è completamente indipendente. Appena si entra territorio sanmarinense si trova un cartello che dice "Benvenuti nell'antica terra libertà" e effettivamente i suoi abitanti anche oggi sono liberi tasse. Per questo molti turisti non vanno visitare i monumenti, le mura, le torri e le chiese, ma entrano subito negozi comprare tutti quei prodotti che senza tasse costano meno che Italia.

Ogni preposizione inserita in modo esatto vale 2 punti. **Totale: ______/20**

6 Le cinque terre[1]

Completa il dialogo con i verbi all'indicativo presente, passato prossimo, imperfetto, trapassato prossimo e all'imperativo.

Massimo - Che facciamo questo fine settimana? Andiamo a vedere la mostra?

Pietro - No! Basta! Non ne *(potere)* ________________ più di mostre e musei. Lo scorso sabato mi *(voi-portare)* ________________ a vedere la mostra degli Impressionisti, la settimana prima *(voi-volere)* ________________ visitare di nuovo il museo archeologico perché *(noi-vedere)* ________________ "La Mummia" al cinema, prima ancora *(noi-andare)* ________________ a Milano perché *(esserci)* ________________ una mostra su Dalì. Ora basta. L'inverno *(finire)* ________________, le giornate *(essere)* ________________ più lunghe, quindi *(voi-smettere)* ________________ di parlare di musei e andiamo da qualche parte all'aperto.

Massimo - Veramente la settimana passata io *(proporre)* ________________ di andare a sciare e tu hai detto che non ne *(avere)* ________________ voglia e che ti *(fare)* ________________ ancora male la gamba. Non ti *(andare)* ________________ mai bene niente!

Pietro - Non è vero. Il problema è che si *(dovere)* ________________ fare sempre quello che *(volere)* ________________ tu.

Lorenzo - Basta. *(Calmarsi)* ________________ tutti e due. Che ne *(dire)* ________________ di andare a Perugia alla Fiera della cioccolata[2]?

Massimo - Sì, bravo, così in un giorno *(riprendere)* ________________ subito i 5 chili che *(perdere)* ________________ con un mese di dieta.

Pietro - Andiamo al mare!

Massimo - Ma che *(dire)* ________________? Cosa ci andiamo a fare al mare in aprile?

Lorenzo - Zitti, zitti! *(Trovare)* ________________! Andiamo alle "cinque terre". *(Ricordarsi)* ________________ che ci *(andare)* ________________ in gita in terza media? *(Divertirsi)* ________________ un sacco e al ritorno *(stare)* ________________ per perdere il treno perché tu *(fermarsi)* ________________ a Riomaggiore a comprare un souvenir.

Pietro - Ah, sì! La prof. d'italiano *(arrabbiarsi)* ________________ come una iena[3], non l'*(sentire)* ________________ mai ________________ urlare così prima d'allora. Per me "Le cinque terre" *(andare)* ________________ bene.

Massimo - Anche per me. Se *(noi-camminare)* ________________ da Monterosso fino a Riomaggiore, poi mi posso mangiare anche un piatto di frittura mista!

Ogni verbo esatto vale 1 punto. **Totale: ______/30**

note

1. Monterosso, Vernazza, Corniglia, Manarola e Riomaggiore. Sono 5 piccolissimi e bellissimi paesi, sul mare in Liguria. Sono collegati fra loro solo dalla ferrovia e da un percorso fra gli scogli da fare a piedi.
2. A Perugia si trova la Perugina, storica fabbrica di cioccolato. Nella città tutti gli anni si organizza la Fiera della cioccolata.
3. arrabbiarsi come una iena: arrabbiarsi molto.

B1 Prodotti tipici

1 Il prosciutto di Parma

Completa il testo con le parole della lista. Attenzione: c'è uno spazio in meno.

dei - facilmente - infatti - né - paziente - peccato - piacere - sua - una - unici

Il prosciutto di Parma è un alimento completamente naturale: gli __________ ingredienti sono la carne di maiale e il sale. Il segreto del prosciutto di Parma risiede unicamente nell'abilità maestri salatori, nell'aria profumata delle colline parmensi e nella lunga e __________ stagionatura.
Per produrre il Re dei Salumi non vengono __________ utilizzate sostanze chimiche, conservanti o altri additivi, __________ si fa ricorso a procedimento di affumicatura.
A riconoscimento di questo rigore, l'Unione Europea ha attribuito la Denominazione d'Origine Protetta (DOP) già nel 1996 al Prosciutto di Parma, __________ tra le prime in Europa!
Il Prosciutto di Parma è un __________ per intenditori: l'impiego delle antiche tecniche di lavorazione e il lento affinamento in ambiente ideale permettono di sviluppare un bouquet raffinato, insieme alla __________ inconfondibile e famosa dolcezza.
È un concentrato di energia e salute: pochi grassi, molti sali minerali, proteine __________ digeribili, intenso apporto di vitamine. Togliere il grasso dal prosciutto è un vero __________ perché, oltre al gusto e al profumo, ha un contenuto di colesterolo davvero basso e una percentuale di acido oleico alta.

Ogni parola inserita in modo esatto vale 1 punto. **Totale: ______/10**

2 Dove si produce il prosciutto di Parma?

Completa il testo inserendo le preposizioni della lista. Le preposizioni sono in ordine.

da - di - da - per - di - a - a - dal - dalla -d'

Ovviamente a Parma, la stessa città cui viene il formaggio parmigiano e la musica Giuseppe Verdi. La domanda porsi è un'altra: che cosa ha Parma di così speciale produrre cose tanto buone e preziose? Prima tutto un'ottima posizione geografica: né troppo nord, né troppo sud, né troppo vicina né troppo lontana mare e montagna. Il Po, il fiume più lungo Italia attraversa le sue terre e lascia tanta acqua ed umidità. Quindi la campagna è ricca ed è facile allevare animali da mangiare e da far lavorare.

Ogni preposizione inserita in modo esatto vale 2 punti. **Totale: ______/20**

3 Curiosità: alcuni nomi

Scegli la forma corretta.

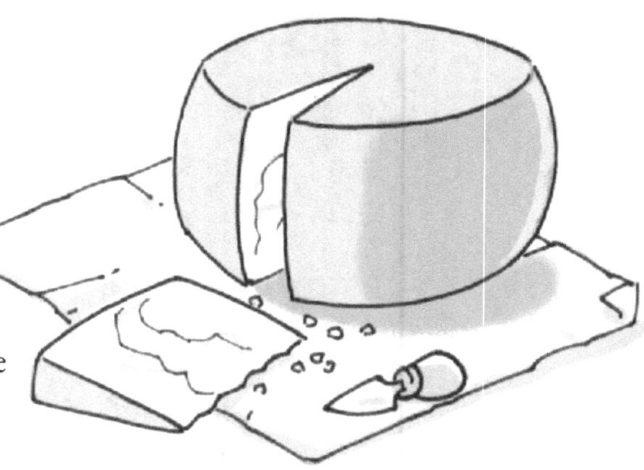

Sapete come nascono i nomi di **alcuni/qualche/qualcuni** famosi prodotti italiani? Qualcuno, come il rinomato parmigiano, è strettamente legato alla zona d'origine. Parmigiano è l'aggettivo **che/chi/quale** riconduce alla città di Parma così come il formaggio Gorgonzola prende il nome dalla città omonima **che/in cui/nel quale** veniva prodotto originariamente.
Altri nomi dicono più o **meno/molto/troppo** esplicitamente di che cosa si tratta, per esempio la parola "prosciutto", dal latino "perexsuctum", letteralmente "asciugato", dice già tutto sulla lavorazione del maiale per ottenere **questo/il quale/quello** tipo di salume.
Altri prodotti devono il loro nome alla forma **con cui/di cui/per cui** si presentano. È questo il caso di molti tipi di pasta come le "orecchiette", **di cui/la cui/le cui** forma ricorda chiaramente il padiglione dell'orecchio o i "cappelletti" **che/chi/ai quali** invece, malgrado il loro nome, non richiamano immediatamente l'idea di cappello. Il problema è che le mode cambiano! I "cappelletti" non somigliano a nessun cappello dei nostri tempi, ma la loro forma è simile a **qualcuna/quella/questa** dei cappelli sui **quali/che/cui** si portavano alla fine del medioevo a Bologna, città di origine di questa ottima pasta ripiena.

Ogni forma esatta vale 1 punto. **Totale: ______/10**

4 Le qualità del parmigiano

Riordina il dialogo fra Ulrike e Luisa.

Ulrike	Luisa
1. Ehi Luisa, ma davvero sei di Parma?	**A.** Infatti per voi vegetariani è perfetto. E poi è facilmente digeribile e senza conservanti.
2. Sì, e ha anche più proteine della carne e del pesce.	**B.** Veramente sono parmense, parmigiano è solo il formaggio. Ti piace?
3. Ma ti pagano per fargli pubblicità?	**C.** In effetti, non è adatto per chi è a dieta, però è anche ricchissimo di calcio e vitamine.
4. Allora sei parmigiana.	**D.** Sì, perché?
5. Da morire, ma ha troppe calorie.	**E.** No, ma ormai sono più di settecento anni che a Parma si fa il parmigiano e per noi parmensi è diventato un fattore genetico.

__/__ __/__ __/__ __/__ __/__

Ogni frase inserita al posto giusto vale 1 punto. **Totale: ______/10**

5 La storia del parmigiano e del Parmense

Scegli la forma corretta.

Quando si parla di parmigiano si intende il formaggio, a meno che non **si usa/si usi/si userebbe** il diminutivo "Parmigianino", che al contrario non è un piccolo formaggio, come **possano/potrebbero/hanno potuto** pensare in molti, ma un pittore del 1500. Il Parmense invece non è qualcosa che **si possa/si sarebbe potuto/si era potuto** mangiare ma qualcuno la cui musica si continua ad **ascolti/ascoltare/ascoltato** anche oggi, dopo oltre cento anni dalla sua morte: Giuseppe Verdi. Entrambi, parmigiano e Parmense, provengono dalla campagna intorno a Parma: il formaggio ha origine da una zona fra Reggio e Parma mentre il celebre compositore **è nato/nasca/nasceva** a Busseto. Però quando Verdi è venuto al mondo, nel 1813, il parmigiano **si è prodotto/si era prodotto/si produceva** già da oltre mezzo secolo. Nessuno finora si è preoccupato di sapere se nel mondo oggi **sarebbe/sia/sia stato** più famoso il parmigiano o *La Traviata* e le altre opere del Parmense. Tuttavia sappiamo con certezza che il parmigiano **viaggi/viaggiava/viaggerebbe** già nel medioevo e che nel 1389 i Pisani lo **avevano esportato/abbiano esportato/hanno esportato** con le loro navi in Francia, Spagna e Africa del nord, dove l'*Aida* - la celebre opera di Verdi - **sarà arrivata/sarebbe arrivata/sia arrivata** soltanto nel 1871.

Ogni forma esatta vale 2 punti. **Totale: _______/20**

6 Margherita Doc, o meglio STG, Specialità Tradizionale Garantita

Riordina il testo inserendo nei giusti spazi le parti mancanti.

Sapete capire se una pizza è davvero buona prima ancora di averla assaggiata? Prima di tutto non deve avere un diametro maggiore di 40-45 centimetri (_____). La vera mozzarella fusa rimane bianca, (_____). Sebbene tutti amino gli elettrodomestici (_____). Si possono usare i pomodori pelati conservati (_____). Inutile dire (_____).

1. che il forno deve essere a legna.
2. qualora non si abbiano freschi, ma è necessario schiacciarli a mano
3. altrimenti il centro non cuoce bene
4. mentre il formaggio poco buono diventa giallo e liquido
5. nella vera pizza è vietato usare il mixer e l'impastatrice

Ogni frase inserita al posto giusto vale 2 punti. **Totale: _______/10**

7 La mozzarella di bufala

Completa il testo con i pronomi della lista. Attenzione, ci sono 2 spazi in più.

c' - la - la - la - la - la - la - la - la - la - la - ne - si - si - si - si - si - si - si - si

La vera mozzarella di bufala è un alimento "vivo", composto soltanto da prodotti naturali (latte, sale, caglio); in essa non ___ è alcun conservante. È immersa in "acqua di filatura" a cui ___ viene aggiunto sale e siero diluito; questo tipo di liquido è fondamentale perché dà alla mozzarella il giusto tono di salatura, esaltando___ il sapore e le qualità. Inoltre consente di prolungare la durata del prodotto, assicurando una corretta conservazione.
Ecco come conservare e gustare al meglio la mozzarella di bufala:

- mantener___ sempre immersa nel suo liquido, fino al momento di mangiar___; al momento del consumo ___ può anche "lavar___" con l'acqua del rubinetto se ___ ___ preferisce meno salata;

- metter___ in un luogo fresco (eventualmente, in estate, nel frigo)

- se ___ conserva in frigorifero, per gustar___ meglio ___ può immerger___ in acqua calda (35-40°) per circa cinque minuti prima del consumo; ___ consiglia comunque di lasciar___ almeno mezz'ora a temperatura ambiente prima di metter___ nell'acqua calda;

- essendo___ un prodotto fresco, prima ___ mangia e meglio è!

Per cucinar__, invece, ___ deve togliere dall'acqua e tenere per alcune ore nel frigo, affinché possa separar___ dall'acqua in eccesso e guadagnare così la giusta consistenza.

Ogni pronome inserito in modo esatto vale 1 punto. **Totale: ______/20**

1 Estate a Venezia

Completa la lettera con i verbi all'indicativo presente, passato prossimo, imperfetto e trapassato prossimo, al condizionale semplice e composto e al congiuntivo presente.

Gentile Signor Direttore di "Panorama",

ho deciso di intervenire sull'articolo della scorsa settimana "Amori estivi, finiscono a settembre" e di raccontare a Lei e a tutti i lettori la mia storia. Mi chiamo Helda e sono tedesca, di Tubinga. La scorsa estate *(andare)* ______________ a Venezia per frequentare un corso d'italiano. Qualcuno di voi ora *(potere)* ______________ domandarsi perché abbia scelto Venezia e non un'altra città come per esempio Firenze. *(Esserci)* ______________ molti buoni motivi, e poi non pensate anche voi come me che Venezia *(essere)* ______________ la città più bella del mondo? Per me non ne *(esistere)* ______________ una più romantica! Dunque, l'estate scorsa *(decidere)* ______________ di andare a Venezia e di rimanerci almeno due mesi. Così *(iscriversi)* ______________ ad un corso per stranieri dell'università Ca' Foscari. Dopo qualche giorno *(cominciare)* ______________ ad annoiarmi a passeggiare sempre su e giù per le strade strette (le "calli") della città. Per fortuna una sera in Piazza San Marco *(incontrare)* ______________ Eugenio, il mio professore d'italiano. Il professore era lì con suo fratello Andrea che *(tornato)* __________ appena __________ dalle vacanze. Siccome i due *(stare)* ______________ andando a mangiare un gelato, mi hanno proposto di unirmi a loro. Io, sebbene *(amare)* ______________ moltissimo il gelato, all'inizio ho rifiutato, perché proprio in quei giorni *(decidere)* ______________ di cominciare una dieta. Ma poi, dato che Andrea molto gentilmente ha insistito, *(accettare)* ______________ l'invito. Durante la serata *(rendersi)* ______________ conto del fatto che Andrea era davvero carino e gentile, così quando Eugenio mi ha detto che loro due dopo l'estate *(venire)* ______________ in Germania, *(affrettarsi)* ______________ a dargli i miei recapiti. Ma Andrea ha detto: "Che fretta c'è, magari possiamo incontrarci ancora qui a Venezia per fare qualche passeggiata!"

A quel punto Eugenio, vedendo la simpatia di Andrea per me, con una scusa *(tornare)* ______________ a casa. Così da quella sera io *(uscire)* ______________ sempre e solo con Andrea, per le strade, pardon, le calli di Venezia ed ancora oggi qui a Tubinga *(uscire)* ______________ sempre con lui che adesso è mio marito!

Ogni verbo esatto vale 1 punto. **Totale: ______/20**

2 Il gelato galeotto

Scegli la forma corretta.

Eugenio - Helda, perché non prende un gelato con **loro/io/noi**?
Helda - **Ti/La/Le** ringrazio professore, **la/lo/li** prenderei volentieri, ma sono a dieta.
Andrea - Una ragazza così carina a dieta? Non **ci/la/gli** posso credere! Scusi se insisto, ma **nella/a/in** questa gelateria fanno dei gelati buonissimi! Sarebbe un vero peccato…
Helda - E va bene, accetto.
Andrea - Come lo preferisce, grande o piccolo?
Helda - **Ne/Lo/Gli** prendo uno piccolo, alla fragola. Ma non possiamo darci del **Lei/te/tu**? In fondo qui non siamo **a/in/alla** scuola.
Eugenio - Ma certo, non c'è alcuna ragione **da/di/a** essere così formali.
Andrea - No, infatti. Inoltre ai giovani italiani non piace **darti/darsi/darLe** del Lei.

Ogni forma esatta vale 1 punto. **Totale: ______/10**

3 Colpo di fulmine

Inserisci le parole della lista nella lettera. Attenzione: c'è una parola in più.

che - che - conosciuto - di - fa - finalmente - pensare - quanto - se - si - spesso

Andrea scrive a Helda la sera del giorno in cui l'ha incontrata.

Cara Helda,

non sai ____________ sono felice di averti conosciuta. Scusami ____________ ti scrivo poche ore dopo che ci siamo incontrati, ma conoscerti è stata davvero una fortuna: la prova ____________ la vita può riservarci sorprese magnifiche. Un anno ____________ la mia fidanzata mi ha lasciato ed in pochi mesi ____________ è sposata con un ragazzo ____________ al mare a Rimini! E ____________ che noi siamo stati fidanzati per dieci anni! Qui in Italia i fidanzamenti sono ____________ così lunghi. È normale. Abbiamo anche il proverbio "amarsi sempre, sposarsi mai!" Pensa tu! Sono stato male ed ho cercato di dimenticarla con altre donne. Ma stasera, quando ti ho vista in piazza San Marco, ho capito subito che ____________ anch'io sono pronto ad amare di nuovo. Mi darai questa possibilità? Spero ____________ sì. Ti telefono domani,

Andrea

Ogni parola inserita in modo esatto vale 1 punto. **Totale: ______/10**

4 Incontri veneziani

Inserisci le frasi della lista nei due dialoghi. Attenzione: il primo dialogo è formale, il secondo è informale.

Dialogo 1 - formale	Dialogo 2 - informale
Professore - Buonasera Helda.	*Helda* - Ciao Gloria!
Helda - _____	*Gloria* - _____
Professore - _____	*Helda* - Ciao Chiara, io sono Helda.
Helda - _____	*Chiara* - Anche tu sei americana come Gloria?
Andrea - _____	*Helda* - _____
Helda - _____	*Chiara* - _____
Professore - Ah, sa che mio fratello andrà ad insegnare all'università di Tubinga, il prossimo anno?	*Gloria* - _____
	Helda - Così potrete vedervi spesso.
	Gloria - _____

1. Chiara quest'anno ha vinto un'altra borsa di studio e starà per un anno a Los Angeles.
2. Sì, di Tubinga.
3. Non solo: io e Chiara divideremo lo stesso appartamento!
4. No, io sono tedesca, di Tubinga.
5. Buona sera professore, anche Lei qui in piazza?
6. Piacere… Lei è tedesca?
7. Salve Helda, posso presentarti la mia amica Chiara?
8. Tubinga: che bella città, ci sono stata lo scorso anno con una borsa di studio.
9. Beh, a me non piacciono molto i concerti all'aperto di musica classica, ma con questo caldo… Ah, Helda, Le presento mio fratello Andrea.
10. Piacere.

Ogni frase inserita al posto giusto vale 1 punto. **Totale: _____/10**

5 In giro per Venezia

Trasforma dall'informale (tu) al formale (Lei) scrivendo i cambiamenti sotto ad ognuna della 10 forme sottolineate, come nell'esempio.

Helda - Scusa, posso chiederti un'informazione?
Scusi

Passante - Certo, dimmi.

Helda - Come faccio ad arrivare al lido di Venezia?

Passante - Allora guarda, devi prendere il ferry boat che ci mette 35 minuti. Oppure il numero 1, che passa per il Canal Grande, che però è molto è più lento. Il ferry boat parte dalla fermata "Tronchetto" mentre la fermata dell'1 la trovi proprio qui dietro la piazza.

Helda - E la spiaggia è vicina a dove arriva il traghetto?

Passante - No, è dall'altra parte. Quando arrivi al Lido, chiedi alla fermata quale autobus bisogna prendere per andare alla Mostra del Cinema. Il villaggio della mostra cinematografica è proprio sul lungomare quindi una volta lì non ti sarà difficile trovare la spiaggia.

Helda - Ti ringrazio molto.

Passante - Prego, figurati.

Ogni forma esatta vale 2 punti. **Totale: ______/20**

6 Un fine settimana

Completa il testo inserendo i determinatori temporali della lista (avverbi, aggettivi e preposizioni) dove ritieni più opportuno. Le parole della lista sono in ordine.

scorso - sempre - da - verso - prima - fino a - dopo - fa - prossima - tra

Lo fine-settimana, io e Andrea siamo andati in Toscana. Quando ero piccola andavo in vacanza con i miei genitori in una casa vicino a Firenze, ma non ci tornavo otto anni. Siamo arrivati a Siena mezzogiorno, ma abbiamo dovuto girare per un'ora di trovare un albergo libero, perché era il primo luglio, il giorno precedente il celebre Palio. Dopo esserci sistemati, abbiamo mangiato qualcosa e siamo andati in un posto bellissimo: le Crete. Non è un posto storico, ma la natura è davvero bellissima. Abbiamo deciso di cenare lì e poi di guardare le stelle tardi. Il giorno, domenica, siamo andati in un paesino, San Gimignano, dove ero stata con i miei genitori dieci anni. Che bel fine settimana è stato! La settimana pensiamo di tornare in Toscana, ma non è sicuro perchè dieci giorni avrò gli esami e devo studiare molto.

Ogni forma inserita in modo esatto vale 1 punto. **Totale: ______/10**

7 Caro diario

Completa il testo scrivendo la parte finale delle parole.

Venezia, 25 settembre

Caro diario,
oggi è il 25 settembre, il mio soggiorno in Italia è quasi finito e io sono un po' triste. Naturalmente sono contenta di tornare a casa, tuttavia mi mancher_____ Venezia, tutti i ragazzi che ho conosc_____ qui e soprattutto Andrea! L'Italia mi è piaciut_____ moltissimo: la scuola, la gente; insomma è stata davver____ una bella esperienza. Pur studia_____ molto, ci siamo divertiti un sacco e abbiamo pot____ visitare gran parte delle citt____ più importanti: ma la mia preferita riman____ Venezia, romantica come me! Non ci sono dubb____: Venezia è una città unica!
Venezia è decisamente particolar____; ha le fondamenta su 118 isole colleg____ da 160 canali, di cui il più larg____ è il "Canal Grande" come dice il suo nome. In città si può girare solo a piedi o in barca, ma non pensate che non ci s____ traffico: ho visto decine di gondole ferme in fila perché il canale e____ bloccato. Nel Medioevo è diventata ricchiss____ grazie al commercio soprattutto con l'Oriente e la città si è trasformata in una potente repubblica. Oggi Venezia vive quasi esclusiva_____ di turismo ed è un importante centro culturale ch_____ ospita un'università e numerosi musei. Promuove molte iniziative cultural_____ e folcloristiche come la Biennale, il festival del Cinema e il famosissimo carnevale.
Peccato! A febbraio, durante il carnevale, io avrò gli esami e non posso torn_____, sar_____ stato così romantico con Andrea!

Ogni forma esatta vale 1 punto. **Totale: ______/20**

1 Al Festival pucciniano a Torre del Lago

Scegli la forma corretta del verbo.

Federica - Alessia, mi **hai presi/prenderesti/prendevi** due biglietti per la *Tosca* con Bocelli?
Alessia - Per quando? La *Tosca* **è/era/è stata** in programma il 16, 19, 21 e 25 agosto.
Federica - Uhm, il 16 e il 19 no, non sono sicura ma credo che Filippo **debba/deve/dovrebbe** fare il turno di notte quella settimana. Il 21 o il 25, tu che mi **consigli/consiglierai/consiglierei**?
Alessia - Secondo me **dobbiate/dovreste/siete dovuti** venire a vedere *Madama Butterfly*, primo perché ci **canta/canterei/canto** io, secondo perché Bocelli canta male.
Federica - Ma perché ce l'hai con Bocelli? Che ti **facevi/farebbe/ha fatto**?
Alessia - Niente, anzi mi **è stato/sta/stia** simpatico. L'anno scorso durante le prove dello spettacolo **avrà raccontato/raccontava/stava raccontando** delle barzellette divertentissime, questo non toglie però che **deve/doveva/dovrebbe** cantare le canzonette[1], o al limite le arie, ma non un'opera intera.
Federica - Secondo me **è/sarebbe/sia** bravo. E non lo **penso/penserei/pensi** solo io. Come ti **spiega/spiego/spieghi** il grande successo mondiale che **ha ottenuto/ottiene/otterrebbe** in questi anni? Fino a poco tempo fa **cantava/ha cantato/canterebbe** nei pianobar, l'**abbiamo sentito/ha sentito/aveva sentito** anche noi a Castelfalfi, ti ricordi?
Alessia - Sì e **sarebbe stato/sia stato/è stato** bravissimo, così come quando **cantava/ha cantato/stava cantando** al Festival di Sanremo *Con te partirò*, ma l'opera è un'altra cosa, Federica. Se vuoi andare ad ascoltarlo in *Lucean le stelle*[2], **andaci/andresti/vacci**, ma dopo non mi **venire/vieni/venivi** a dire che l'ha cantata meravigliosamente, d'accordo?
Federica - D'accordo.

Ogni verbo esatto vale 1 punto. **Totale: ______/20**

note

1. canzonette: canzoni di musica leggera, musica pop.
2. Lucean le stelle: famosa aria della "Tosca" di Giacomo Puccini.

2 Giacomo Puccini

Completa il testo inserendo le preposizioni della lista dove ritieni più opportuno. Le preposizioni sono in ordine.

da - di - fin da - di - all' - a - per - sul - della - senza

Nasce a Lucca nel 1858 una famiglia musicisti da cinque generazioni; piccolo dimostra possedere un grande talento musicale, ma non ha nessuna voglia di studiare, forse perché gli viene tutto fin troppo facile. L'11 marzo 1876, età di diciotto anni, va piedi da Lucca a Pisa, "consumando un paio di scarpe", ascoltare l'Aida di Verdi. Ne rimane folgorato; l'Aida rappresenta per lui "l'aprirsi di una finestra mondo musica" e comincia a comporre le proprie opere: *La Bohème*, *Tosca*, *Madama Butterfly*. Muore nel 1924 poter veder in scena l'ultima opera composta, *Turandot*.

Ogni preposizione inserita in modo esatto vale 1 punto.
Totale: ______/10

3 Andrea Bocelli

Scegli il pronome relativo corretto.

È senza dubbio la voce italiana più amata, dopo Pavarotti e Caruso[3], soprattutto a livello internazionale. La gente fa a gara per comprare i suoi dischi **che/dove/con** sono sempre in testa alle classifiche. Questo perché Andrea Bocelli è sentito come uno dei pochi prodotti veramente e genuinamente italiani. E cosa c'è di più italiano di una voce **a cui/che/chi** unisce melodramma e musica leggera?
Nato il 22 settembre 1958, Andrea Bocelli, **che/chi/cui** è cresciuto nella fattoria di famiglia vicino a Volterra, a sei anni già comincia il difficile studio del pianoforte, **della quale/la cui/sulla cui** tastiera le sue piccole mani scorrono con scioltezza. Non soddisfatto affronta lo studio di un secondo strumento, il flauto, dopo **che/il quale/quale** arriva anche il sassofono. Frattanto continua gli studi liceali e universitari terminati con la laurea in giurisprudenza, senza mai abbandonare la sua ricerca musicale **a cui/con che/da quale** Bocelli chiede di più che ad un semplice hobby. Quando finalmente scopre il suo strumento più prezioso, la sua voce, studia canto con il celebre tenore Franco Corelli, ma per mantenersi deve cantare nei pianobar. Il periodo dei pianobar è quello **che/in cui/quando** incontra Enrica, sua moglie, **a cui/da cui/dalla cui** avrà due figli e comincia la sua brillante carriera **di che/di cui/del quale** tutti conoscono la relativa discografia. Nel 1992 accompagna Zucchero in tournée per sostituire sul palco Pavarotti, **chi/il quale/quale** lo indica personalmente come suo sostituto. Da lì conquista il palco del Festival di Sanremo e poi quelli di tutto il mondo fino al Metropolitan di New York.

Ogni pronome relativo esatto vale 1 punto. **Totale: ______/10**

note

3. Luciano Pavarotti (1935-2007) e Enrico Caruso (1873-1921), come Bocelli, sono due tenori conosciuti in tutto il mondo non solo dagli amanti dell'opera perché hanno cantato anche musica leggera.

4 Dopo lo spettacolo

Completa il dialogo con i pronomi riflessivi, diretti e indiretti atoni e tonici, "ci" e "ne".

Dopo la "Tosca" Alessia incontra i suoi amici Federica e Filippo.

Alessia - Allora ragazzi ____ è piaciuta la Tosca con Bocelli?
Federica - Sì, a ____ è piaciuta un sacco. Lui ____ è addormentato, quindi non può dire se ____ è piaciuta o no.
Filippo - Senti, Federica, ____ avevo detto che ero stanco. Sai a che ora ____ sono alzato stamattina?
Federica - No, non ____ so e non ____ interessa saper____ . E la prossima volta all'opera ____ vado con mia madre.
Filippo - Perfetto. Domani quando vengo a pranzo da tua madre ____ regalo subito il mio biglietto di *Madama Butterfly*. Non ____ dispiace, vero, Alessia, se non ____ vengo?
Alessia - No, no, non preoccupar____. Piuttosto hai trovato i biglietti per il concerto di Sting?
Filippo - Sì, sì, ____ ho comprati stamattina da Discofollia. Per fortuna ____ sono andato appena ha aperto, perché ho comprato proprio gli ultimi 5.
Federica - 5? Ma siamo in 6. Cecilia ____ voleva due, uno per ____ e uno per Marco.
Filippo - Invece no. Marco mi ha scritto un Sms: "Niente Sting, ho rotto la moto. ____ servono i soldi per riparar____."

Ogni pronome esatto vale 1 punto. **Totale: ______/20**

5 A proposito di Madama Butterfly

Leggi la storia di Madama Butterly e poi riordina il dialogo tra Federica e Filippo.

Madama Butterfly: l'opera racconta la tragica storia di una donna giapponese che si suicida quando capisce che Pinkerton, l'uomo che amava e da cui aveva avuto un figlio, in America ha un'altra vita. La donna, prima di uccidersi, affida il bambino a Pinkerton perché lo porti in America.

Federica	Filippo
1. Tutti uguali, voi uomini, che schifo! **2.** Che vuoi dire? Ti riferisci a Laura? **3.** E di chi? Smettila di spettegolare. **4.** Io parlavo in generale, tu invece non perdi mai l'occasione di parlare male di una mia amica. **5.** No, ma ammettilo, ci sono tanti uomini superficiali come Pinkerton che tradiscono e ingannano le donne. **6.** Non fare finta di non conoscerla; l'abbiamo incontrata entrando. **7.** Per esempio, uhm…, ora non mi viene in mente.	**A.** Io spettegolo? Hai cominciato tu! **B.** Perché, scusa, ti sembra che io sia un uomo come Pinkerton? **C.** Laura? E chi è? **D.** Ma quando ho parlato male di una tua amica? Fammi un esempio. **E.** Ah, l'ex-moglie di Francesco. Io non parlavo di lei. **F.** Se è per questo, anche tante donne si comportano come Pinkerton. Tu non ne conosci nessuna?

1/B __/__ __/__ __/__ __/__ __/__ 7

Ogni frase inserita al posto giusto vale 1 punto. **Totale: ______/10**

6 Dialogo formale

Trasforma il dialogo tra Federica e Filippo dall'informale (tu) al formale (Lei) scrivendo i cambiamenti sotto ad ognuna della 10 forme sottolineate, come negli esempi.

Federica - Tutti uguali, voi uomini, che schifo!

Filippo - Perché, scusa, ti sembra che io sia un uomo come Pinkerton?
scusi

Federica - No, ma ammettilo, ci sono tanti uomini superficiali come Pinkerton che tradiscono e ingannano le donne.

Filippo - Se è per questo, anche tante donne si comportano come Pinkerton. Tu non ne conosci nessuna?

Federica - Che vuoi dire? Ti riferisci a Laura?
Che vuole dire

Filippo - Laura? E chi è?

Federica - Non fare finta di non conoscerla; l'abbiamo incontrata entrando.

Filippo - Ah, l'ex-moglie di Francesco. Io non parlavo di lei.

Federica - E di chi? Smettila di spettegolare.

Filippo - Io spettegolo? Hai cominciato tu!

Federica - Io parlavo in generale, tu invece non perdi mai l'occasione di parlare male di una mia amica.

Filippo - Ma quando ho parlato male di una tua amica? Fammi un esempio.

Federica - Per esempio, uhm..., ora non mi viene in mente.

Ogni forma esatta vale 2 punti. **Totale: ______/20**

7 Antonio Stradivari (1644-1737)

Riordina il testo inserendo nei giusti spazi le parti mancanti. Fai attenzione alla punteggiatura.

In tutto il mondo il nome Antonio Stradivari è sinonimo di "violino" in quanto (___). In realtà dalla sua scuola non sono usciti solo violini, (_____). Le sue abili mani trasformavano preziosi legni in magici strumenti (_____) Non si sa (_____) ma tutti sono d'accordo nell'affermare (_____). Sappiamo che usava una vernice speciale (_____) Più probabilmente il segreto dei suoi violini consiste negli esatti calcoli (_____) Il primo violino che porta la sua firma è del 1687, (_____). Oggi è possibile ammirare uno dei "gioielli" di Stradivari al Palazzo Comunale di Cremona (_____) che deve suonare ogni giorno i preziosi strumenti dei liutai cremonesi (_____).

A. sui quali basava il proprio lavoro.
B. ancora oggi è il maestro liutaio più famoso
C. mentre l'ultimo è del 1736
D. di cui nessuno è mai riuscito a scoprir la formula.
E. come riusciva a farlo
F. che dava un'anima ad uno strumento di legno
G. il cui suono perfetto incanta ancora musicisti ed appassionati.
H. dove lavora il più fortunato musicista del mondo
I. ma anche viole e violoncelli di cui oggi abbiamo rispettivamente 12 e 50 esemplari
L. per mantenere perfetto il loro suono e difendere gli strumenti da eventuali parassiti del legno

Ogni frase inserita al posto giusto vale 1 punto. **Totale: ______/10**

Livello B2

- 1. Maternità e paternità
- 2. Università e comunicazione
- 3. Cronaca e Legge
- 4. Inquinamento
- 5. Tolleranza
- 6. Donne

B2 Maternità e paternità

1 Un figlio ti cambia la vita

Completa il dialogo con i verbi all'indicativo presente, passato prossimo, imperfetto e trapassato prossimo, al condizionale semplice e composto e all'imperativo.

Anna - Ma che cosa hai, Monica, *(rilassarsi)* ____________________! Non fai altro che guardare l'orologio da quando *(noi-uscire)* ____________________. Non eri tu quella che *(dire)* ____________________ che avrebbe ricominciato a lavorare subito dopo il parto?

Monica - Hai detto bene: ero. Adesso sono un'altra persona. Diventare mamma mi *(cambiare)* ____________________ la vita. Da quando *(nascere)* ____________________ Matteo *(sentirsi)* ____________________ diversa: più ansiosa, più sensibile, più insicura.

Anna - Insicura, tu, la regina del marketing e della consulenza?

Monica - Non mi *(prendere)* ____________________ in giro, ti prego. Sapevo che con la nascita di un figlio la mia vita *(cambiare)* ____________________, ma non *(immaginare)* ____________________ che *(io-cambiare)* ____________________ carattere.

Anna - Io ti *(avvisare)* ____________________, ma tu...

Monica - È vero. Me l'*(dire)* ____________________. "*(Conoscere)* ____________________ professioniste autoritarie, abituate solo a dare ordini - mi hai raccontato un giorno - che dopo il parto *(scoprirsi)* ____________________ capaci perfino di ascoltare e dialogare." Ma dimmi un po', è un effetto passeggero oppure...?

Anna - Dipende. In genere prima o poi *(passare)* ____________________. Ti ricordi la Melegatti?

Monica - Sì, *(avere)* ____________________ una bambina un paio d'anni fa.

Anna - Infatti. La maternità l'*(addolcire)* ____________________, *(diventare)* ____________________ quasi simpatica. Ora, a distanza di due anni *(tornare)* ____________________ ad essere la solita.

Monica - Bene, grazie, allora non *(io-preoccuparsi)* ____________________!

Ogni verbo esatto vale 1 punto. **Totale: ______/20**

2 Essere madre

Completa il testo con i pronomi personali e gli aggettivi possessivi della lista. Attenzione: ce ne sono due in più.

mi - mi - mia - mie - mie - miei - miei - mio - te - ti - ti - tu

Quando è nata la _________ primogenita Nicole (ora ha 8 anni) sono andata in crisi. Non avevo idea di che cosa avrei dovuto insegnarle, ero insicura e spesso condizionata dai consigli degli altri che il più delle volte _________ hanno creato solo tanta confusione. Poi è nato Mattia, e in un certo senso _________ sono tranquillizzata e ho imparato ad accettare le _________ debolezze.
Dai _________ figli ho imparato che _________ spremono come un limone (o come un'arancia, vedi _________). _________ cavano fuori di tutto, il meglio ma anche il peggio e la bella notizia è che non c'è niente da buttare via, tutto serve per crescere e diventare grandi. Come si dice: per vedere la luce devi sperimentare il buio e i _________ figli tante volte mi ha spinto ad entrare in contatto con il _________ lato più autentico ma anche più vulnerabile.

Ogni parola inserita in modo esatto vale 1 punto. **Totale: ______/10**

3 Essere padre

Completa il testo con le parole della lista. Attenzione: c'è uno spazio in più.

attorno - di più - due - durante - genitoriale - in atto - infatti – in quanto - meno - maggiore

È _________ noto, ma uno studio condotto dall'università del Michigan ha dimostrato che _________ la gravidanza anche i livelli degli ormoni dei futuri papà cambiano.
Una variazione dei livelli che madre natura ha messo _________ intervenendo sul testosterone e sull'estradiolo che, nel periodo di attesa del bebè, risultano _________ in netto calo.
L'abbassamento di testosterone riduce l'aggressività e spinge l'uomo, _________ futuro papà, ad essere più protettivo, mentre il calo dell'estradiolo favorisce una _________ predisposizione nel prendersi carico di nuove responsabilità _________.
Il livello di questi _________ ormoni si abbassa ancora _________ quando è quasi giunto il momento del parto, _________ alle tre settimane precedenti il lieto evento.
Il coinvolgimento responsabile ed informato del futuro papà accresce sicuramente la sensazione di responsabilità e protezione che la natura ha meravigliosamente messo in atto per ottimizzare e assicurare il successo del progetto _________.

Ogni parola inserita in modo esatto vale 1 punto. **Totale: ______/10**

4 Nipoti e figli

Completa il dialogo con i pronomi (anche doppi) e le particelle "ci" e "ne".

Monica - Sto cercando una baby-sitter per Matteo. Tu conosci qualcuno?
Anna - Sì, che combinazione! ______ conosco una affidabile, bravissima, era la baby-sitter dei miei nipotini, se vuoi ______ chiamo subito. ______ presento.
Monica - Scusa, ma ora chi ______ occupa dei tuoi nipoti?
Anna - Da quando il giudice ______ ha affidati, mio fratello li manda al nido. ______ porta lui prima di andare al lavoro e poi va a riprender______ mia madre.
Monica -Tua madre aiuta molto tuo fratello.
Anna - Sì, ______ da una mano con i bambini. ______ piace stare con loro e poi è felice che Luigi abbia vinto la causa per l'affidamento. Ancora oggi in caso di separazione dei genitori nel 92,1% dei casi il giudice affida i figli alla madre e in generale ______ tratta di una decisione presa a priori a favore della maternità.

Ogni pronome esatto vale 1 punto. **Totale: ______/10**

5 I consigli di una psicologa ad una mamma ansiosa

Trasforma il testo dal formale (Lei) all'informale (tu), scrivendo i cambiamenti sotto le forme sottolineate. Attenzione: in 2 casi le forme non vanno cambiate.

Guardi, Lei si preoccupa troppo, stia tranquilla, suo figlio sta benissimo. Si abitui a pensare a lui come ad un essere indipendente, non può risolvere tutti i suoi problemi e non deve farlo; così facendo gli impedisce di crescere. Lo tratti da adulto: non lo aiuti sempre a fare i compiti, gli dia una somma di soldi una volta la settimana e gli dica di spenderli in modo responsabile, perché non ne riceverà altri. Non gli proibisca di uscire la sera, ma sia rigida sull'ora del rientro, insomma non gli corra sempre dietro, anzi lo mandi in vacanza con i suoi amici, abbia fiducia, ormai Guido è grande.

Ogni forma esatta vale 1 punto. **Totale: ______/20**

6 Il congedo di maternità

Riordina il dialogo tra la cassiera della banca e la Signora Paci.

Cassiera	Signora Paci
1. - Buongiorno Signora Paci, facciamo il bonifico mensile come al solito?	**A.** - Ma non mi aveva detto il mese scorso che era quasi al settimo mese?
2. - No. La legge è cambiata. Sono ancora 5 mesi di congedo a stipendio pieno, ma è più flessibile; se ne possono prendere per esempio uno solo prima del parto e 4 dopo.	**B.** - Come sarebbe a dire? Non sono due mesi prima del parto e tre dopo?
3. - Potrei, ma mi sento bene e quindi preferisco continuare a lavorare e prendere più tempo dopo la nascita del bambino.	**C.** - Buongiorno, sì, ma ... Lei che cosa fa ancora qui? Pensavo di non trovarla questo mese.
4. - Non lo so. Probabilmente rientrerò a lavorare al più presto. Non sono abituata a stare a casa.	**D.** - Oh che bella cosa. Ai miei tempi era obbligatorio lasciare il lavoro al settimo mese. Mia figlia è nata prematura di 40 giorni è così io ho fatto solo 4 mesi di maternità. Dopo i tre mesi sono rientrata perché non mi potevo permettere di perdere il 35% di stipendio. Lei che pensa di fare?
5. - Sì, infatti adesso sono di 35 settimane.	**E.** - E allora non dovrebbe essere in congedo di maternità?
6. - Perché? È ancora presto.	**F.** - La capisco. Beh, auguri.

1/__ __/__ __/__ __/__ __/__ __/F

Ogni frase messa nel giusto ordine vale 1 punto. **Totale: ______/10**

7 Legislazione italiana

Scegli la congiunzione, l'avverbio o la preposizione corretti.

Come/Siccome/Visto il bassissimo tasso di natalità e l'alta aspettativa di vita, che fa dell'Italia il Paese più vecchio del mondo, il Parlamento italiano **ancora/già/quindi** da molti anni sta provvedendo a sviluppare una politica sempre **così/meno/più** vicina a quelle persone che desiderano avere dei figli.
Innanzitutto/Prima/Poi sono gratuiti tutti gli esami e le visite riguardanti la gravidanza, **anche/così/uguale** come il parto. La legge 53/2000, **anzi/oltre/più** a confermare la garanzia di non essere licenziate **fino/lungo/quando** al compimento del primo anno del bambino e di poter rientrare al lavoro nelle stesse mansioni di **dopo/precedentemente/prima**, ha reso più flessibile l'astensione obbligatoria **dal/del/nel** lavoro della madre. **Inoltre/Oltre/Perciò** ha permesso anche al padre di poter usufruire di tutti i permessi **finora/perfino/sino** riservati solo alla madre, nel caso **a/in/per** cui sia l'unico genitore o di assentarsi dal lavoro **anziché/con/invece** della madre per prendersi cura del proprio figlio.
Da/Per/Più favorire i genitori sono previsti degli incentivi alle imprese che favoriscono orari e forme di prestazioni lavorative, **come/così/quanto** il part-time reversibile, l'orario flessibile, la banca-ore e il telelavoro.
In/Nel/Per caso in cui la neo-mamma sia una lavoratrice autonoma o una libera professionista la legge offre agevolazioni contributive per l'assunzione della persona che lavorerà **al/dal/in** suo posto per un massimo di 12 mesi.
La legge prevede **anche/appena/già** assegni familiari e di maternità **perché/quindi/se** la famiglia si trova in condizioni economiche precarie e detrazioni fiscali per tutti i nuclei familiari **a/con/in** proporzione al loro reddito e al numero di figli.

Ogni forma esatta vale 1 punto. **Totale: ______/20**

B2 Università e comunicazione

1 Le prime donne docenti universitarie

Completa il testo con i verbi all'indicativo presente, passato remoto, imperfetto.

Una leggenda parla di una donna che aveva insegnato a Bologna tra il XII e il XIII secolo: Bettisia Gozzadini. La leggenda *(raccontare)* _____________ che non solo *(tenere)* _____________ le sue lezioni nelle classi, ma anche nelle piazze di fronte a molte persone. La tradizione *(raccontare)* _____________ anche di una figlia di Accursio, un famoso professore dell'ateneo bolognese, che *(dare)* _____________ lezione di diritto. In seguito *(esserci)* _____________ Novella d'Andrea, che *(tenere)* _____________ lezione coperta da un velo: *(essere)* _____________ molto bella e non *(volere)* _____________ distrarre gli studenti con il suo fascino. *(Venire)* _____________ poi l'epoca di Bettina Sangiorgi, che *(impartire)* _____________ lezioni di greco, e di Giovanna Bianchetti, che *(essere)* _____________ esperta di latino. In ogni caso l'Università di Bologna *(ammettere)* _____________ le donne all'insegnamento sin dal XII secolo. Questa apertura a studiosi di sesso femminile era evidente nel XVIII secolo. Le nuove idee dell'Illuminismo *(stare)* _____________ cambiando i pregiudizi e in tutta Europa si discuteva il problema della cultura delle donne. Una tra le più celebri insegnanti di sesso femminile all'università di Bologna *(essere)* _____________ Laura Bassi: nel 1733 *(riuscire)* _____________ ad avere la cattedra di filosofia e nel 1776 quella di fisica sperimentale; era una donna così colta che *(occuparsi)* _____________ anche di logica, chimica, idraulica, matematica, meccanica, algebra, geometria, lingue antiche e moderne.

Nel 1760 Anna Morandi *(diventare)* _____________ modellatrice di cere anatomiche presso la cattedra di anatomia.

Maria Gaetana Agnesi *(avere)* _____________ nel 1750 la cattedra di matematica e geometria analitica. Clotilde Tambroni *(ottenere)* _____________ nel 1791 quella di greco. Eppure ci *(volere)* _____________ ancora molti secoli prima che le donne potessero accedere liberamente a tutte le facoltà.

Ogni verbo esatto vale 1 punto. **Totale: ______/20**

2 Più cellulari che abitanti: tra italiani e tecnologia è amore

Completa il testo con i verbi della lista. Attenzione: i verbi NON sono in ordine.

ammettendo	fosse	frequenti	rinunceresti	si tratti
costituirebbe	fossimo	offrire	scelga	stupisce

Un italiano su due naviga sul web e sembra che circa uno su tre "ami" o per lo meno ________________ i social network. Un quarto degli intervistati dimostra una grande passione e conoscenza di tutto ciò che è il mondo tecnologico. Se ________________ in un film americano, questo 25% ________________ l'esercito dei cosiddetti 'Nerd' o meglio 'Geek'.
Ma quanto siamo legati agli oggetti tecnologici? Da un popolo di mammoni come il nostro non ________________ che il 55%, alla domanda "A cosa non ________________?", ________________ la risposta (volutamente provocatoria) "alla mamma". Una relazione intensa lega invece il 20% degli intervistati al proprio PC, e il 25% al proprio smartphone del cuore, ormai in grado di ________________ un accesso alla rete di qualità eccellente.
Che ________________ di un dispositivo mobile di ultima generazione o di una "mattonella" stile primi cellulari anni Novanta, in Italia ci sono più telefonini che abitanti. Piani tariffari e promozioni vantaggiose sicuramente sono interessanti per quel 20% che dichiara di utilizzare il cellulare per messaggi, social e chiamate e quel 75% che usa il proprio dispositivo per qualsiasi cosa. Solo il 5% utilizza il cellulare esclusivamente per le chiamate urgenti, proprio come se ________________ un vecchio telefono.
Dal sondaggio emerge che il 59% degli intervistati riconosce una reale dipendenza alla rete, ________________ di essere collegato 24 ore su 24. Social media, siti di informazione e di condivisione catturano invece il 43% dei navigatori. Solo l'8% utilizza il web unicamente per scopi didattici o lavorativi, o almeno, così dichiara.

http://www1.adnkronos.com

Ogni verbo inserito in modo esatto vale 1 punto. **Totale: ______/10**

3 Il galateo telefonico: regole e consigli

Ricostruisci il testo, mettendo nel giusto ordine le frasi a destra, come nell'esempio.

1. La comodità dei cellulari ha reso possibile poter *D*	A. nome quando parlate al telefono;
2. arte per usare civilmente il telefono mobile. Ecco ___	B. sul tavolo quando vi incontrate con altri;
3. usare come carta vincente della ___	C. vocali.
4. • dichiarate sempre il vostro ___	D. *parlare con gli altri ovunque e in qualunque momento, ma esiste una vera e propria*
5. • siate coscienti del vostro ___	E. aree silenziose;
6. • non rispondete al telefono ___	F. tono di voce;
7. • non appoggiate il vostro telefonino ___	G. quando siete con altre persone;
8. • rispettate le ___	H. una suoneria normale;
9. • scegliete ___	I. momento in cui le mettete in vivavoce;
10. • informate le altre persone nel ___	L. buona educazione e come segno di rispetto:
11. • non lasciate infiniti messaggi ___	M. alcune regole da applicare in qualsiasi situazione, da

1 / *D* - 2 / __ - 3 / __ - 4 / __ - 5 / __ - 6 / __ - 7 / __ - 8 / __ - 9 / __ - 10 / __ 11 / __

Ogni frase inserita al posto giusto vale 1 punto. **Totale: ______/10**

4 Una telefonata difficile

Completa il dialogo inserendo nei giusti spazi le battute mancanti.

Mario contatta Paola su skype
Mario: Ciao Paola ti disturbo?
Paola: Ciao Mario, dimmi.
Mario: __________
Paola: __________
Mario: __________
Paola: __________

Paola telefona a Mario
Mario: Ma che era successo?
Paola: __________
Mario: __________
Paola: Dai, scusami… Ops, mi avevi mandato anche un messaggio su WhatsApp… non me ne ero accorta.
Mario: __________
Paola: Te l'ho detto: ho disattivato la suoneria durante la riunione…
Mario: __________
Paola: __________
Mario: Forse no, ma almeno mi ricordo di avere un cellulare.
Paola: __________
Mario: Niente, volevo invitarti a cena.

Mario:

A. Ma quanto è durata questa riunione? Tre ore?
B. Ti ho chiamato stamattina, ma non hai risposto.
C. Esatto, te l'ho mandato due ore fa, per dirti di chiamarmi quando eri libera e tu non mi hai risposto…
D. Hai lasciato il cellulare a casa?
E. Uffa, Paola, ma fai sempre così, ti dimentichi tutto.

Paola:

1. Va bene, va bene, ma adesso dimmi, che c'è di così urgente?
2. Pensi di essere divertente?
3. Ah, scusami. Ho capito… ti chiamo subito.
4. Avevo disattivato la suoneria perché ero in riunione e poi ho dimenticato di riattivarla.
5. No, perché?

Ogni battuta inserita in modo esatto vale 1 punto. **Totale: ______/10**

5 L'industria della cultura

2 parti di questo testo contengono un errore di grammatica. Trova i 2 errori e correggili.

1. Con il diffondersi di un sempre più forte interesse per l'arte e per ciò che le ruota attorno,
2. la capacità di organizzare e di gestire eventi culturali sta diventando una delle caratteristiche più ricercate.
3. Per questo recentemente all'interno di Università o di strutture private sono sorti o stanno sorgendo corsi di formazione dedicati alla preparazione per la professione di promotori culturali.
4. Le competenze richieste per fare i promotori culturali sono complesse:
5. innanzi tutto si deve possedere una classica formazione umanistica insieme ad una solida preparazione in economia e comunicazione,
6. perché, sebbene questa professione ha a che fare con la cultura,
7. è molto orientato verso la "vendita" della cultura
8. e non tutti sono dei buoni venditori;
9. perciò non ci si dovrebbe avvicinare a questo lavoro senza almeno aver riflettuto bene
10. su cosa sia il marketing.

1. frase sbagliata: ____________________ → *frase corretta:* ____________________
2. frase sbagliata: ____________________ → *frase corretta:* ____________________

Ogni errore corretto nel modo giusto vale 5 punti. **Totale: ______/10**

6 La facoltà di Scienze della comunicazione

Completa il testo coniugando i verbi della lista. I verbi NON sono in ordine.

risultare	preparare	studiare	preparare	frequentare
avere	**potere**	**scegliere**	**nascere**	**entrare**

Si tratta di una facoltà relativamente nuova, ____________ proprio per offrire dei corsi che ____________ al mondo del lavoro. Nell'ambito di Scienze della comunicazione si ____________ materie tradizionali e utili, come Comunicazione aziendale, Marketing, Pubblicità, ma si ____________ la possibilità di ____________ anche corsi più all'avanguardia. Esemplare in questo senso è la Facoltà di Scienze della comunicazione dell'Università di Roma 1. Uno studente che ____________ i corsi offerti da questa Università ____________ poi lavorare nell'ambito delle organizzazioni pubbliche e private, nel settore delle pubbliche relazioni della pubblica amministrazione, delle Organizzazioni non Governative (ONG), nonché in ogni altro ambito nel quale ____________ centrale l'attività per la promozione dello sviluppo e della cooperazione.
Un altro corso di laurea interessante, per il quale Scienze della comunicazione ____________ virtualmente in competizione con la Facoltà di Lettere, è quello in Editoria, comunicazione multimediale e giornalismo, che ____________ al vecchio mestiere di giornalista ma anche alle nuove professioni del *web* e del *multimedia*.

Ogni verbo esatto vale 2 punti. **Totale: ______/20**

7 Il successo di Scienze della comunicazione

Completa il testo inserendo i pronomi relativi, interrogativi ed indefiniti della lista dove ritieni più opportuno. I pronomi NON sono in ordine. Vicino ad ogni riga è segnato quanti pronomi vanno inseriti.

quello che - chi - a chi - a cui - di cui - per cui - per cui - a chiunque - che - che

1	Uno dei corsi di laurea preferiti dai giovani si iscrivono negli ultimi anni all'università
0	è quello in Scienze della Comunicazione: tra i corsi di laurea umanistici, è
2	forse garantisce maggiori sicurezze intenda entrare presto nel mondo del lavoro.
0	Nella società contemporanea la comunicazione ha assunto un ruolo predominante,
2	ragion è necessario poter dominare tutte le tecnologie ed i linguaggi ci si serve.
0	Viviamo in una società fatta di immagini. Il successo delle aziende spesso dipende
1	dalla capacità di presentare i propri prodotti. Questo è il motivo sempre più giovani si
1	iscrivono a questo corso e non a Lettere o Filosofia, negli anni scorsi venivano preferite.
1	Le carriere possono aspirare i laureati in Scienze della Comunicazione sono molte:
1	dal marketing alla pubblica amministrazione. A si rivolge questo corso di laurea?
1	abbia fantasia, comunicatività, ma anche una naturale disposizione all'imprenditoria.

Ogni pronome inserito in modo esatto vale 2 punti. **Totale: ______/20**

B2 Cronaca e Legge

1 Come difendersi dai ladri

Completa il testo con le parole della lista. Attenzione: ci sono due parole in più.

brutte - ci - è - è - era - male - possa - può - sarebbe - siamo - siano - tranquilli

Si può fare qualcosa per vivere ______________ senza la paura continua che qualcuno ______________ entrare in casa mentre non ci ______________? È chiaro che non ______________ possibile difendersi al cento per cento, tuttavia si ______________ fare qualcosa per diminuire i rischi e per evitare ______________ sorprese. Prima di uscire di casa ______________ bene controllare che tutte le finestre ______________ chiuse a dovere e che la porta sia chiusa a chiave. Se ______________ si allontana per un lungo periodo ______________ meglio che qualcuno prendesse la posta dalla cassetta delle lettere per non far capire che i padroni di casa sono fuori.

Ogni parola inserita in modo esatto vale 1 punto. **Totale: ______/10**

2 L'esame

Completa il dialogo mettendo nel giusto ordine le battute di Carlo.

Marina e Carlo, studenti di Legge all'università, si preparano per l'esame di Diritto privato.

Marina	Carlo
1 - Hai trovato i libri?	A - No, non lo sanno. Sono libri difficili da trovare.
2 - E per gli altri come facciamo?	B - Anche di quelle ne ho trovate solo due.
3 - Ti hanno detto quando arrivano?	C - Un amico mi ha detto che le altre si trovano alla Biblioteca Nazionale.
4 - E le riviste?	D - No, l'ho lasciata dal meccanico.
5 - Che cosa facciamo allora?	E - Non lo so, fa un rumore strano…
6 - Dobbiamo trovare i libri e le riviste al più presto, l'esame si avvicina.	F - Li ho ordinati alla libreria Feltrinelli.
7 - È una buona idea, andiamoci subito. Hai la macchina?	G - Allora via, presto.
8 - Che cosa è successo?	H - Si, hai ragione, li dobbiamo trovare subito. Andiamo alla Nazionale adesso?
9 - Bene. Allora, andiamoci con la mia Vespa…	I - Ne ho trovati solo due.
10 - Ne ho uno in più…	L - E come faccio per il casco?

1 / ___ - 2 / ___ - 3 / ___ - 4 / ___ - 5 / ___ - 6 / ___ - 7 / ___ - 8 / ___ - 9 / ___ - 10 / ___

Ogni battuta inserita in modo esatto vale 1 punto. **Totale: ______/10**

3 Due vecchi compagni

Completa il dialogo con i verbi all'indicativo presente, passato prossimo, imperfetto e trapassato prossimo, al congiuntivo presente, imperfetto, passato e trapassato, al condizionale semplice e composto e all'infinito.

Marina e Carlo, due vecchi compagni d'università, per molto tempo non si sono visti. Poi un giorno Carlo ha telefonato a Marina...

Marina - Pronto?

Carlo - Ciao Marina, sono Carlo. Ti ricordi di me?

Marina - Carlo?? Ciao! Credevo che mi *(tu-dimenticare)* ________________.

Carlo - Ma dai! Come puoi pensare una cosa simile? Come *(potere)* ______________ dimenticare un'amica come te? E tuo marito? Spero che ora *(stare)* ________________ bene, l'ho visto in tribunale una quindicina di giorni fa, era raffreddatissimo.

Marina - Mio marito?! Ma non lo sai?! Non t'ha detto niente? *(io-Pensare)* ________________ che tu lo *(sapere)* ________________: io e Claudio *(separarsi)* ________________tre mesi fa.

Carlo - Davvero?! Com'è possibile?

Marina - È stata una decisione improvvisa da parte sua. *(io-Notare)* ________________ che da qualche mese le cose non *(andare)* ________________ bene, ma lui non mi diceva niente. Poi, un giorno, mi ha annunciato che *(vincere)* ________________ il concorso come Pubblico Ministero[1] e che *(trasferirsi)* ________________ a Catania 20 giorni dopo. Appena *(andarsene)* ________________ ho creduto che non *(potere)* ________________ resistere senza di lui, ma adesso non *(avere)* ________________ paura di *(vivere)* ________________ sola.

Carlo - Mi dispiace, non ne sapevo niente, comunque è meglio così. Se *(voi-rimanere)* ________________ insieme, non *(essere)* ________________ felici, né tu, né lui! Certo, Claudio è sempre stato un tipo strano, ma non capisco come *(potere)* ________________ lasciare te e Firenze, così all'improvviso. E poi diceva di odiare gli avvocati che *(lavorare)* ________________ per lo Stato. E per il vostro studio legale[2] che avete deciso? Se *(essere)* ________________ in te, *(cercare)* ________________ un nuovo socio.

Marina - Per esempio te?

Carlo - Già, perché no? All'università formavamo una bella coppia.

Ogni verbo esatto vale 1 punto. **Totale: ______/20**

note

1. Pubblico Ministero: avvocato dell'accusa che lavora per lo Stato.
2. Studio legale: ufficio in cui lavorano in società due o più avvocati.

4 La delinquenza ha un grande futuro (parte I)

2 parti di questo testo contengono un errore di grammatica. Trova i 2 errori e correggili.

1. In base alle previsioni dei sociologi il lavoro umano nella new economy si baserà sull'informazione, lo spettacolo, la seduzione.
2. I sociologi forse esagerano con le ipotesi;
3. secondo loro il lavoro a tempo pieno, per tutta la vita e per tutti è finito.
4. Il lavoro insomma come lo abbiamo conosciuto dalla metà del Novecento ad oggi non esisteva più.
5. Il lavoro, quello su cui si fonda la Repubblica Italiana, come recita la Costituzione, appartiene al passato.
6. Ma cambiare un modo di pensare il lavoro, durato così a lungo, non è facile.
7. Mentre la sostituzione degli uomini con le macchine intelligenti è un dato di fatto, mancano ancora buone soluzioni per i disoccupati.
8. Lavorare meno per lavorare tutti, ridurre la produttività, insomma redistribuire il lavoro fra occupati e disoccupati potrebbe essere una soluzione.
9. Ma è una soluzione complessa in una società divisa in due, quella in alto di coloro cui conoscono e comandano e quella in basso dei molti che non sanno e devono obbedire.
10. E allora evviva la delinquenza, forse l'unico forte collegamento fra quelli del piano alto e quelli del piano basso.

adattato da G. Bocca "L'Espresso"

1. frase sbagliata: __________ → *frase corretta:* __________
2. frase sbagliata: __________ → *frase corretta:* __________

Ogni errore corretto nel modo giusto vale 5 punti. **Totale: ______/10**

5 La delinquenza ha un grande futuro (parte II)

Completa il testo inserendo le preposizioni della lista dove ritieni più opportuno. Vicino ad ogni riga è segnato quante preposizioni vanno inserite. Le preposizioni NON sono in ordine.

del - delle - di - di - di - in - in - in - nella - su

2 | Qualche anno fa una sua rubrica L'*Espresso*[3], Giorgio Bocca scriveva: "Non
0 | rispettare la legge è divertente. Meno la rispetti e meno rischi. E puoi avere
2 | successo società divertimento.
1 | Se ci si chiede perché la gente delinqua[4], particolare perché delinquano
0 | politici, burocrati, militari, persone ricche ed importanti che non avrebbero un
2 | bisogno materiale delinquere, una risposte può essere che delinquere è
1 | divertente e che una società dove cresce la delinquenza cresce anche l'impunità.
2 | Ai figli si potrebbe consigliare andare a scuola delinquenza, privata o pubblica,
0 | non fa differenza."

Ogni preposizione inserita in modo esatto vale 2 punti. **Totale: ______/20**

note

3. L'Espresso: rivista settimanale di attualità, politica, informazione.
4. delinquere: fare qualcosa di illecito, non rispettare la legge.

6 Precauzioni da prendere quando si va in vacanza

Trasforma dal formale (Lei) all'informale (tu) le parti sottolineate della lettera qui sotto, come negli esempi.

Cara signora Pina,
so che sta partendo per le vacanze, per questo volevo raccomandarle di prendere alcune precauzioni, visto che vive in un luogo così isolato. Prima di tutto non spenga tutte le luci, faccia in modo che una anche piccola rimanga sempre accesa. Chieda ad un vicino di casa di svuotarle la cassetta delle lettere e faccia un inventario di tutte le cose di valore che lascia a casa. Non dica in giro che va via, lo dica solo alle persone di fiducia. Non lasci la chiave sotto lo zerbino e non la dia neppure alla signora che le pulisce la casa, chieda alla sua vicina, alla signora Maria: penserà lei ad aprire la porta quando occorre. Prima di uscire si ricordi di inserire il sistema di allarme e prenda con sé anche il codice per disinserirlo al ritorno. Abbia anche molta cura delle carte di credito durante il viaggio. Le raccomando il telefono cellulare per telefonarci spesso, io e Mariella ci preoccupiamo, lo sa.
A presto,

Mario

Cara Pina,
So che ***stai partendo*** per le vacanze per questo volevo ______ di prendere alcune precauzioni, visto che ______ in un luogo così isolato. Prima di tutto ______ tutte le luci, ______ in modo che una anche piccola rimanga sempre accesa. ______ ad un vicino di casa di ______ la cassetta delle lettere e ______ un inventario di tutte le cose di valore che ______ a casa. ______ in giro che ***vai*** via, ______ solo alle persone di fiducia. ______ la chiave sotto lo zerbino e ______ neppure alla signora che ***ti*** pulisce la casa, ______ alla ______ vicina, alla signora Maria: penserà lei ad aprire la porta quando occorre. Prima di uscire ______ di inserire il sistema di allarme e ______ con ______ anche il codice per disinserirlo al ritorno. ______ anche molta cura delle carte di credito durante il viaggio. ______ raccomando il telefono cellulare per telefonarci spesso, io e Mariella ci preoccupiamo, lo ______.
A presto,

Mario

Ogni forma esatta vale 1 punto. **Totale: ______/20**

7 Una brutta sorpresa

Completa il testo inserendo i connettori della lista dove ritieni più opportuno. I connettori sono in ordine.

dove - quando - Dopo - e - senza - perché - malgrado - quindi - sebbene - mentre

Salve, vi racconto la mia storia...

Il mio nome è Alessandro e lo scorso 8 gennaio verso le 11.00 mi sono recato presso l'ufficio postale vado di solito sono a Milano. circa un'ora di attesa, arrivato il mio turno, chiedo il saldo del mio conto corrente scopro che mancavano 4.000 euro rispetto alla cifra attesa!!! Ho richiesto immediatamente l'estratto dei movimenti ed ho capito che da alcuni giorni qualcuno stava prelevando da "altri sportelli" tramite la mia carta Postamat cifre altissime. Perciò aspettare un attimo ho bloccato la carta, ma non ho potuto domandare altro alle 12.00 in punto l'ufficio ha chiuso le mie proteste. Allora ho iniziato subito a bombardare di telefonate il call center di Poste Italiane ed ogni operatore che ho interpellato mi ha indicato una procedura differente; mi sono precipitato dai carabinieri per effettuare una denuncia contro ignoti e grazie anche alle loro indicazioni ho mandato una richiesta di rimborso alla Direzione delle Poste Italiane, allegando tutti i documenti, dai quali pareva evidente la clonazione della mia carta. Infatti, io sia tutt'ora in possesso della mia carta Postamat Maestro e non l'abbia mai ceduta a terzi, qualcuno aveva prelevato ingenti somme di denaro dal mio conto tra Nizza, Mentone e Lugano io ero serenamente a Laglio per passare le festività natalizie come posso dimostrare proprio grazie ai movimenti della carta.

Ciò nonostante, a distanza di tre settimane, non ho ancora ricevuto alcuna risposta esauriente dalle Poste.

Ogni parola inserita in modo esatto vale 1 punto. **Totale: ______/10**

B2 Inquinamento

1 A proposito d'inquinamento

Completa le due parti del testo con le parole delle liste. Attenzione: in ogni lista c'è una parola in più e in ogni testo uno spazio in meno.

acqua - anche - costruire - distruzione - inquinamento - infatti - la - ma - meno - problema - vadano

Difendere l'ambiente è un progetto importante che richiede l'impegno di tutti, ____________ non è necessario che tutti ____________ a pulire le spiagge o facciano ____________ doccia in gruppo per risparmiare l' ____________. Se tutti fossimo un po' più attenti, l' ____________ diminuirebbe automaticamente e non ci sarebbe neppure bisogno di ____________ enormi discariche.
Secondo un'indagine dell'ONU il più grande dei prossimi anni sarà l'acqua potabile. ____________, a causa dell'effetto serra e della ____________ sistematica annuale delle grandi foreste, piove ____________ e la desertificazione aumenta.

cui - guerre - in - mentre - particolare - pensassero - politica - risorsa - purché - risolvere - se

Fino a 100 anni fa si combattevano ____________ per l'espansione territoriale. Il ventesimo secolo invece, in ____________ negli ultimi decenni, è stato caratterizzato dalla ____________ in nome del petrolio e nel ventunesimo l'acqua sarà la ____________ al centro degli equilibri internazionali. Certo, individualmente non possiamo ____________ il problema delle scorte d'acqua mondiali, tuttavia, se tutti ____________ che il 20% dell'acqua potabile consumata ____________ casa è "sprecata" forse diventerebbe un'abitudine chiuderla ____________ ci si lava i denti e si userebbe l'acqua in ____________ sono stati cotti gli spaghetti per innaffiare i fiori.
Insomma salvare la natura è possibile, tutti siano più consapevoli.

Ogni parola inserita in modo esatto vale 1 punto. **Totale: ______/20**

2 Spegni il motore

Completa il dialogo con i gradi dell'aggettivo e le preposizioni. Attenzione: c'è una parola in più.

che - che - del - di - la più - meglio - meglio - meno - migliore - peggio - più

Giornalista - Signora che cosa pensa dell'iniziativa "Spegni il motore, accendi la città"?
Signora - Secondo me l'iniziativa è buona ma dovrebbe essere organizzata ___________. Chiudere il centro per un giorno alla settimana costa più ___________ tenerlo sempre chiuso. Ci vogliono ___________ vigili e poi non ci sono abbastanza parcheggi dove lasciare le auto.
Signore anziano - La macchina è ___________ grande invenzione ___________ secolo. Io mi ricordo quando si doveva andare in bicicletta o a piedi perché non avevamo le macchine e vi posso assicurare che si stava ___________.
Giornalista - Quindi Lei non crede che la macchina sia più pericolosa___________ utile.
Signore anziano - Guardi, io ho usato per 40 anni la bicicletta e per 45 la macchina e le posso dire con certezza che una macchina è più utile ___________ una bicicletta, ma non so dire se sia più o ___________ pericolosa. Lo vede questo bastone? Lo uso da 45 anni, da quando sono caduto dalla bicicletta! Il problema non è il mezzo, ma chi lo usa.
Giornalista - Ma io parlavo del pericolo dell'inquinamento da gas di scarico.
Signore anziano - Mio caro giovane, tutte le invenzioni e le scoperte possono uccidere, anche la ___________. Pensi alla scoperta dell'atomo. Ma questo è un problema politico.

Ogni forma inserita in modo esatto vale 1 punto. **Totale: ______/10**

3 Raccolta differenziata

Riordina il dialogo tra il ragazzo e la signora.

1) Ragazzo - Scusi, signora, sa dov'è il bidone per la raccolta delle lattine?
2) Signora - Vuol dire quello del vetro?
__) - Anche quelle con il vetro.
__) - Non lo chieda a me, io ho già tanti problemi con la mia immondizia.
__) - Come ogni 15 giorni?! E dove li metto io tutti i giornali?
__) - No, quello delle lattine, di coca-cola, pomodori, eccetera.
__) - Passano a ritirarla dalle case una volta ogni 15 giorni.
__) - Sì. Domenica esclusa, naturalmente.
__) - Davvero? E le bottiglie di plastica?
__) - I rifiuti organici però li ritirano tutti i giorni vero?
__) - E per la carta come fate?
__) - Non ce l'abbiamo. Le mettiamo con il vetro.

Ogni frase inserita al posto giusto vale 1 punto. **Totale: ______/10**

4 Centro chiuso al traffico

Completa il dialogo coniugando i verbi in modo corretto.

Tommaso - Giacomo, andiamo a fare un giro in centro domenica? Lo chiuderanno al traffico e i mezzi pubblici, tram, autobus e metropolitana *(essere)* ______________ gratuiti. Molti negozi *(restare)* ______________ aperti e *(potere)* ______________ cominciare a fare i regali di Natale.

Giacomo - *(Guardare)* ______________, non me ne *(parlare)* ______________ neanche!

Tommaso - Di che cosa? Dei regali di Natale?

Giacomo - No, del centro chiuso al traffico.

Tommaso - Scusa, ma che problema *(esserci)* ______________, tu *(andare)* ______________ sempre in bicicletta!

Giacomo - Infatti. E se tutti *(fare)* ______________ come me, non *(esserci)* ______________ bisogno di bloccare il traffico la domenica. Così dopo aver usato tutta la settimana la bicicletta, la domenica chiunque *(volere)* ______________ usare la macchina, lo potrebbe fare liberamente.

Tommaso - Non ti *(capire)* ______________. Domenica scorsa ti *(proporre)* ______________ di fare una passeggiata a piedi per il centro e *(tu-lamentarsi)* ______________ tutto il tempo perché *(passare)* ______________ troppe macchine. Questa domenica che il centro è chiuso al traffico, vorresti prendere la macchina?! Non sei tu quello che *(dire)* ______________ sempre a tutti che *(noi-dovere)* ______________ rispettare di più l'ambiente e cercare di non inquinare?

Giacomo - Sì, ma *(dovere)* ______________ cominciare ad essere tutti ambientalisti proprio domenica prossima?

Tommaso - Ma, insomma, a che ti *(servire)* ______________ la macchina domenica?

Giacomo - *(Ricordarsi)* ______________ gli 80 chili di pesi che mi ha prestato Vito?

Tommaso - Non mi *(dire)* ______________, ti ha chiesto di riportarglieli domenica?

Giacomo - Indovinato. In bicicletta o in autobus!

Ogni verbo esatto vale 1 punto. **Totale: ______/20**

5 Le domeniche senza traffico

Trasforma le parti sottolineate al passivo o alla forma impersonale completando la nuova versione tra parentesi, come nell'esempio.

Volete davvero godervi Milano? Allora andateci in una delle domeniche "senza traffico". Non sapete cosa sono? Bene, vi ricordate il 1973? In quel periodo il governo aveva deciso che gli italiani non potevano usare le macchine (le macchine *non potevano essere usate dagli italiani*) perché non c'era la benzina. Oggi la vendono (_______________ venduta) a caro prezzo, ma ce n'è in abbondanza. E allora perché a Milano lasciano l'auto in garage la domenica (la domenica l'auto _______________ in garage)? Forse i milanesi non l'amano più (l'auto non _______________ più _______________ milanesi)? Il problema è un altro. Magari potessero (_______________) guidare l'ultimo modello acquistato in pieno centro davanti a tutti! Purtroppo almeno la domenica non si può, perché all'ingresso della città fermano tutte le macchine (tutte le macchine _______________). Allarme inquinamento! I vigili invitano gli automobilisti (Gli automobilisti _______________ dai vigili) a lasciare l'auto al parcheggio fuori dal centro e poi tutti a piedi o in bicicletta e perfino a cavallo. I milanesi, come tutti gli italiani, non sono particolarmente salutisti e se fosse possibile non lascerebbero la macchina in garage per un intero giorno. Così per ricompensarli dell'auto perduta l'amministrazione comunale ha offerto ai cittadini (ai cittadini _______________ _______________) spettacoli e attività varie. I milanesi terranno spenti i motori nelle prossime domeniche e in cambio il Comune organizzerà concerti e spettacoli teatrali in piazza (concerti e spettacoli teatrali _______________ in piazza _______________ Comune). I cittadini più sportivi potranno noleggiare biciclette (Biciclette _______________ cittadini più sportivi) e i più allenati potranno partecipare ad una maratona. Inoltre ai bambini regaleranno (_______________) un pomeriggio di grande divertimento con pagliacci e giocolieri.

Ogni parentesi completata in modo esatto vale 2 punti e ½. **Totale: ______/30**

6 Cose da sapere

Completa la frasi in modo grammaticalmente corretto.

1. È un peccato che ogni anno in Italia	a. vengano bruciati tanti ettari di bosco.	☐
	b. bruciano tanti ettari di bosco.	☐
2. Per proteggere la natura è bene	a. che si usano detersivi biodegradabili.	☐
	b. usare detersivi biodegradabili.	☐
3. Non è necessario che la lavatrice	a. lavi tutto a 90°, spesso ne bastano 60°.	☐
	b. lavi tutto a 90°, spesso ne bastino 60°.	☐
4. Non è indispensabile far funzionare la lavatrice a pieno carico, ma	a. sarebbe meglio.	☐
	b. sia meglio.	☐
5. È una vergogna che la gente	a. non impara ancora ad usare la raccolta differenziata dell'immondizia.	☐
	b. non abbia ancora imparato ad usare la raccolta differenziata dell'immondizia.	☐

Ogni frase esatta vale 2 punti. **Totale: ______/10**

B2 Tolleranza

1 Italiani tolleranti ma non troppo

Completa il testo con gli aggettivi comparativi e superlativi e le preposizioni della lista.

abbastanza - degli - i meno - maggiore di - moltissime - più - più - pochissimi - primissima - quanto

Gli italiani pensano sempre di essere ______________ tolleranti ______________ altri cittadini europei, ma è davvero così? Sono davvero ______________ razzisti in Europa? Secondo quanto emerge da un'indagine condotta dall'Osservatorio Europeo sui fenomeni di razzismo e xenofobia gli italiani sono ______________ tolleranti, ma non quanto credono.

Il 54%, infatti, si dichiara tollerante verso le minoranze e non più dell'11% ritiene di essere disturbato dalla presenza di persone di un'altra religione: dati, questi, che pongono gli italiani in ______________ posizione in Europa, per quanto riguarda la capacità di accettare gli immigrati. Se si va però a leggere la statistica che riguarda il nostro interesse e sostegno per politiche relative all'integrazione culturale e sociale delle minoranze, gli italiani sono coinvolti ______________ il resto d'Europa. A questo proposito è significativa la quota di chi chiede che gli immigrati senza lavoro vengano espulsi dal Paese (______________ del 50%): che è forse addirittura ______________ quella negli altri Paesi d'Europa. Gli italiani tendono poi a dimenticare due cose importanti: che il loro Paese ospita ______________ immigrati rispetto agli altri Paesi europei e che fino a pochi decenni fa anche l'Italia era un Paese da cui emigravano ______________ persone.

Ogni parola inserita in modo esatto vale 1 punto. **Totale: ______/10**

Prepariamoci a vivere
in una società multiraz-
ziale. Senza pregiudizi,
con naturalezza.
Ce lo chiede la storia,
che ci piaccia o no.
Ai bambini di certo l'idea
non disturba: ce lo dimo-
strano tutti i giorni nelle
scuole, nei cortili, per le
strade. Di fronte ad ogni
diversità sanno essere
spontanei. E sponta-
neamente non fanno
dell'amicizia una questione
di razza, religione o colore.
Sono loro il futuro.
Guardiamoli e impariamo.

Saranno amici per la pelle.

No al razzismo. Sì alla tolleranza.

2 La tolleranza

Completa le due parti del testo con le parole delle liste. Attenzione: due parole della seconda lista si devono inserire nella prima parte del testo e viceversa.

che - dicano - eletti - giusto - modo - niente - passar - qualcuno - secondo - soprattutto

Sebbene sia piuttosto tollerante ci sono alcune cose che non sopporto. Odio che __________ mi dica bugie o si comporti in __________ ipocrita e detesto che una persona, __________ un amico, non mantenga le promesse. __________ me una persona dovrebbe sempre fare quello __________ ha detto, anche a condizione di dover __________ a qualcosa che gli interessa. Insomma è una __________ che, per esempio, i politici __________ che faranno questo e quello se saranno __________ e poi non facciano mai __________.

arroganti - della - diminuito - io - nessuno - parole - poi - rinunciare - traffico - vergogna

A questo proposito, ricordate chi diceva che avrebbe __________ le tasse e la disoccupazione? Belle __________, in Italia non è cambiato proprio niente.
E __________ non sopporto le persone __________, quelle che pensano non ci sia __________ più intelligente o furbo di loro. Vi sembra __________ che mentre tutti stanno in fila nel __________ qualcuno superi tutti da destra? Al posto __________ polizia gli farei delle multe salatissime, farei __________ loro la voglia di comportarsi così, e invece niente!
__________ non ho problemi con chi commette un errore, ma i saccenti, non li tollero proprio.

Ogni parola inserita in modo esatto vale 1 punto. **Totale: ______/20**

3 Tutti possiamo sbagliare... (parte I)

Completa il dialogo con i verbi all'indicativo presente, passato prossimo, imperfetto e trapassato prossimo, al congiuntivo imperfetto e trapassato, al condizionale composto e all'infinito.

Da piccolo *(credere)* ________________ che tutte le persone adulte *(essere)* ________________ buone e mi *(volere)* ________________ bene. Purtroppo i miei genitori *(morire)* ________________ quando io *(avere)* ________________ solo nove anni e da allora tutto è cambiato.
Sebbene io *(avere)* ________________ ancora la nonna, non *(volere)* ________________ andare a vivere con lei perché non era una donna buona: quando *(lei-bere)* ________________ infatti mi *(picchiare)* ________________, perciò io le urlavo "Vorrei che tu *(morire)* ________________!" Allora lei mi rispondeva, ironica, che al mio posto non *(dire)* ________________ così; infatti se *(lei-morire)* ________________ *(io-rimanere)* ________________ solo.

Io pensavo che mia nonna *(essere)* ________________ così fin da giovane, ma un giorno *(venire)* ______________ a trovarla una sua amica del liceo che mi *(raccontare)* ________________ la verità. "Da ragazza tua nonna *(volere)* ________________ sposare un giovane ufficiale, ma purtroppo i suoi genitori l' *(obbligare)* ________________ a sposare un uomo ricco, affinché con i suoi soldi *(lui-aiutare)* ________________________ la famiglia che, a causa della guerra, *(perdere)* ________________ tutto. Così tua nonna ha sposato tuo nonno, sebbene non lo *(amare)* ________________, e non *(dimenticare)* ____________ mai ____________ il suo primo amore. A causa di tutto questo odiava già la figlia, prima che *(nascere)* ________________, e ora che tua madre è morta *(sentirsi)* ________________ in colpa e *(odiare)* ______________ tutto e tutti."
La signora avrebbe voluto che *(io-lasciare)* ________________ la nonna e *(andare)* ________________ a vivere con lei. Infatti desiderava molto un nipotino, perché suo marito *(morire)* ________________ dopo appena un mese di matrimonio.
Per un momento ho pensato di *(andarsene)* ________________ davvero, ma poi ho ringraziato la signora per la sua offerta e ho rifiutato. Io dovevo rimanere vicino a mia nonna. Aveva solo me.
E da allora io *(essere)* ________________ di nuovo felice.

Ogni verbo esatto vale 1 punto. **Totale: ______/30**

4 Tutti possiamo sbagliare... (parte II)

Ricostruisci il testo mettendo le frasi a destra nel giusto ordine seguendo il senso della storia dell'esercizio precedente.

1. "È meglio	**A.** io sono qui", le dicevo.
2. Se cerchi aiuto, nonna,	**B.** purché lui aiutasse la sua famiglia.
3. Cercavo di nascondermi	**C.** ho trovato una signora ad aspettarmi.
4. Poi, per paura che mi picchiasse ancora,	**D.** affinché capissi finalmente la situazione.
5. Quando sono tornato a casa	**E.** sebbene la nonna non avesse mai smesso di amare il suo ufficiale.
6. L'amica della nonna mi ha detto la verità	**F.** prima che lei cominciasse a bere e diventasse violenta.
7. Mia nonna sposò mio nonno	**G.** scappai.
8. "Se non lo sposi - le dicevano -	**H.** ma ho imparato a non odiare e perdonare.
9. Poi è nata mia madre	**I.** che tu smetta di bere.
10. È stata una lezione dura	**L.** rovinerai la famiglia".

1/__ 2/__ 3/__ 4/__ 5/__ 6/__ 7/__ 8/__ 9/__ 10/__

Ogni frase inserita al posto giusto vale 1 punto. **Totale: ______/10**

5 San Francesco d'Assisi

Scegli la forma verbale corretta.

San Francesco, il santo protettore d'Italia, è senz'altro la figura storica che meglio **rappresenti/rappresenta/rappresenterebbe** la virtù della tolleranza. Francesco **nacque/nasceva/nacqui** ad Assisi nel 1182 in una famiglia ricca. **Trascorreva/Trascorse/Trascorre** l'infanzia serenamente in famiglia ad Assisi, dove poté studiare il latino, il volgare, il provenzale e la musica. Il padre **desiderò/desidererebbe/desiderava** avviarlo al più presto all'attività del commercio, ma Francesco aveva un carattere allegro e non aveva ancora voglia di dedicarsi al lavoro. All'età di vent'anni partecipò alla guerra tra Assisi e Perugia, e **è fatto/fu fatto/fece** prigioniero. La prigionia e le torture **cambiavano/cambiò/cambiarono** l'animo del giovane. Tornò a casa gravemente malato e passò molto tempo prima che **guarì/guariva/guarisse**. Una volta che fu completamente guarito sentì dentro di sé la chiamata di Dio. Francesco decise così di rifiutare tutti i beni paterni e **visse/viveva/vivrebbe** tutta la vita in povertà.
Ci sono molti episodi della sua vita che **illustrino/illustrassero/illustrano** quanto **sia/fosse/sarà stato** amorevole e tollerante, ma il più famoso è quello del lupo di Gubbio, un animale, che incuteva terrore e morte, reso mansueto dalle parole del santo.
L'amore smisurato di San Francesco per ogni creatura emerge chiaramente dalle sue bellissime poesie, fra cui il famosissimo "Cantico delle creature".

Ogni verbo esatto vale 1 punto. **Totale: ______/10**

6 Assisi

Completa il testo inserendo i connettori della lista dove ritieni più opportuno. I connettori sono in ordine.

ma - dopo che - nonostante - in seguito alla - e - quando - ma anche - che - fino alla - ed

Non si ha una data certa sulla nascita di Assisi, sappiamo che sorse in territorio etrusco e risentì della cultura di questa civiltà. Divenne un importante Municipio fu conquistata dai Romani, che edificarono grandi templi come quello di Minerva, un teatro, il foro, l'anfiteatro, terme e ville. Dopo l'Impero Romano Assisi non rimase indenne al passaggio delle invasioni barbariche, fosse situata in una posizione privilegiata. Poi, caduta del Sacro Romano Impero, fu rasa al suolo dai Goti di Totila riconquistata dai Bizantini per essere poi nuovamente presa dai Longobardi.
Fu Federico Barbarossa scese in Italia che Assisi assunse un ruolo importante, non solo dal punto di vista militare e strategico, come centro culturale. Fu proprio ad Assisi infatti il Barbarossa fece educare il nipote Federico II, futuro imperatore.
Dal 1200 al 1500 ad Assisi si alternarono nuovi e vecchi padroni tra cui i Visconti, i Montefeltro e gli Sforza. Dal '500, formazione dello Stato Italiano nel 1860, fece parte del territorio dello Stato della Chiesa. Con la proclamazione di San Francesco "Patrono d'Italia" Assisi divenne, è tutt'oggi, meta turistica di massa. Inoltre, in qualità di testimone del messaggio di Francesco, Assisi si propone come "Capitale Mondiale della Pace".

Ogni connettore inserito in modo esatto vale 2 punti. **Totale: ______/20**

1 Paola e Luciano

Completa il testo con i verbi sulle righe .... e scrivendo i pronomi (anche doppi) sulle righe ______.

Ieri era il loro primo anniversario di matrimonio e Luciano *(volere)* .... fare una bella sorpresa a Paola. Ha pensato di comprar____ un bell'anello, che *(vedere)* .... insieme in una vetrina un paio di giorni prima, e di dar____ a cena. A Paola *(piacere)* .... molto gli anelli e ____ ha molti, di tutti i tipi, ma in particolare ____ *(preferire)* .... d'oro bianco, perciò Luciano *(decidere)* .... di comprar____ uno. Purtroppo mentre *(uscire)* .... dall'ufficio, il direttore ____ *(telefonare)* .... per dir____ che ____ *(aspettare)* .... nella sua stanza per un problema urgente. Luciano *(innervosirsi)* .... molto, ma *(dovere)* .... andar____. Quando finalmente *(riuscire)* .... a liberarsi, *(correre)* .... in gioielleria, ma ____ *(trovare)* .... chiusa. Luciano non *(sapere)* .... cosa fare e *(cominciare)* .... a guardarsi intorno. *(Desiderare)* .... comprare qualcos'altro, ma tutti i negozi *(essere)* .... già chiusi. All'improvviso *(ricordarsi)* .... di una ragazza che vende i fiori per strada. ______ *(cercare)* .... dappertutto, per fortuna non *(andarsene)* .... ancora, perché non *(vendere)* .... abbastanza fiori. Luciano era così contento che ____ ha comprati tutti, poi ____ ha contati velocemente: erano 55 rose, così ____ *(lasciare)* .... 2 alla ragazza per regalo e le altre ____ *(portare)* .... a sua moglie, Paola, con un biglietto: "52, tesoro, come le splendide settimane che ____ hai regalato tu!" L'ultima rosa ____ ha messa fra i capelli dicendo "le rose vanno regalate sempre dispari, si sa!"

Ogni forma esatta vale ½ punto. **Totale: ______/20**

2 L'arte italiana al femminile

Completa il dialogo con i verbi. Attenzione: non usare il passato remoto.

Gino - Sei poi riuscita a organizzare la mostra sulle artiste italiane?
Marta - Ma certo, l'inaugurazione è tra quattro mesi e vedrai che *(essere)* ______________ un grandissimo evento.
Gino - Fantastico. Non ti ho mai chiesto però quali artiste (voi - *trovare)* ______________?
Marta - In che senso "trovato"?
Gino - Beh, non mi pare che *(esserci)* ______________ molte donne nel panorama storico artistico italiano.
Marta - Veramente (noi - *dovere)* ______________ lasciar fuori dalla mostra delle autrici favolose perché non *(potere)* ______________ dare spazio a tutte!
Gino - Aspetta, fammi pensare... ci sarà sicuramente Artemisia Gentileschi!
Marta - Bravo. E poi? Vediamo un po'... vai avanti.
Gino - ...Mmhh.. non saprei...
Marta - Ahahaha. Prima di Artemisia c'è stata Sofonisba Anguissola. Si racconta che Michelangelo sia rimasto impressionato quando *(vedere)* ______________ un quadro di Sofonisba e pare che le *(chiedere)* ______________ di dipingerne un altro con il sentimento opposto.
Gino - Ma dai, Michelangelo? Interessante.
Marta - Beh, sì, devi pensare che nel 1600 alle donne *(essere)* ______________ precluso l'accesso alle accademie d'arte e alle botteghe dei pittori perché la gente li *(considerare)* ______________ luoghi moralmente non consigliabili per una donna. Anguissola, Gentileschi ma anche Lavinia Fontana, Rosalba Carriera, sono state delle vere eroine.
Gino - Interessantissima questa mostra. Ma (voi - *scegliere*) ______________ solo pittrici di quel periodo?
Marta - Ma no! Come ti *(dire)* ______________ prima, *(essere)* ______________ difficilissimo scegliere.
Gino - Senti, facciamo un giochino: se io *(avere)* ______________ solo 5 minuti di tempo, in quale sala mi *(consigliare)* ______________ di andare ? Qual è la tua autrice preferita?
Marta - Mmhh... bella domanda! Guarda, ti *(dire)* ______________ di andare a vedere i quadri di Juana Romani. Oltre ad essere stata una straordinaria artista, *(avere)* ______________ una vita da film. Il padre *(essere)* ______________ un brigante e la madre *(essere)* ______________ analfabeta. Quando Juana era piccola, la madre *(fare)* ______________ la cameriera di una famiglia aristocratica, i Romani - da cui poi *(prendere)* ______________ il nome. Lì è successo che il figlio del padrone di casa *(innamorarsi)* ______________ della donna, che pare *(essere)* ______________ bellissima, e *(decidere)* ______________ di portare tutte e due, madre e figlia, a Parigi.
Gino - Ma dai!
Marta - Sì sì. E poi quelli erano proprio gli anni della Belle Époque... mi pare *(essere)* ______________ il 1877 quando *(trasferirsi)* ______________. Lì nel giro di qualche anno Juana prima *(diventare)* ______________ una modella; poi, forse per imitare i pittori per i quali posava, *(cominciare)* ______________ a disegnare sui muri... poi sulle tele... insomma in poco tempo *(diventare)* ______________ più brava dei pittori che la *(ritrarre)* ______________.
Gino - Ora sono curiosissimo!
Marta - Eh, vieni alla mostra! Dai, andiamoci a prendere un aperitivo che ancora non ti *(raccontare)* ______________ anche di Vanessa Beecroft e Chiara Fumai, due artiste super dei giorni nostri.

Ogni verbo esatto vale 1 punto. **Totale: ______/30**

3 Lucia racconta: "Ambiziosa sì, ma..."

Completa il testo inserendo le parole delle liste dove ritieni più opportuno. Le parole della prima lista sono in ordine. Le parole della seconda lista NON sono in ordine.

farei - altri - scopo - importante - necessario - lavorare - di - non - famiglia - la - ricevuto - dissi - più - piace - che

che - pace - meglio - della - ebbi

"Penso di essere una donna piuttosto ambiziosa, ma non mai del male agli per raggiungere il mio. Credo che la cosa più nella vita sia vivere in con sé stessi.
Se fosse, sarei disposta a anche la notte e i giorni festa per raggiungere un successo, ma rinuncerei mai alla mia o ad un amico.
Una volta un'ottima proposta di lavoro, più interessante e vantaggiosa che abbia mai, ma avrei dovuto trasferirmi e lasciare le persone amavo.
Così di no, ma non mi sono mai pentita mia scelta e oggi la rifarei.
Per me la vita affettiva è importante della carriera.
Mi avere successo, certo, ma penso che sia vivere liberi e sereni con meno soldi diventare schiavi della propria avidità."

Ogni parola inserita in modo esatto vale 1 punto. **Totale: ______/20**

4 Una questione delicata

Riordina il dialogo fra Paola e il suo datore di lavoro.

__ - Preferirei di no. Non riguarda solo me. È una questione delicata.

__ - Buongiorno, dottor Franchini, ha un minuto?

__ - Purtroppo no, dottor Franchini, e non glielo chiederei se non fosse davvero importante.

__ - Prego, mi dica.

__ - Sì, lo so, ma l'appuntamento è alle 3 ed io uscirei alle 5.

__ - Ecco, domani avrei bisogno di uscire un'ora prima. È possibile?

__ - Bene. Faccia come crede e non si stupisca se il mese prossimo sarà il dottor Guidi a ricevere la promozione.

__ - Uhm, mi può almeno dire di che impegno si tratta? Così importante?

__ - Paola, dovrebbe sapere che certe riunioni si sa quando cominciano ma non quando finiscono. Non può rimandare il suo impegno?

__ - Veramente domani pomeriggio abbiamo un incontro con la Virgo.

Ogni frase messa nel giusto ordine vale 1 punto. **Totale: ______/10**

5 Una figlia complicata

In questo testo ci sono 4 errori. Trovali e correggili.

Io e mia figlia non andiamo d'accordo. Non che non mi voglia bene: lo so che me ne voglia. Ma non le va mai bene niente di quello che dico o faccio. Talvolta mi viene da pensare che io sia per lei una specie di bancomat. "Mamma, mi servono i soldi per la benzina, per il parrucchiere, per la palestra..." Mai che le basti il mensile che le passo! L'unico modo chi conosce per comunicare con me è chiedermi qualcosa. Con mio figlio devo dire va meglio. Forse perché l'ho dedicato più tempo quando era piccolo. Io non lavoravo più quando lui era piccolo e il bambino non è stato lasciato mai ai nonni come invece è successo con la femmina. Lei infatti è stata allevata da nonni, più che da me, forse è per questo che pensa che io serva solo a finanziarla.

1. frase sbagliata: ______________________ → *frase corretta:* ______________________
2. frase sbagliata: ______________________ → *frase corretta:* ______________________
3. frase sbagliata: ______________________ → *frase corretta:* ______________________
4. frase sbagliata: ______________________ → *frase corretta:* ______________________

Ogni errore corretto nel modo giusto vale 2 punti e ½ . **Totale: ______/10**

6 Il punto di vista della figlia

Scegli la forma corretta.

Mia madre non mi capisce, **per quanto/siccome** cerchi di parlarci, fra noi non c'è proprio dialogo. Secondo **a lei/lei** tutto quello che dico è fuori luogo; **ogni cosa che/qualsiasi cosa** faccia è sicuramente sbagliata. **Sebbene/Se** faccio tardi, vuole assolutamente sapere con chi sono uscita e perché. Ma con mio fratello non si comporta affatto **così/mai** e sono sicura che se **fosse/fossi** un ragazzo non lo farebbe con me. Non approva **almeno/nemmeno** come mi vesto. Se mi metto i pantaloni a vita bassa ed una maglietta corta, mi **dice/dicesse**: "Vai in giro mezza nuda, cosa penserà la gente?" A me di **cosa/quello** dice la gente non importa proprio un bel niente. Mi importa cosa dice lei, vorrei che mi approvasse, che qualche volta mi dicesse "Come sei carina! Come ti vesti bene!" Invece l'unico momento **in cui /la quale** mi vede è quando le chiedo i soldi, allora esclama: "Ma dove butti tutti questi soldi?"

Ogni forma corretta vale 1 punto. **Totale: ______/10**

Livello C1

- 1. Premi Nobel italiani
- 2. Esploratori
- 3. Paesaggi umani
- 4. Ma questo italiano?
- 5. Ma come farebbe Hollywood?
- 6. Scrittori

C1 Premi Nobel italiani

1 Rita Levi Montalcini e Renato Dulbecco

Inserisci nel testo le espressioni della lista. Le espressioni NON sono in ordine.

dalle - dopo - grazie - malgrado - tali da

Sono due grandi scienziati italiani che hanno ricevuto il Premio Nobel per le loro ricerche in medicina. Entrambi si sono laureati all'Università di Torino nel 1936 e, le enormi difficoltà a causa del regime fascista e della guerra, hanno portato avanti i loro studi in Italia. Nell'immediato dopoguerra però, aver lottato con i Partigiani per la liberazione della propria patria, sono stati costretti a trasferirsi negli Stati Uniti per continuare le proprie ricerche. È qui che, ai mezzi messi loro a disposizione università americane, hanno raggiunto risultati scientifici meritare il Nobel.

Ogni espressione inserita in modo esatto vale 2 punti. **Totale: ______/10**

2 Rita Levi Montalcini, premio Nobel per la medicina nel 1986 racconta

Completa il testo con le parole della lista. Attenzione: c'è uno spazio in meno.

ci - dotato - la - maggiore - noi - nonostante - nostra - personale - tale - uno

Mia sorella gemella Paola ed io siamo nate a Torino nel 1909. Eravamo le più giovani dei 4 figli di Adamo Levi, ingegnere elettrico e ______________ matematico ed Adele Montalcini, pittrice di talento. Nostro fratello ______________ Gino, professore di architettura all'università di Torino, è stato ______________ degli architetti italiani più famosi del dopoguerra mentre sorella Anna, più grande di ______________ di 5 anni, ha sempre avuto una grande passione per ______________ letteratura. Quando ero adolescente la sua influenza su di me era ______________ che io desideravo diventare scrittrice. I nostri genitori ______________ hanno insegnato l'amore per la cultura e lo studio. Tuttavia nostro padre, ______________ il suo rispetto per le donne, riteneva che la vita accademica non si addicesse al ruolo di moglie e madre. Così, all'età di 20 anni, assolutamente convinta dell'importanza dello studio per la mia realizzazione ______________, ho chiesto a mio padre di poter continuare gli studi rinunciando a sposarmi e formare una mia famiglia.

Ogni parola inserita in modo esatto vale 1 punto. **Totale: ______/10**

3 Biografia di un Premio Nobel

Rimetti in ordine la carriera di Renato Dulbecco.

__1__ Renato Dulbecco nasce a Catanzaro nel 1914. Nel 1930 si

_____ viene conferito il Premio Nobel. Ritorna poi negli Stati Uniti, al Salk Institute di La Jolla, in California. È del 1986 la proposta fatta da Dulbecco (allargata poi a tutto il mondo come

_____ Nel 1972 Dulbecco si

_____ frequenta dal 1945 al 1947. Nel 1947 lascia l'Italia per gli Stati Uniti chiamato da Salvatore Luria all'Università di Bloomigton, nell'Indiana.

_____ i meccanismi delle cellule che riparano il DNA quando è danneggiato da radiazioni. Viene chiamato al California Institute of Technology, dove diventa Professore Ordinario. Nel 1955 riesce ad isolare

_____ progetto di collaborazione internazionale) di costruire la mappa del genoma umano. Nel 1993 Dulbecco rientra in Italia e lavora per il CNR[1] al progetto Genoma. Muore nel 2012 a La Jolla, colpito da un infarto due giorni prima del suo 98° compleanno.

_____ iscrive alla Facoltà di Medicina dell'Università di Torino, laureandosi a soli 22 anni con una tesi di Anatomia patologica. Alla fine della Seconda guerra mondiale, di ritorno dalla campagna di Russia, diviene

_____ Qui Dulbecco studia

_____ trasferisce dagli Stati Uniti a Londra, allo Imperial Cancer Research Fund, dove continua gli studi di oncologia. Per questi studi nel 1975 gli

_____ il primo mutante del virus della poliomelite, che servirà a Sabin per la preparazione del vaccino e nel 1960 comincia a lavorare nel campo della ricerca oncologica.

_____ assistente di Levi ad Anatomia Patologica ma nello stesso tempo compie studi di Fisiologia e si iscrive alla Facoltà di Fisica, che

Ogni parte inserita al posto giusto vale 1 punto. **Totale: _____/10**

note

1. CNR: Centro Nazionale Ricerche. Si tratta dell'istituto di ricerca finanziato dallo Stato italiano.

4 Intervista a Dulbecco

Completa la risposta alla domanda con i verbi.

"Professor Dulbecco, esistono dei rischi reali che possono derivare da una eventuale e completa mappatura del DNA, come ad esempio la manipolazione del comportamento umano?"

Bisogna distinguere tra quelle che sono le possibilità un po' fantasiose e quella che invece è la realtà. Ora, questa che Lei mi *(sottoporre)* ________________, io direi, è una possibilità fantasiosa. Prima di tutto noi non *(conoscere)* ________________ ancora i geni responsabili, in secondo luogo qualora questi *(essere)* ________________ noti, bisognerebbe scoprire come intervenire per modificarli. Al giorno d'oggi, dunque, io credo che non *(avere)* ________________ molto senso pensare a questo rischio. Invece *(essere)* ________________ da tenere presenti difficoltà di altro tipo. Per esempio, le possibilità di discriminazione nel campo dell'impiego e in quello dell'assicurazione. Nel primo caso perché in base alla propria mappa genetica una persona potrebbe non *(assumere)* ________________ in un determinato posto di lavoro, ma il problema *(essere)* ________________ relativo, in quanto la stessa persona potrebbe *(preferire)* ________________ rispetto ad altri per un altro posto. Nel campo dell'assicurazione forse la situazione *(essere)* ________________ più grave perché, se le debolezze genetiche delle persone *(essere)* ________________ pubbliche e le Compagnie d'Assicurazione le *(conoscere)* ________________, allora queste *(potere)* ________________ determinare chi è assicurabile e chi non lo è. Questo è un problema reale e io penso che ci *(dovere)* ________________ essere una legge opportuna. O si *(tenere)* ________________ queste conoscenze segrete, oppure la legge *(dovere)* ________________ impedire alle Società di Assicurazione di tener conto di queste caratteristiche individuali. Dopo tutto, se uno *(nascere)* ________________ con una menomazione genetica non ne *(avere)* ________________ nessuna colpa; è, diciamo, un'ingiustizia genetica che può capitare a qualunque persona perciò il suo peso deve *(suddividere)* ________________ tra tutti. Insomma, io *(adottare)* ________________ un principio generale: che *(esserci)* ________________ cioè una responsabilità pubblica per compensare le conseguenze dell'ingiustizia.

Ogni verbo esatto vale 1 punto. **Totale: ______/20**

5 Enrico Fermi

Completa le forme verbali.

Quattro sono i premi Nobel italiani per la fisica, ma forse il piu noto, per ess_____ tristemente legato agli studi sulla bomba atomica, è Enrico Fermi.

Fermi nacque a Roma il 29 Settembre 1901. Eb_____ una precoce vocazione per la fisica e si laure_____ a Pisa (come l'altro premio Nobel Carlo Rubbia) nel 1922. Il fertile periodo di studi che gli frutt_____ il Nobel iniziò con il trasferimento a Roma, nel 1926. Qui il giovane Fermi cono_____ "i ragazzi di Via Panisperna", altri giovani scienziati ed intellettuali di grande talento, fra i quali l'altro futuro premio Nobel e suo biografo, Emilio Segré. Alla maniera di altri grandi fisici del passato,

Fermi realizz_____ nella propria attività di ricerca una stretta unità di competenze e capacità teoriche e sperimentali.
Si pu_____ affermare che il premio Nobel abbia salv_____ la vita alla famiglia Fermi poiché il viaggio a Stoccolma segu_____ di poco la promulgazione delle leggi razziali contro gli ebrei che avre_____ certamente colp_____ anche Fermi, la cui moglie e_____ di religione giudaica.
Invece i coniugi Fermi part_____ per la Svezia per ricevere il premio e non fec_____ più ritorno in Italia se non alla fine della seconda guerra mondiale. Da Stoccolma si trasfer_____ direttamente in America dove lo scienziato fu coinv_____ nel progetto che port_____ alla messa a punto della bomba atomica. Mor_____ nel '54 per un cancro allo stomaco, dov_____ forse agli esperimenti atomici cui av_____ preso parte a Los Alamos.

Ogni forma esatta vale 1 punto. **Totale: ______/20**

6 Dario Fo, Premio Nobel per la Letteratura

Inserisci nelle due parti del testo le parole delle due liste. Attenzione: in ogni lista c'è una parola in più. Le parole NON sono in ordine.

come - così - poiché - affinché - e - la

Quando Dario Fo è stato insignito del Premio Nobel per Letteratura nel 1997, molti sono stati sorpresi, in passato era stato molto ostacolato dalla politica nazionale italiana. Ma dare torto all'Accademia delle Scienze, che ha motivato la decisione:
MOTIVAZIONE: *Figura preminente del teatro politico che, nella tradizione dei giullari medievali, ha fustigato il potere restaurato la dignità degli umili.*

più - dove - cui - a - ma - da

Dario Fo nasce il 24 marzo 1926; ancora giovanissimo si trasferisce a Milano frequenta l'Accademia di Belle Arti di Brera. A partire dal 1952 comincia a collaborare con la Rai, da viene spesso censurato. Sempre causa della sua irriverenza nei confronti del potere, i grandi teatri evitano di accoglierlo, questo non frena l'affetto e l'ammirazione che il pubblico nutre per lui. Nel 1997 ottiene, per il suo lavoro, il riconoscimento ambito: il Premio Nobel.
Muore a Milano il 13 ottobre 2016.

Ogni parola inserita in modo esatto vale 2 punti. **Totale: ______/20**

7 Luigi Pirandello

<u>Sottolinea</u> nel testo i quattro errori grammaticali e scrivi le forme corrette nella tabella.

Un altro premio Nobel per meriti teatrali è andato a Luigi Pirandello, nato a Girgenti (oggi Agrigento), nel cuore della Sicilia, il 28 giugno 1867.
La sua esistenza fu contrassegnato dapprima dal dolore per l'incomprensione dimostrato nei suoi confronti dai genitori e poi dalla gelosia morbosa della moglie. Di tutto ciò si trova indubbiamente traccia nella sua opera di drammaturgo. L'esperienza individuale fu sempre filtrata da Pirandello attraverso lo studio estetico più disciplinato e il massimo rigore stilistico. Studiò a Roma ed a Bonn, dove si fermò come Lettore per qualche anni. Nel 1908, insieme al successo, arrivò per Pirandello la nomina a Professore Ordinario di Lingua italiana presso il Magistero di Roma. A Roma cominciò ben presto a rivelarsi la pazzia della moglie, che lo scrittore sopportava per lunghi anni con rassegnazione. Pirandello, frustrato nella vita privata, si dedicò completamente alla letteratura e nel 1912 iniziò ad occuparsi di novellistica. A partire dal 1916 si concentrò invece sulla produzione teatrale, cui è legata la sua maggior gloria. Nel 1934 ricevette il Premio Nobel per la Letteratura. Morì a Roma il 10 dicembre 1936.

1.	2.	3.	4.

Ogni errore corretto in modo esatto vale 2 punti e ½. **Totale: ______/10**

1 Roberto Vittori: un italiano nello spazio

Completa il testo con le preposizioni semplici e articolate.

A poche settimane dalla missione "Eneide", conclusasi _____ successo lo scorso 25 aprile in Kazakistan, il colonnello Roberto Vittori, astronauta dell'Agenzia spaziale europea (Esa) e pilota dell'aeronautica militare, ha raccontato la sua esperienza in microgravità in un incontro _____ la stampa.

Vittori è stato _____ orbita dieci giorni; negli otto giorni trascorsi a bordo della Stazione spaziale internazionale (Iss) sono stati condotti ventidue esperimenti _____ settori della fisiologia umana, della biologia, della dimostrazione tecnologica e della didattica. Un bilancio positivo per una sfida sponsorizzata _____ Ministero della Difesa italiano e dalla Regione Lazio nell'ambito di un accordo _____ l'Agenzia Spaziale Europea e l'Agenzia Spaziale della Federazione russa (Roscosmos).

"Quello che spinge un astronauta a partire per una missione - ha detto Vittori - è la consapevolezza _____ fare qualcosa per il futuro. Sono convinto che a livello spaziale il sistema Italia può essere _____ prima fila in Europa soprattutto in campi come quello della ricerca medica, grazie alla nostra capacità _____ usare professionalità e fantasia, genialità e impegno. Per me - ha aggiunto il colonnello - è stato un onore rappresentare l'Italia e l'Europa con questa missione. _____ futuro continuerò a dare la mia disponibilità in questo settore. Il mio personale obiettivo è trasmettere il mio entusiasmo ai giovani."

Ogni preposizione esatta vale 1 punto.

Totale: _____/10

2 Amerigo Vespucci

<u>Sottolinea</u> nel testo i quattro errori grammaticali e scrivi le forme corrette nella tabella.

Nato a Firenze nel marzo 1454, divenne funzionario del banco dei Medici a Siviglia, dove conobbe Cristoforo Colombo e finanziò la sua terza spedizione, avvenendo nel 1498. Nel 1499 partecipò come comandante di un nave alla spedizione di Alonso de Ojeda e raggiunse la laguna di Maracaibo che egli chiamò Venezuela, "piccola Venezia". Separatasi dal resto della spedizione, esplorò la foce del Rio delle Amazzoni e le coste del Brasile. Avendo così attirato l'attenzione del Re portoghese, venne incaricato di proseguire nell'esplorazione di quelle terre. Dopo aver scoperto la baia di Rio de Janeiro e altre coste brasiliane, si convinse di non essere arrivato nelle Indie, ma di aver scoperto un nuovo continente.
Nella prima descrizione organica delle coste scoperte da Vespucci, il cartografo tedesco Waldseemüller chiamò l'intera continente *Americi terra sive America* in suo onore.

1.	2.	3.	4.

Ogni errore corretto in modo esatto vale 2 punti e ½. **Totale: ______/10**

3 Reinhol Messner

Completa il testo con i verbi. I verbi NON sono in ordine.

aprire - attraversare - cercare - essere - essere - potere - riuscire - racchiudere - ricordare - spiegare

È stato il primo a scalare i 14 Ottomila metri della Terra e a salire sull'Everest senza bombole d'ossigeno. ______________ a piedi la Groenlandia, l'Antartide e la Mongolia. Oggi ______________ musei e studia miti. E ______________ il mistero dello Yeti.
Alpinista tutto italiano e tra i più grandi della storia. Uomo capace di imprese, che ______________ quelle degli esploratori del passato. Scrittore e profondo conoscitore delle culture delle montagne di tutto il mondo. Studioso di miti e di recente deputato del Parlamento Europeo impegnato nella difesa dell'ambiente. ______________ le diverse anime di un solo protagonista: le "vite", come ama definirle, di Reinhol Messner, moderno avventuriero negli angoli più sperduti e selvaggi del pianeta.
Pochi al mondo ______________ vantare i suoi successi. ______________ il primo a scalare tutti i 14 Ottomila metri della Terra. Ma anche a conquistare le vette dei cinque continenti e a salire, per primo senza l'aiuto dell'ossigeno, sull'Everest nel 1978. E nelle sue 3.500 imprese alpinistiche compiute, ha aperto 100 nuove vie di ascensione. Poi, a piedi, ha vinto le intemperie dei grandi deserti della Terra. Da quelli di ghiaccio dell'Antartide, nel 1990, e della Groenlandia, nel 1993, fino a quelli di sabbia: come il Takla Makan nel 1992 in Sinkiang Uighur, la regione autonoma del nordovest della Cina, e il Gobi nel 1998, in Mongolia. Eppure, a conoscerlo, sembra un uomo così normale. E tutto ciò che ______________ a compiere fino ad oggi, Messner lo ______________ in un solo pensiero: "Io ______________ l'avventura e non i record, a me interessa la dimensione umana e non quella sportiva."

Ogni verbo esatto vale 1 punto. **Totale: ______/10**

4 Intervista a Reinhol Messner

Rimetti nel giusto ordine i paragrafi delle risposte di Messner.

1) Il K2 è chiamato, nella lingua locale, Chogori, ossia "grande montagna". Chi gli ha attribuito il nome per cui è maggiormente noto?

_A_ - ___ - ___ - ___

2) Nel suo libro *K2 Chogori* Lei racconta la storia delle imprese e delle spedizioni che hanno affrontato questa montagna. Cosa è cambiato dalla spedizione italiana che tentò la scalata nel 1909 a quella che in questi giorni ne sta ripercorrendo le tracce?

___ - ___ - ___ - ___

3) Nel libro Lei ripropone un interrogativo che ha suscitato forti polemiche in tutta la storia dell'alpinismo: è lecito rischiare la vita di uomini per conquistare una montagna? Alla luce della sua lunga esperienza, qual è la sua opinione a riguardo?

___ - ___ - ___

A - Furono gli inglesi nel 1856 a arrivare nella zona del Kashmir settentrionale.

B - Poi io ho riproposto lo stile alpino classico, cioè scalate in cordata di due sole persone, per salire in vetta e subito ridiscendere. Gli anni Ottanta hanno invece visto affermarsi il turismo d'alta quota, sono stati preparati appositamente campi e case (ossia tende molto forti) come tappe per le scalate; con l'aiuto di una cinquantina di *sherpa* oggi si può raggiungere qualsiasi cima.

C - Pertanto il nome K2 sta a significare "seconda cima da sinistra della catena del Karakorum". Essendo lontani da ogni luogo abitato, gli inglesi non poterono chiedere né venire a sapere quale fosse il nome dato dagli abitanti del luogo a quelle cime.

D - Ma questo è turismo, appunto, non alpinismo.

E - Loro classificarono per primi le vette della catena montuosa del Karakorum, mantenendosi però a una distanza di 200 km da quelle montagne.

F - Partendo da sinistra a destra, individuarono una serie di cime che indicarono con numeri progressivi; la lettera iniziale significa Karakorum.

G - Bisogna capire però che quello degli scalatori è un altro mondo, è quindi un problema diverso per chi parte e per chi osserva da fuori, dal mondo borghese.

H - In seguito negli anni Trenta è stato inventato lo stile himalayano: in spedizioni molto grandi e costose, tonnellate di materiale venivano trasportate da centinaia di *sherpa* per preparare vari campi che intervallavano il cammino verso la cima.

I - Per una persona che scala, infatti, la responsabilità è totale. Elemento che in certi casi però ai giovani scalatori manca.

L - Una volta non esisteva una logistica nelle scalate, le spedizioni partivano come tentativi di raggiungere una vetta.

M - È una questione di punti di vista: l'uomo comune pensa che chi si avventura su certe montagne mette a repentaglio la propria vita, magari quella di molte altre persone, come i portatori.

Ogni parte inserita al posto giusto vale 2 punti. **Totale: ______/20**

5 Cristoforo Colombo

Completa i verbi.

Non abbiamo documenti certi sul luogo e la data della sua nascita, tanto che dal sec. XVII si è svilupp____ un dibattito sulla sua nazionalità, rivendic____ da Genova e da altri centri della Liguria, dal Portogallo, dalla Spagna e dalla Grecia. È invece certo che suo padre, Domenico, era un tessitore genovese e che Cristoforo, non seg____ le orme paterne, cominciò a viaggiare per mare per varie ditte commerciali. Nel 1476 si trasfer____ in Portogallo dove si spos____ ed ebbe un figlio. Probabilmente risal____ a quel periodo l'idea di raggiungere le Indie navig____ verso occidente. Av____ studiato su testi come la *Historia naturalis* di Plinio, l'*Imago Mundis* di D'Ailly e *Il Milione* di Marco Polo, Colombo riten____ che la circonferenza della terra fo____ più piccola di quello che è in realtà e che bast____ percorrere solo 5000 km per arrivare in Giappone.
Salp____ da Palos in Spagna con una flotta di 3 navi, la *Nina*, la *Pinta* e la *Santa Maria*, che gli era____ state conces____ dai reali spagnoli, Ferdinando ed Isabella, il 12 ottobre 1492 sbarcò in un'isola delle Bahamas, da lui nomin____ San Salvador. Dopo avere esplorato per un paio di mesi la zona, tocc____ anche Cuba e Haiti, il 15 Marzo rientrò a Palos, dove ve____ accolto da trionfatore. Cristoforo Colombo organiz____ altre 3 spedizioni ed esplorò le coste dell'America centrale e della Giamaica, ma mor____ (1506) senza a____ mai capito di essere giunto in un nuovo continente.

Ogni verbo completato in modo esatto vale 1 punto. **Totale: ______/20**

6 Marco Polo (parte I)

Scegli nel testo la forma adeguata.

Marco Polo nasce **nel/al/il** 1254 a Venezia da una famiglia nobile di facoltosi mercanti. Più o meno in **quegli/quelli/quell'**anni - non si sa con certezza **tuttavia/se/sia** prima o dopo la sua nascita - il padre Niccolò e lo zio Matteo partono per un viaggio commerciale in Oriente e si spingono fino alla corte del grande Qubilai, il conquistatore e unificatore della Cina, **più/il più/di più** illustre discendente del Gensis Khan. Durante questo **il loro/suo/loro** primo soggiorno (1265) i fratelli Polo ottengono importanti privilegi e probabilmente anche la dignità nobiliare mongola.
Nel 1269, quando il padre e lo zio fanno ritorno a Venezia, Marco ha quindici anni; e poco più **presto/tardi/dopo**, nell'estate del 1271, parte insieme a loro per la Cina, **nel quale/in quale/dove** rimarrà per circa venticinque anni.
Verso il maggio 1275 i Polo giungono alla corte di Qubilai. Qui Marco, dopo aver assolto l'incarico **affidatolo/affidatogli/affidandogli** dall'imperatore di ispezionare le regioni al confine del Tibet e lo Yün-nan, viene elevato alla dignità di "messere", titolo che lo lega direttamente alla figura del sovrano **a cui/di cui/con cui** diviene informatore ed ambasciatore personale presso tutti i popoli dell'impero. Durante tutta la sua permanenza presso la corte mongola, Marco svolgerà attività amministrative, lunghe e delicate ambascerie e incarichi diplomatici di prestigio, compiendo a **tal fine/affinché/finalmente** diversi viaggi.

Ogni forma esatta vale 1 punto. **Totale: ______/10**

7 Marco Polo (parte II)

Il testo è scritto al presente storico. Riscrivilo al passato remoto, usando dove necessario anche altri tempi, come negli esempi. Attenzione: non tutti i verbi cambiano.

Nel 1292 i Polo ***salpano*** (salparono) dal porto di Zaitun ed ***iniziano*** (________________) per mare il viaggio di ritorno in patria che si ***concluderà*** (sarebbe concluso) nel 1295. In quello stesso anno, in una delle tante battaglie navali che a quel tempo avvenivano tra veneziani e genovesi nel Mediterraneo orientale e nei mari italiani, Marco ***cade*** (________________) prigioniero dei genovesi. E fra il 1298 e 1299, proprio nelle carceri di Genova, ***detta*** (________________) al compagno di prigionia, Rustichello da Pisa, il suo resoconto di viaggio *Le Divisament du Monde*. Scritto nella redazione originale in franco-italiano, il libro ***sarà*** (________________) ben presto noto con il titolo di *Il Milione*, dal soprannome di tutta la stirpe dei Polo che proveniva dal nome di un antenato: Emilione.

Ratificata la pace tra veneziani e genovesi, il primo luglio 1299, Marco ***torna*** (________________) libero e ***fa*** (________________) ritorno a Venezia, dove ***sposa*** (________________) Donata, da cui ***ha*** (________________) tre figlie.

Fino alla morte, il viaggiatore veneziano si ***occuperà*** (________________) con lo zio Matteo di affari e commercio, oltre che soprattutto della diffusione del suo libro. ***Sappiamo*** (________________) che nell'agosto del 1307 ***consegna*** (________________) una copia del *Milione* a Thibault de Cepoy, affinché la ***recapiti*** (________________) a Carlo di Valois, fratello del re di Francia Filippo il Bello. Oltre a Carlo di Valois, se ne ***procurano*** (________________) copie l'infante di Portogallo don Pedro e numerosi nobili e principi. Il libro, da subito, ***conosce*** (________________) infatti un notevole successo.

Il 9 gennaio 1324 Marco ***firma*** (________________) il suo testamento il quale, insieme ad altri documenti, ***attesta*** (________________) come le proprietà dei Polo ***fossero*** (________________) in realtà più limitate rispetto alle meravigliose ricchezze che solitamente ***venivano*** (________________) attribuite loro.

Il *"nobilis vir Marchus Paulo Milioni"* - così come l'illustre viaggiatore ***viene*** (________________) chiamato in un documento del 1305 - ***muore*** (________________) a Venezia nel 1324.

Ogni forma esatta vale 1 punto. **Totale: ______/20**

1 Un mito del cinema italiano: Totò

Riordina il testo scrivendo il numero d'ordine vicino ad ogni paragrafo.

13	Nel 1966 Totò riceve il secondo "Nastro d'argento" per l'interpretazione del film *Uccellacci e uccellini* di Pier Paolo Pasolini, e l'anno successivo, il 15 aprile 1967, si spegne, ma non la sua fama. Bisogna dire però che se il successo popolare fu eccezionale ed indiscutibile, la stampa non gli ha mai risparmiato critiche accusandolo spesso di essere solo un buffone e di ripetere sempre le stesse battute.
__	Allora cambia compagnia e presenta un nuovo repertorio. È il successo. La forza artistica di Totò stava principalmente nel forte carisma, cosa che lo differenziava notevolmente dagli altri attori.
__	Si innamora infatti di Franca Baldini a cui resterà legato fino alla morte (dalla loro unione nasce un bambino che purtroppo muore poche ore dopo).
4	Infatti nel tempo libero dal lavoro di imbianchino inizia a recitare in piccoli e vecchi teatri proponendo al pubblico imitazioni e parodie, ma riceve scarso successo.
__	Alla fine della guerra Totò riprende la sua attività teatrale a Napoli, ancora con poco successo, poi, nel 1922, si trasferisce a Roma con la famiglia.
__	Per tutto il periodo che precede e segue immediatamente la seconda guerra mondiale Totò continua a dedicarsi al teatro, ma il grande successo arriva veramente con il cinema.
__	Ma lo lascerà quasi subito, poco prima dello scoppio della prima guerra mondiale, perché non sopporta la gerarchia e la disciplina militare.
__	Nella capitale riesce a farsi assumere in un'importante compagnia comica per poche lire. Ma quando chiede un aumento, lo licenziano.
__	All'educazione di Antonio, bambino, provvede dunque la madre da sola che, fra l'altro, è l'"inventrice" del nome Totò. È lei, infatti, che per chiamarlo più in fretta lo chiama così.
__	Negli anni '50 Totò gira un film dopo l'altro, moltissime commedie ed alcune storie drammatiche impegnate con Pasolini. Anche la sua vita privata ha una svolta.
1	Antonio De Curtis, più conosciuto come Totò, è nato a Napoli nel 1898. Sua madre, Anna Clemente, lo registra all'anagrafe come Antonio Clemente. Poi nel 1921 sposa il marchese Giuseppe De Curtis che dà il suo cognome anche ad Antonio.
__	Un paio d'anni dopo, quando ha solo sedici anni, si arruola volontario nell'esercito.
__	Totò non ama studiare e a quattordici anni lascia gli studi per lavorare come aiutante di un pittore di appartamenti e dedicarsi al teatro.

Ogni frase messa nel giusto ordine vale 1 punto. **Totale: ______/10**

2 Peppone e Don Camillo (parte I)

<u>Sottolinea</u> nel testo i 2 errori grammaticali e scrivi le forme corrette nella tabella.

Don Camillo e Peppone sono due personaggi creati dalla penna di Giovani Guareschi negli anni '50 e simboleggiano l'impatto tra due culture opposte che, proprio negli anni '50, si scontrarono accanitamente proponendo due diversi modelli di vita. Da una parte il tradizionale contesto sociale dell'Italia cattolica e democristiana[1], rappresentata dal parroco Don Camillo, dall'altra il modello comunista, rappresentato dal sindaco Peppone. Ma il confronto politico, che nella vita reale fu aspra e si protrasse per decenni, nei romanzi di Guareschi diventa anche un modo per riflettere, in maniera bonaria, divertita e sarcastica, sui modelli antropologici dell'italiano medio. In fondo Don Camillo e Peppone sono due lati della medesima medaglia: due italiani dal cuore d'oro che dietro l'apparente ostilità non possono fare a meno l'uno dell'altro. Conterranei, si capiscono e si stimano: così, spesso divisi sulle faccende locali, si ritrovano poi uniti contro le avversità esterne.
Dai celebri romanzi di Guareschi furono tratti altrettanti film, frutto di una coproduzione italo francese. Il produttore Peppino Amato ebbe l'intuizione geniale di affidare una materia così italiana, ma al contempo universale, ad un regista e ad un attore francesi. Infatti, accanto a Gino Cervi nel ruolo di Peppone troviamo il comico francese Fernandel nei panni di Don Camillo e alla regia dei primi due episodi fu chiamato Julien Duvivier. Mai tali scelte non furono più azzeccate poiché i due attori trasfigurarono i loro personaggi facendoli talmente propri da oscurare gli archetipi letterari.

1.	2.

Ogni errore corretto in modo esatto vale 5 punti. **Totale: ______/10**

3 Peppone e Don Camillo (parte II)

Completa il testo con le preposizioni semplici e articolate.

Il primo titolo *Don Camillo* è datato 1952 ed è tratto _____ romanzo *Mondo piccolo: Don Camillo* (1948). Il film racconta gli innumerevoli e gustosissimi scontri quotidiani _____ due protagonisti. Campione d'incasso della stagione il film fu il primo _____ una vera e propria serie che continuò fino _____ 1965 con altri cinque film, di cui quattro interpretati _____ stessa coppia: *Il ritorno di Don Camillo* (1953), ancora diretto da Julien Duvivier, vede il parroco coalizzarsi con il sindaco _____ seguito ad un'alluvione che sconvolge l'Italia del nord, *Don Camillo e l'onorevole Peppone* (1955) racconta una campagna elettorale movimentata, *Don Camillo Monsignore... ma non troppo* (1961) vede proseguire i battibecchi. Entrambi gli episodi sono diretti da Carmine Gallone. *Il compagno Don Camillo* (1965), infine, _____ Luigi Comencini, segna l'ultimo capitolo _____ serie interpretato dalla coppia Fernandel-Cervi e vede i due in trasferta _____ Unione Sovietica. Fece poi seguito un sesto film: *Don Camillo e i giovani d'oggi* del 1972, diretto da Mario Camerini e interpretato da Lionel Stander _____ ruolo di Peppone e da Gastone Moschin in quello di Don Camillo.

Ogni preposizione esatta vale 1 punto. **Totale: ______/10**

note

1. democristiana: della Democrazia Cristiana, partito politico d'ispirazione cattolica che rimase al governo in Italia per oltre 40 anni.

4 Il padre di Pinocchio

Completa il testo con i pronomi (indefiniti, interrogativi, relativi) della lista. I pronomi NON sono in ordine.

a cui - alcuni - che - che - che - chi - chi - da cui - quelli che - il cui

non conosce la storia di Pinocchio, il burattino di legno diventa bambino? È il libro più tradotto al mondo dopo la Bibbia. Tuttavia non tutti conoscono la storia hanno letto il libro e sanno l'ha scritto. credono che l'autore di Pinocchio sia lo stesso ha creato Cenerentola. Qualcun altro pensa addirittura che l'abbia inventato Walt Disney. Invece l'autore dobbiamo la storia del famoso burattino-bambino è un italiano vero cognome, Lorenzini, è sconosciuto alla maggioranza degli stessi italiani, lo conoscono con il suo nome d'arte: Carlo Collodi. Lo scrittore nacque a Firenze nel 1826 da una famiglia modesta. Il padre era cuoco e la madre sarta. La madre era originaria di un paesino in provincia di Pistoia, Collodi, appunto, lo scrittore prese l'idea del suo pseudonimo.

Ogni pronome esatto vale 1 punto. **Totale: ______/10**

5 Carlo (Lorenzini) Collodi

Scegli l'espressione corretta.

Alla/In/Nella/A fine del liceo Collodi lasciò gli studi e andò a lavorare nella Libreria Piatti di Firenze. **A/In/Nel/Sotto** quel periodo iniziò a frequentare circoli socialisti ed a collaborare con **diversi/ogni/qualsiasi/qualche** giornali.

Nel 1848 fondò il giornale satirico *Il lampione* che però fu **ancora/già/subito/mai** soppresso. **Dopo/Fra/Prima/Sopra** una breve parentesi nell'esercito, iniziò a occuparsi di narrativa per bambini traducendo le fiabe di Perrault e collaborando ad una collana di romanzi per la scuola elementare. Nel 1856 uscì il suo primo romanzo.

A/Malgrado/Prima/Sotto il suo lavoro e le soddisfazioni letterarie, Carlo Collodi trascorse una vita difficile, sempre fra i debiti **a causa del/grazie al/per/sotto** vizio del gioco. Fu **per/proprio/quando/questo** il bisogno di denaro che lo portò a riprendere in mano *La storia di un burattino*, pubblicato **a/con/da/in** puntate sul *Giornale dei bambini* e a darlo nuovamente in stampa nel 1880 con il titolo *Le avventure di Pinocchio* e il finale felice che tutti conosciamo, **ma/sebbene/siccome/perciò** che non aveva in origine. Carlo Collodi morì a Firenze il 26 ottobre 1890.

Ogni espressione esatta vale 1 punto. **Totale: ______/10**

6 Storia ordinaria di un ricercatore italiano

Completa la lettera coniugando i verbi tra parentesi.

Lettera alla rubrica "Lo psicologo risponde..."

LO PSICOLOGO RISPONDE...

La mia storia? Eccola qui.
Fino ad un paio di anni fa *(lavorare)* ________________ in un'università. Poi, quando *(stancarsi)* ________________ delle pratiche italiane - così burocratiche e poco trasparenti - *(partire)* ________________ per l'Inghilterra dove ho lavorato come ricercatore, *(gestire)* ________________ sia studenti che fondi di ricerca. Qui, dopo due anni, *(avere)* ________________ una studentessa di Bergamo, che - oggi lo so - *(dovere)* ________________ trattare in maniera diversa. Mi sono infatti battuto affinché *(ottenere)* ________________ una borsa di studio e *(lavorare)* ________________ al mio progetto. Le ho trovato altri 3 lavori, fra cui uno di responsabilità nel mio dipartimento.
Risultato: lei *(rivelarsi)* ________________ più opportunista e falsa dei colleghi che *(lasciare)* ________________ in Italia. Non solo mi ha scavalcato in tutti i modi, ma ha fatto sì che in questa università non *(avere)* ________________ più lavoro e *(dovere)* ________________ emigrare nuovamente.
So che *(essere)* ________________ la mia stupidità e generosità a cacciarmi in una situazione davvero orribile, ma che *(potere)* ________________ farci? Ormai è tardi e non *(riuscire)* ________________ a credere che tutto *(potere)* ________________ andare a finire bene.
Ora la domanda è, ma da dove si *(cominciare)* ________________? Devo cambiare io, o cambiare posto fino a che non *(trovare)* ________________ quello giusto? Come *(difendersi)* ________________ dagli squali come quello che *(trovare)* ________________ io? Possono sopravvivere i pesci rossi nella vasca degli squali? Se sì, come? Aiutatemi a capirlo.
Pesce rosso '61

Ogni verbo esatto vale 1 punto. **Totale: ______/20**

7 Giacomo Casanova

Scegli la forma verbale corretta.

Fu/Sarebbe/Fosse il più grande dei seduttori, **brillando/ha brillato/brillante** letterato, instancabile viaggiatore, avventuriero, forse spia al servizio dei dogi[2], massone[3], libertino. **Caratterizzava/Avrebbe caratterizzato/Caratterizzò** un periodo storico e ancor oggi nella lingua italiana Casanova **significa/ha significato/significherebbe** "rubacuori". **Amasse/Amò/Amerebbe** molto le donne, malgrado gli psicologi **sostenendo/sostengano/sostenessero** che in realtà **amerebbe/amasse/amando** solo se stesso. **Fu/È stato/Fu stato** anche prete, militare, violinista. Frequentò le corti di Londra, Parigi, Pietroburgo, Dresda, Madrid. Incontrò Voltaire. **Aveva**

note

2. dogi: il doge era il capo della Repubblica di Venezia.
3. massone: membro della Massoneria, società segreta organizzata in una rigida gerarchia per l'aiuto reciproco dei soci.

inventato/Ebbe inventato/Inventò giochi e lotterie. Occultista[4] di fama **arricchitosi/si arricchì/arricchendosi**, secondo la moda del tempo, grazie a vecchi aristocratici come Manfredo Bragadin e la marchesa d'Urre, **erano convinti/convincevano/convinti** di poter tornare giovani **usavano/usando/usata** la magia. **Era finito/Fu finito/Finì** in prigione per vari reati di pensiero ed anche per truffa, ma dopo 15 mesi **è riuscito/riuscì/riusciva** ad evadere e cambiò nome **comprò/ha comprato/comprando** il titolo di Cavaliere di Seingait.
Nelle sue memorie scrisse: "L'uomo dev'essere un camaleonte capace di **avendo assunto/assumere/aver assunto** tutti i colori che l'ambiente in cui vive **ha richiesto/richiede/richiese**. Dev'esser abile, intrigante, falso, impenetrabile, compiacente, persino ignobile... di tutte queste qualità io ho posseduto solo la compiacenza." **Trascorrendo/Ebbe trascorso/Trascorse** una vecchiaia triste, solo ed **abbandonando/abbandonato/abbandonante** da tutti.
Ma la sua autobiografia **avrà avuto/aveva/avrebbe avuto** enorme fortuna per le preziose indicazioni (anche gastronomiche) sulla seduzione.

Ogni verbo esatto vale 1 punto. **Totale: ______/20**

8 Giulio Andreotti

Trasforma le parti <u>sottolineate</u> del testo da discorso diretto a discorso indiretto, come nell'esempio.

Giulio Andreotti, uno dei più importanti politici italiani del dopoguerra, più volte capo del governo in oltre cinquant'anni di carriera politica, negli anni '90 venne accusato di avere legami con la mafia. Famoso per il suo umorismo, ecco come rispose alla domanda di un giornalista:

Giornalista - Onorevole Andreotti, <u>pensa</u> che lo Stato <u>debba</u> investire negli asili nido, nell'università o nelle carceri?
Andreotti - Eh, vede, <u>io</u> <u>mi sono già laureato</u>, non <u>ho</u> più l'età per fare bambini, ma <u>posso</u> sempre aver bisogno di una bella cella!

Una volta un giornalista chiese a Giulio Andreotti se *<u>pensava</u>* che lo Stato ________________ investire negli asili nido, nell'università o nelle carceri.
Così il celebre politico rispose con una battuta che ____________ ______________________, non ________________ più l'età per fare bambini, ma ________________ sempre aver bisogno di una bella cella!

Ogni cambiamento esatto vale 2 punti. **Totale: ______/10**

note
4. Occultista: esperto di magia.

1 Ortografia italiana

Completa il testo con i verbi all'indicativo presente e passato prossimo, al congiuntivo presente, passato ed imperfetto e al condizionale semplice.

IL DIRETTORE RISPONDE

Gentile Signor Direttore,
sono un insegnante di italiano come lingua straniera e prima di tutto *(volere)* ________________ dirLe che sono molto felice che il suo giornale *(prendere)*________________ l'iniziativa di parlare dello stato della lingua italiana. Come gli articoli del suo giornale *(sottolineare)* ________________ bene, c'è chi *(desiderare)*________________________ che l'ortografia dell'italiano, che pure non mi pare così complessa, *(venire)*________________________ ulteriormente semplificata (cambiare "chi" con "ki" ecc.). Penso che una parziale modifica dell'ortografia italiana non *(essere)*________________ da ritenersi prioritaria. A parer mio la soluzione è un'altra. Da una parte, bisogna apportare all'ortografia quei cambiamenti che *(rendersi)* ________________ necessari quando una determinata grafia *(suggerire)* ________________ l'esistenza d'una pronuncia non più in uso. Per esempio *(essere)* ________________ bene eliminare la "i" in termini come "camicie" o "ciliegie". Gli insegnanti delle elementari *(dovere)* ________________ spiegare ai bambini da dove *(provenire)*________________ alcune parole, così che *(potere)* ________________________ ricordare più facilmente come si *(scrivere)*________________ parole come "scienza" e "conoscenza", tanto per fare un esempio. Infine *(bisognare)* ________________ cominciare a insegnare la fonetica alle elementari attraverso il "metodo fonetico" suggerito dal grande studioso Canepàri, che i bambini *(sembrare)*________________ fra l'altro apprezzare e assimilare rapidissimamente. Questo farebbe sì che i bambini *(imparare)* ________________ un italiano corretto e *(essere)*________________ più coscienti del dialetto che parlano. Alcune scuole elementari *(introdurre)*________________ questo tipo di insegnamento e pare che i bambini ne *(trarre)*________________ notevoli benefici. Se *(noi-imparare)* ________________ l'italiano a scuola, invece che dalla televisione come spesso avviene, la nostra lingua ne trarrebbe profondo giovamento.

Ogni verbo esatto vale 1 punto. **Totale: ______/20**

2 Italiano e dialetti

Completa le due parti del testo con le parole delle liste. Attenzione: in ogni lista ci sono due parole in più.

che - chiunque - come - insomma - moltitudine - piuttosto - più - proprie - qualcuno - quello - questo - tuttavia

__________ sia venuto in Italia avrà sicuramente notato che vi è una grande differenza fra l'italiano di Trento e __________ parlato a Roma. E __________ senza calcolare i dialetti che, in certi posti, sono delle vere e __________ lingue. A Venezia per esempio, se sentite __________, che non vi pare straniero, parlare una lingua oscura, state sicuri che si tratta di veneziani DOC[1] __________, per distinguersi dalla __________ di turisti che ogni giorno arrivano in città, preferiscono comunicare nel loro dialetto __________ che in italiano.

Ma __________ da dove deriva questo italiano ed ancor __________ importante, da dove derivano tutti questi dialetti che sono simbolo della ricchezza di culture che vivono sul nostro territorio nazionale?

causa - certo - che - come - grazie - hanno origine - proposito - quale - se - sebbene - si - sorta

Le ragioni di questa diversificazione __________ nel fatto che, __________ ad un certo punto il latino avesse portato una __________ di unità alle popolazioni che vivevano sulla penisola italica, con il disgregarsi dell'Impero Romano, a __________ delle invasioni barbariche, il territorio si frammentò nuovamente e __________ svilupparono lingue diverse, sia per l'influenza delle lingue barbariche __________ per l'isolamento.

Con l'unità d'Italia, avvenuta nel 1861, il toscano è divenuto lingua nazionale, __________ al prestigio che aveva raggiunto attraverso poeti __________ Dante e Petrarca. Ma l'italiano standard di oggi non è __________ il toscano, dal quale si è allontanato. Ormai tutti gli italiani parlano la lingua nazionale anche __________ con particolarità tipiche della zona di provenienza (variante locale). Nonostante questo in molte zone il dialetto continua ad essere la principale lingua della comunicazione orale.

Ogni parola inserita in modo esatto vale 1 punto. **Totale: ______/20**

note

1. DOC: in questo caso la denominazione vinicola DOC (Denominazione di Origine Controllata), sta a significare "vero", "autentico".

3 Impariamo a scrivere

Inserisci nel testo le espressioni della lista. Le espressioni sono in ordine.

tanto per - ma anche - senza - se - che - anche se - di più - infatti - se - mai

Cosa deve fare chi vuole imparare a scrivere? Lo abbiamo chiesto al famoso scrittore Silvio Avventura, eccovi i suoi preziosi consigli.

Per imparare a scrivere non bisogna essere presuntuosi, ma occorre seguire queste semplici regole: cominciare bisogna leggere molto. Ricordo che un celebre calciatore ha detto che deve la sua bravura non solo all'esercizio fisico, al fatto che ha guardato migliaia di partite. Quindi occorre leggere molto, e leggere testi di grandi autori. Inoltre leggere molto ci darà la possibilità di imparare, accorgercene, i meccanismi della lingua e i trucchi della narrazione. Poi bisogna esercitarsi molto. Ogni occasione è buona (articoli, diari, appunti, ecc...): infatti è vero che per sviluppare l'abilità orale bisogna parlare molto, per sviluppare la scrittura bisogna scrivere molto. A volte può essere utile imparare a familiarizzare con i vari tipi di scrittura. Pertanto ogni volta scrivete qualcosa, si tratta di una semplice e-mail, non dimenticate di rileggerla. Quando vi capita di scrivere qualcosa corposo (un articolo, un racconto), non correggete subito, ma aspettate un po' di tempo: capita che si cominci a scrivere una frase e poi, invece, strada facendo, ne aggiunge un'altra e si cambia costruzione sintattica. Infine non stancatevi di rileggere: serve a correggere questo tipo di errori.

Ogni espressione inserita in modo esatto vale 2 punti. **Totale: ______/20**

4 A lezione di scrittura con Silvio Avventura

Inserisci nel dialogo i pronomi personali (semplici o composti) e i pronomi relativi sulle righe ________ e i verbi sulle righe ....

Gianni - Ciao Mario, ieri sera ______ *(telefonare)* ...., ma non eri a casa.
Mario - Sì, *(iniziare)* .... un corso di scrittura con Silvio Avventura.
Gianni - Ah, lo scrittore di ______ si *(parlare)* .... tanto?
Mario - Proprio ______.
Gianni - Tutte le volte ______ ______ *(vedere)* .... in televisione, sembrava molto antipatico, è davvero cosi?
Mario - No, come insegnante è bravo. Gli studenti ______ *(apprezzare)* .... molto e anche lui sembra ricambiare questo sentimento.
Gianni - Bene. ______ viene con ______? C'è qualcuno ______ conosco anch'______?
Mario - Sì, c'è Carla. Suo fratello *(venire)* .... a scuola con noi, ______ ricordi?
Gianni - Non è quella brunetta molto carina ______ *(dirigere)* .... il giornale della scuola all'ultimo anno del liceo?
Mario - Sì, è lei. Vedo che non l'hai dimenticata, eh?
Gianni - Non mi stupisco che *(fare)* .... un corso di scrittura creativa. Già al liceo scriveva dei begli articoli, mi ricordo che un paio ______ *(pubblicare)* .... anche su "Il Tempo". Mi sembrava che *(diventare)* .... una giornalista o qualcosa di simile. Invece che lavoro fa?

Mario - Quello ______ *(pensare)* ……………………… ______: scrive articoli per un famoso portale Web.
Gianni - E allora perché frequenta un corso a ______ partecipano dei "senza talento" come ______?
Mario - Non hai capito: ______ non frequenta il corso, è l'assistente di Avventura e quando suo fratello ______ ha detto io mi sono iscritto. Magari finalmente mi nota!

Ogni forma esatta vale 1 punto. **Totale: ______/30**

5 Il siciliano

In queste frasi ci sono 4 errori grammaticali. Trovali e correggili.

1. Le radici del siciliano derivano dalla posizione dell'isola in cui è parlato, quasi un ponte fra l'Africa e l'Europa.
2. Qui gli incrociarono le prime emigrazioni di popoli preistorici provenienti sia dalle coste africane che dall'Europa centrale.
3. È comprovato che i primi antichi abitatori con un certo grado di civiltà furono i Sicani, un popolo proveniente probabilmente dalla penisola iberica.
4. In seguito è attestato che vi ci stabilirono i Siculi, popolo proveniente dalla penisola italica (Liguria).
5. I siculi erano un popolo d'origine indoeuropea.
6. Non vanno poi dimenticati gli Elimi, un pacifico popolo di agricoltori/allevatori proveniente dalla Libia.
7. Fin dall'ottavo secolo avanti Cristo la Sicilia fu sottomessa di orde di invasori parlanti gli idiomi più diversi: a partire dai greci per arrivare agli austriaci.
8. Il latino incise moltissimo sulle varianti dialettali siciliane, nonostante il greco si fossi molto diffuso già due secoli prima della conquista romana.
9. Si può pertanto sostenere che, grazie al passaggio dei popoli più svariati, si sia sviluppata in modo autonomo una lingua cosmopolita.
10. In tal senso la Sicilia, spesso considerata solo l'ultima provincia dello stivale, con la sua lingua racchiude in sé il mondo.

1. frase sbagliata: ______________________ → *frase corretta:* ______________________
2. frase sbagliata: ______________________ → *frase corretta:* ______________________
3. frase sbagliata: ______________________ → *frase corretta:* ______________________
4. frase sbagliata: ______________________ → *frase corretta:* ______________________

Ogni errore corretto nel modo giusto vale 2 punti e ½. **Totale: ______/10**

C1 Ma come farebbe Hollywood?

1 L'Italia a Hollywood

Completa il testo con i verbi.

Vi siete mai chiesti cosa ne *(essere)* ____________________ di Hollywood senza gli italiani? *(noi - Intendere)* ____________________ dire gli italiani con tutti i pregi e difetti: gli attori e registi italo-americani come Martin Scorsese, Francis Ford Coppola, Robert De Niro, Al Pacino, gli emigranti, gli italiani delle quattro emme (mafia, mamma, maccheroni, mandolino), ma anche i grandi film ed attori che *(farsi)* ____________________ largo nel cuore di tutti gli americani: *(voi-pensare)* ____________________ a Sofia Loren e Federico Fellini e a tutti gli altri registi italiani che *(vincere)* ____________________ l'Oscar. *(Provare)* ____________________ solo un attimo a pensare al cinema americano privo di tutto questo. Per non *(parlare)* ____________________ dei costumisti e degli scenografi italiani a Hollywood. Quanti film, quante belle e preziose emozioni *(noi-perdersi)* ____________________? Lo *(sapere)* ____________________ bene e ce lo hanno dimostrato magistralmente i fratelli Taviani con il film "Good Morning Babilonia". *(Trattarsi)* ____________________ della storia di due fratelli, Nicola e Andrea Bonanno, entrambi abilissimi restauratori, che emigrano dalla Toscana negli Stati Uniti agli inizi del Novecento. I due, dopo *(affermarsi)* ____________________ all'Esposizione internazionale di San Francisco, si trovano a lavorare per le scenografie del film "Intolerance", il capolavoro del grande David W. Griffith. Sono già diventati scenografi molto richiesti quando la Prima Guerra Mondiale *(interrompere)* ____________________ definitivamente il loro lavoro e le loro vite. In questo film i Taviani *(raccontare)* ____________________ la nascita del cinema americano e *(mettere)* ____________________ in luce due aspetti importanti della storia italiana: da una parte la necessità di emigrare e dall'altra l'accoglienza ricevuta nel Paese di arrivo. I Taviani *(dare)* ____________________ vita ad un'autentica storia italiana, ambientata in America, *(mostrare)* ____________________ la capacità creativa tipica, forse genetica, degli italiani, quella creatività che possiamo ammirare in tante opere *(produrre)* ____________________ da artisti italiani nel corso dei secoli. Sembra invece che il cinema americano non *(potere)* ____________________ o non *(volere)* ____________________ ancora rinunciare a proporre lo stereotipo dell'italiano delle 4 emme, spesso *(chiamare)* ____________________ a recitare questi ruoli proprio attori italiani o italo-americani.

Ogni verbo esatto vale 1 punto. **Totale: ______/20**

2 Il mandolino del capitano Corelli

Scegli la forma corretta.

È un classico esempio dell'immagine stereotipata degli italiani delle 4 emme che Hollywood **comincia/continua/finisce** a presentare e premiare.
Già il titolo è **completo/perfetto/tutto** un programma. Dal momento che Corelli è italiano, **deve/doveva/ha dovuto** per forza suonare il mandolino. **Mai/Mai che/Talvolta** un italiano nel cinema americano suoni il violino (ugualmente maneggevole ma non **tanto/altrettanto/molto** adatto agli stereotipi sugli italiani), eppure i **maggiori/più/tanto** famosi violini del mondo sono stati creati a Cremona da Antonio Stradivari.
Comunque per fortuna Corelli nel film non mangia **per sempre/continuamente/ancora** spaghetti al pomodoro e non canta "O sole mio", **perché/insomma/altrimenti** lo stereotipo **sarà/sia stato/sarebbe stato** perfetto. "Il Mandolino del Capitano Corelli" non è certo un film di denuncia su una delle pagine **nere/grigie/bianche** della nostra storia: è di fatto un "polpettone" melenso **dallo/per lo/sullo** sfondo della Seconda Guerra Mondiale.
Le atmosfere ricordano vagamente il film "Mediterraneo" di Gabriele Salvatores (ma lì l'ufficiale **il più/più/-/** alto in grado restaurava dipinti invece di suonare il mandolino) ma il clima da commedia viene rotto dalla cruda realtà della guerra. **Devono/È dovuto/Si deve** effettivamente ammettere che il quadro fornito dal film americano è **sufficiente/abbastanza/basta** realista, ma **poco/moltissimo/troppo** superficiale. Noi italiani **ci escono/ne usciamo/ci usciamo** come al solito: **incapaci/impossibili/insufficienti** di fare la guerra, melomani, bonaccioni e sprovveduti e naturalmente rubacuori. Il film prende **spunto/via/strada** dalla storia della divisione "Acqui" che nel '41 prende possesso dell'isola di Cefalonia, **considerata/che sia considerata/essendo considerata** strategicamente fondamentale per il controllo del Mediterraneo. **Con/Per/Dopo** l'iniziale difficoltà con la popolazione locale, il clima **instaurantesi/instauratosi/instaurandosi** tra italiani e greci, **a causa/grazie/per** soprattutto alla lontananza del conflitto, diventa idilliaco (naturalmente nel film; quello che è successo davvero a Cefalonia **qualcuno/nessuno/tutti** lo sa con certezza). In questa cornice nasce il sentimento **che/cui/quale** legherà il capitano Corelli e Pelagia. Ma la storia d'amore fra il soldato occupante e la ragazza del Paese occupato **mal/ben/tal** si concilia con la tragedia che seguirà di lì a **poco/molto/troppo**. I conflitti fra i vari personaggi diventano ridicoli **in confronto/invece/secondo** a quello tra l'esercito italiano e quello tedesco che **portò/porterebbe/portava** alla morte più di 4000 soldati italiani. Di tutto il film è **a/da/per** salvare solo una frase: "L'amore è quello che resta del fuoco quando l'innamoramento è consumato. Non sembra **una/-/la** cosa molto eccitante, ma lo è", per chi abbia voglia di meditarci sopra.

Ogni forma esatta vale 1 punto. **Totale: ______/30**

3 Gli oscar italiani più recenti

Completa il testo con le parole della lista. Attenzione: c'è uno spazio in meno.

comune - completamente - con - da - dove - durante - il - lontana - più - tardi

Sono andati a quattro film di quattro registi differenti. Storie diverse, diversa ambientazione, ma con una nota ___________ nel modo di raccontare in cui sentimento ed ironia, comico e patetico si mescolano e inducono lo spettatore a piangere e a ridere ___________ volte nell'arco della durata del film.
In *Nuovo Cinema Paradiso* (1988), di Giuseppe Tornatore, un famoso regista ricorda la storia romantica e avvincente di una sala cinematografica di paese ___________, con l'aiuto del proiezionista, ___________ bambino imparò ad amare il cinema e la vita.
Mediterraneo (1991), di Gabriele Salvatores, racconta la storia di un gruppo di soldati che ___________ la Seconda Guerra Mondiale viene mandato in missione su un'isoletta della Grecia sperduta nel Mediterraneo. Con il passare del tempo e l'assenza del nemico i soldati entreranno in contatto sempre più stretto con gli abitanti e la guerra resterà dall'isola.
Nel 1994 *Il Postino*, di Massimo Troisi, (ma in realtà diretto da Michael Radford) viene premiato con l'Oscar per la musica e infatti una splendida colonna sonora accompagna la storia del giovane pescatore Mario che, ___________ l'arrivo nella sua isola di Pablo Neruda, ha l'occasione di diventare postino. L'incontro con il famoso poeta cileno in esilio cambierà ___________ la vita di Mario che rimarrà per sempre segnata da quell'incontro.
Quattro anni più ___________, nel 1998, vince l'Oscar *La vita è bella* di Roberto Benigni. È la favola amara di un giovane ebreo italiano che protegge il proprio bambino dall'orrore del campo di concentramento, ___________ tutto in un gioco cinematografico fantasmagorico che porta lo spettatore a ridere di rabbia e a piangere con il sorriso sulle labbra.

Ogni parola inserita in modo esatto vale 1 punto. **Totale: ______/10**

4 E l'attore più bravo di Hollywood? Ma Benigni, naturalmente.

Sottolinea nel testo i 4 errori grammaticali e scrivi le forme corrette nella tabella.

Bravo, simpatico, intelligente, alla mano, Benigni è proprio il contrario del divo hollywoodiano. Alla gente che lo incontra per strada risponde sempre con gentilezza. Conserva ancora amicizie sincere nel paesino di cui proviene, Vergaio, in provincia di Prato. È molto legato alla famiglia, infatti è il padre che gli ha ispirato il bellissimo film *La vita è bella*. Molti credono, per via del film, che il padre di Benigni sia ebreo ma non è così, era comunista e per questo è stato detenuto in un campo di concentramento. Nella sua saggezza è riuscito a trasmettere la sua esperienza senza lasciare cicatrici indelebili, proprio come fa nel film Guido con suo figlio. Ma pensare a Benigni come ad un attore comico e basta sia fargli un torto. Non solo è regista della maggior parte di suoi film, ma ha recitato anche per grandissimi registi come Federico Fellini. È inoltre un uomo di grande cultura, che conosce e recita la Divina Commedia con un stile proprio ed indimenticabile.

1.	2.	3.	4.

Ogni errore corretto in modo esatto vale 2 punti e ½. **Totale: ______/10**

5 Gli "Spaghetti Western"

Inserisci nel testo i connettori della lista. I connettori NON sono in ordine.

ma - mentre - malgrado - neppure - per quanto

Se i film americani girati nelle città italiane non si contano, i film italiani che hanno come ambientazione il mondo dei *cowboys* sono pochissimi.
Come dire che l'erba del vicino è sempre più verde e il cinema offre la possibilità di coglierla. Ma gli italiani, specialmente in passato, non erano ricchi come gli americani, perciò, gli attori di Hollywood venivano a Roma a girare *Vacanze romane* e si recavano a Capri, Siena, Firenze, Venezia, Palermo per altri indimenticabili film, i registi italiani ricreavano il far west sulle spiagge di Tirrenia, vicino a Pisa. Qui vennero girati quasi tutti i cosiddetti *Spaghetti western*, che crearono un vero e proprio genere cinematografico che si compose di oltre 100 opere in meno di dieci anni, tra la fine degli anni 60 e i primi anni 70. Caposcuola del genere fu Sergio Leone, che realizzò film *western* diventati di culto anche negli Stati Uniti lui fosse completamente italiano. I suoi film lanciarono anche attori divenuti poi delle vere e proprie Star di Hollywood, primo fra tutti Clint Eastwood, anche Klaus Kinski, Rod Stiger, Lee Van Cleef e Charles Bronson. E sia difficile immaginare l'Arizona o il Messico in Toscana, sullo schermo l'illusione è perfetta.

Ogni connettore inserito in modo esatto vale 2 punti. **Totale: ______/10**

6 L'antica Roma hollywoodiana

Riordina il dialogo fra marito e moglie.

1. - Non mi dire che hai noleggiato *Ben Hur*! L'avrai visto 10 volte!

__ - Ma che c'entra la tecnologia... Pensi che il cinema neorealista ricostruisse le immagini con il computer?

__ - Ma come fai a rivedere 10 volte lo stesso film? E poi che film!

__ - Che vorresti dire? Che cos'hai contro i film storici?

10. -E allora? Vorresti dar fuoco di nuovo al Colosseo[1] per fare un bel film realistico?

__ - E perché non lo sarebbero? Forse dimentichi che sono film girati negli anni 60, senza il computer.

__ - Contro i film storici niente. Infatti quelli girati a Hollywood non lo sono.

__ - Spiritoso! Non vale la pena parlare di cinema con te.

__ - Ma si vede lontano un chilometro che è una città finta!

__ - Oh, brava, adesso stai zitta e lasciami guardare in pace il mio filmone hollywoodiano.

__ - Sì, ma ieri in TV davano *Il gladiatore* e dopo averlo visto mi è venuta voglia di riguardarli tutti: *Ben Hur*, *Nerone*, *Cleopatra*...

__ - No, e infatti si vede. Sono film così grigi, piatti, noiosi, senza una scenografia, privi di colori, vuoi mettere con la Roma del film *Nerone*.

Ogni frase inserita al posto giusto vale 1 punto. **Totale: ______/10**

note

1. Secondo alcune fonti fu Nerone ad incendiare Roma, secondo altre l'incendio avvenuto durante il governo di Nerone fu accidentale.

7 Scene italoamericane

Completa l'introduzione all'intervista con parole di due lettere.

Martin Scorsese, Quentin Tarantino, Francis Ford Coppola, Robert De Niro, Al Pacino e, prima ____ loro, ____ padre dell'*american way of life* cinematografico, Frank Capra. Cosa hanno questi mostri di Hollywood in comune? Semplice: l'italianità.
____ parliamo con ____ professoressa Anna Camaiti Hostert, curatrice di un'inedita raccolta ____ saggi sul cinema dei più famosi registi italoamericani: "Scene italoamericane. Rappresentazioni cinematografiche degli italiani d'America".

Ogni parola esatta vale 1 punto. **Totale: ______/5**

Intervista a Anna Camaiti Hostert

Inserisci le domande dell'intervista prima delle risposte corrispondenti.

___ - Io sono italiana e quando sono arrivata negli Stati Uniti mi sono trovata nell'impossibilità di comunicare con una lingua e una cultura che non erano le mie. Nella società americana ci sono state delle grandi discriminazioni verso gli italiani: venivano chiamati con appellativi dispregiativi che sottolineassero la loro condizione di lavoratori a giornata. Questi stereotipi e quei nomignoli rappresentano appunto il bagaglio di questa discriminazione ed è da questo dato che siamo partiti.

___ - Si, alcuni registi come Scorsese o Coppola hanno cominciato a parlare delle loro appartenenze etniche perché questo significava un far parte della società americana a pieno titolo, non a caso proprio durante il periodo delle lotte per i diritti civili.

___ - Le lotte fatte da alcune minoranze, tra cui quella nera, hanno reso questi autori coscienti dell'importanza di parlare del loro background. Esempio ne sono le due serate che Scorsese ha intitolato "Il mio viaggio in Italia", dove racconta come il cinema italiano abbia avuto una grande influenza non solo sulla sua biografia e sul suo cinema ma, in generale, su tutto il cinema americano.

___ - Purtroppo sì. Certo, oggi non è più come un tempo! Adesso tutto quello che è italiano è molto "glamorous", molto "fashionable", molto "in". Però molti vecchi luoghi comuni ancora resistono.

___ - Esatto: l'ironia è l'arma vincente!

DOMANDE

1. **Lo stereotipo italiano vende anche oggi?**
2. **Quello delle discriminazioni non era quindi un problema solo degli immigrati italiani.**
3. **Perché questo libro?**
4. **Comunque c'è già chi, come De Niro in "Terapia & Pallottole", ci ha riso sopra...**
5. **Quindi, il cinema è stato usato un po' come un'arma di riscatto dai registi italo-americani?**

Ogni domanda inserita in modo esatto vale 1 punto. **Totale: ______/5**

Ci Scrittori

1 Scrivere un romanzo

Completa il testo inserendo le congiunzioni della lista. Le congiunzioni NON sono in ordine.

anche se - anziché - e - ma anche - né - o - per quanto - qualora - quindi - se

Se sognate di scrivere un romanzo, sappiate che non basta avere talento aver trovato una buona idea, occorrono anche pazienza e tecnica.
Gli esperti ritengono che tutti i romanzi del mondo si basino su una trentina di trame diverse, per scrivere una storia originale bisogna concentrarsi non tanto sulla trama quanto sui personaggi, l'ambientazione e la narrazione.
Per esempio, scegliete un narratore interno, la stessa storia apparirà del tutto differente la racconti una voce esterna. Lo stesso discorso vale naturalmente per la forma.
Inoltre, un personaggio possa apparire indefinito ed anonimo nel romanzo, lo scrittore deve conoscerlo profondamente sapere ogni cosa di lui, a prescindere dal fatto che se ne voglia informare il lettore meno. Infatti, molti dettagli restano fuori dalla storia, bisogna pensare al protagonista e porsi mille domande su di lui, limitarsi a delinearlo nelle sue caratteristiche principali.
Questo modo di procedere è opportuno non solo per creare dei personaggi, per buttar giù una storia coerente e convincente.

Ogni congiunzione inserita al posto giusto vale 1 punto. **Totale: ______/10**

2 Lezioni di scrittura

Ricostruisci le due parti del testo con le espressioni delle liste.

_________ _________ insegnare _________ scrivere? Questa _________ una _________ _________.	**a - bella - domanda - è - può - si**
Una _________ _________ _________ _________ _________ Raymond Carver _________ _________ _________ _________ _________, un'altra _________ _________ _________ _________ Giulio Mozzi "Lezioni di scrittura".	**con un - corso di - creativa - darla - il fatto che - iniziò - libro di - lo scrittore - nel bel - può - risposta - scrittura - si - trova**

Ogni domanda inserita in modo esatto vale 1 punto. **Totale: ______/5**

3 Italo Calvino

Riordina il testo scrivendo il numero d'ordine vicino ad ogni paragrafo.

1. Italo Calvino nasce il 15 ottobre 1923 a L'Avana,

__ Dopo due anni la famiglia Calvino rientra in Italia e più precisamente nella piccola città d'origine, San Remo, ma la loro non sarà mai una vita di provincia.

__ che, prima di stabilirsi a Cuba, aveva trascorso una ventina d'anni in Messico alla direzione di un centro sperimentale di agricoltura.

__ Infatti la cittadina della Liguria negli anni venti ospitava ancora inglesi, nobili russi e tanta altra gente eccentrica e cosmopolita.

__ Contemporaneamente al suo lavoro da Einaudi fin dal 1946, ancora studente, aveva cominciato a pubblicare su varie riviste i suoi racconti.

__ Quindi alla notizia delle dimissioni di Mussolini nel luglio 1943 festeggia con i compagni, si avvicina all'ambiente comunista ed inizia a combattere come partigiano.

__ Il piccolo Italo frequenta le scuole private, ma quando negli anni 30 l'iscrizione alle associazioni fasciste diventa obbligatoria per tutti, diventa Balilla[1].

__ Alla fine della guerra invece di riprendere gli studi d'Agraria, si iscrive alla facoltà di Lettere e comincia a lavorare per la casa editrice Einaudi, prima come venditore di libri a rate, poi come responsabile dell'ufficio stampa e quindi come redattore stabile, fino a diventarne dirigente.

__ dove la famiglia si trovava a causa del lavoro del padre agronomo,

__ Tuttavia la sua estraneità ed avversione agli ambienti fascisti, ereditata dai genitori, entrambi socialisti, non potrebbe restare più profonda nel corso di tutta la sua vita.

__ e alla fine di quello stesso anno aveva già terminato il suo primo romanzo *Il sentiero dei nidi di ragno*.

12. Il primo successo di una lunga e felice carriera che terminerà solo con la sua morte, avvenuta il 19 settembre 1985.

Ogni frase messa nel giusto ordine vale 1 punto. **Totale: ______/10**

note

1. Balilla: sono i bambini dell'associazione fascista, addestrati e vestiti come piccoli soldati.

4 Italo Calvino: sinonimo di successo

Completa il testo con le parole della lista. Attenzione: c'è uno spazio in più.

attività - collana - il cui - immagine - libreria - opere - parte - più - quanto - si

Sebbene negli ultimi anni il numero degli autori italiani tradotti in ______________ lingue sia cresciuto in maniera considerevole ed oggi ______________ non sia difficile trovare all'estero, sugli scaffali di una ______________, non solo Umberto Eco e il premio Nobel Dario Fo, ma anche scrittori più giovani come Baricco o la Tamaro, la trilogia di Italo Calvino resta comunque tra le ______________ italiane più tradotte e vendute. Ma *Il visconte dimezzato*, *Il barone rampante* e *Il cavaliere inesistente* rappresentano solo una minima ______________ della produzione letteraria di Calvino, tanto vasta ______________ variegata. Durante la sua quarantennale ______________ di scrittore e traduttore Italo Calvino dà vita ad un progetto ambizioso come quello delle fiabe italiane, ______________ successo consolida l'______________ di un Calvino favolista e contemporaneamente pubblica una ricca serie di saggi impegnativi di teoria della letteratura. A lui ______________ deve *Marcovaldo*, pubblicato in una ______________ di libri per ragazzi, ma anche il libretto dell'opera lirica *La vera storia*, composta da Berio.

Ogni parola inserita in modo esatto vale 1 punto. **Totale: ______/10**

5 Achille piè veloce

Questa è una descrizione "modificata" di "Achille piè veloce", un libro di Stefano Benni. Riscrivila usando i nomi originali dei personaggi come descritto sotto al testo e cambiando 15 parole oltre ai nomi dei personaggi.

Venere è una giovane scrittrice in crisi creativa (un tempo ha scritto un libro ma si è fermata lì), lavora in una casa editrice sull'orlo del collasso ed è innamorata di Josè, un bellissimo immigrato senza permesso di soggiorno, il quale non rinuncia alla sua inveterata poligamia. Un giorno le arriva via e-mail un messaggio: "Se Lei riuscisse a concepire nella Sua testa una qualsiasi definizione di normalità in nessun modo io rientrerei nella Sua definizione". Venere si reca all'appuntamento con Penelope ("Lei ha un nome omerico come me", diceva il messaggio), che è malata e che le apre un mondo inatteso di assurdità, vitalità e dolore. L'alleanza fra le due donne, Venere e Penelope, è una risorsa nuova, inaspettata. A vantaggio di chi? Di cosa? Che prezzo deve pagare il bel Josè per la sua libertà? E Venere per la sua dignità? E soprattutto Penelope per la sua vita? Gli eventi scivolano rapinosi verso una chiusa inattesa, fra commozione, rabbia e ilarità.

Venere (f) diventa Ulisse (m) - Penelope (f) diventa Achille (m) - Josè (m) diventa Pilar (f)

Ulisse è...

Ogni modifica esatta vale 1 punto. **Totale: ______/15**

6 L'ermetismo (parte I)

Completa il testo coniugando e mettendo al posto giusto i verbi della lista.

accettare - accompagnare - afferrare - appartenere - esserci - essere - essere - essere - essere - essere - essere - fare - provare - rifiutare - trarre

Il movimento letterario dell'Ermetismo si esplica principalmente nella poesia che si diffuse in Italia a partire dagli anni della prima guerra mondiale e che ________________ le sue origini da alcuni poeti decadenti francesi, Mallarmé in particolare, ma anche Valéry e Rimbaud. Si pensa che la caratteristica di questa poesia ________________ la sua oscurità, ma ciò non è esatto: l'oscurità ________________, ma è la conseguenza delle sue premesse, non è la premessa stessa. La caratteristica assoluta ________________ invece l'essenzialità: per ottenere questo risultato il poeta ________________ tutte le forme tradizionali del linguaggio, soprattutto quelle forme poetiche consacrate alla tradizione; a questo rifiuto il poeta ________________ anche quello dei sentimenti ormai convenzionali della poesia e ________________ di esprimere solo quei sentimenti intimi e gelosi che ________________ esclusivamente al suo mondo interiore.
Se così non ________________, il poeta ermetico non ________________ in grado di raggiungere il suo grande proposito: comunicare agli altri i propri sentimenti profondi e ________________ in modo che gli altri li ________________ con la stessa immediatezza con cui egli li ________________.
Pertanto questa poesia, malgrado ________________ così scarna, ________________ comunque sofferta, spesso dolorosa, sempre evocatrice e comunicativa.

Ogni verbo esatto vale 1 punto. **Totale: ______/15**

7 L'ermetismo (parte II)

Inserisci negli spazi _____ parole di due lettere (possono essere preposizioni, congiunzioni, articoli, verbi) e negli spazi ...... parole di tre lettere (possono essere pronomi, preposizioni, avverbi, congiunzioni)

Dote necessaria è dunque _____ sincerità dell'ispirazione, ... impegna il poeta ...... compito difficile di riuscire a trasmettere le vibrazioni più riposte dell'animo, i turbamenti passeggeri _____ profondi, il mistero dell'inconscio, e tutto ciò _____ detto trovando quelle poche parole, talora quell'unica parola che riesca a trasmettere da sola tutta la gamma di sensazioni provate. Le parole della poesia ermetica valgono anche ...... il loro valore fonetico, alla ricerca di _____'armonia che nell'animo umano legge sensazioni diverse e pensieri inaspettati. _____ questa poetica viene esaltata l'analogia: non è infatti la ragione che lega le parole, _____ è con la sensibilità, l'istinto ...... si trova una chiave interpretativa. La poetica ermetica è stata accusata di egocentrismo, di esaltare i problemi individuali, e di trascurare i problemi reali dell'esistenza, di essere estranea alla vita ...... proprio tempo, _____ non è una accusa ben fondata _____ si guarda bene. Certo, essa può sorvolare sugli avvenimenti della cronaca quotidiana, ma ...... ignora i problemi più vasti e universali. La poesia di Ungaretti nasce ...... contatto con la tragedia immensa della guerra, e dalla guerra trae la sua dolorosa riscoperta della vita. Né si può dimenticare che tutta la poesia di Quasimodo trae ispirazione ...... Sud, dalla propria terra siciliana, aspra e ingrata, evocata col cuore dell'emigrato, gonfio di malinconia e lacerato dalla nostalgia. _____ questi due esempi si può dire che cade l'accusa di individualismo _____ fronte alla sensibilità _____ essi dimostrata ...... confronti di problemi che purtroppo hanno riguardato intere comunità.

Ogni parola inserita in modo esatto vale 1 punto. **Totale: ______/20**

Test 6 Scrittori

Livello C2

- 1. Storie di vacanze
- 2. Gli Etruschi
- 3. Storia d'Italia
- 4. Il morso della Taranta
- 5. Cittadini stranieri in Italia
- 6. Lavoro ed economia

C2 Storie di vacanze

1 Ai Caraibi

Completa il testo con i verbi all'indicativo presente, passato prossimo, imperfetto e trapassato prossimo, all'imperativo, al condizionale semplice e composto, al gerundio semplice, all'infinito presente e passato e al participio passato.

Anche quest'anno, come al solito, Giacomo ed io abbiamo cominciato a pensare alle vacanze estive durante le feste natalizie *(mangiare)* _______________ il panettone.
Era il giorno di Santo Stefano e fuori *(fare)* _______________ freddo, freddissimo, tutti noi *(sognare)* _______________ di trovarci su un'isola tropicale; tutti escluso Giacomo che invece *(sentire)* _______________ parlare di un trekking in Islanda.
Per parteciparvi *(noi-dovere)* _______________ confermare la prenotazione entro gennaio. Figuriamoci! Con tutti i posti che non ho ancora visitato, l'Islanda non mi *(interessare)* _______________ proprio, senza *(contare)* _______________ che io ho sempre freddo!
Tutti e due avevamo voglia di andare all'estero, ma io preferivo un posto esotico, di mare. Inoltre avevo letto che l'Alitalia per l'estate *(fare)* _______________ sconti eccezionali, così alla fine, dopo *(discutere)* _______________ per ore, *(decidere)* _______________ di andare ai Caraibi.
Giacomo, appena *(finire)* _______________ le feste, si è fermato all'agenzia di viaggi vicino casa. Quando è tornato era nervosissimo e, *(gettare)* _______________ i depliant sul tavolo, mi ha urlato: "La prossima volta non mi *(chiedere)* _______________ di andare in agenzia, *(andarci)* _______________ tu!"
E ha continuato, *(imitare)* _______________ la voce e i modi dell'agente di viaggi: "Veramente la cosa migliore *(essere)* _______________ fare un giro di tutte le isole, ma in questo caso voi *(dovere)* _______________ avere più di quindici giorni. Al vostro posto *(scegliere)* _______________ un tour organizzato, non *(fidarsi)* _______________ delle offerte last minute e bla, bla, bla..."
Io non ho detto nulla e siamo rimasti così in silenzio per 10 minuti, finché poi *(mettersi)* _______________ a ridere tutti e due.

Ogni verbo esatto vale 1 punto. **Totale: ______/20**

2 Sulle tracce della Dea Madre

Trasforma il dialogo in un discorso indiretto modificando le parti sottolineate, se necessario, come negli esempi.

Giacomo racconta:

Quando sono tornato al lavoro, tutti si aspettavano di vedermi abbronzato e pieno di ricordi esotici, così ho dovuto spiegare: "Non **siamo andati** ai Caraibi, [1]abbiamo deciso per una vacanza nostrana."
"E perché?" ha chiesto la mia collega più giovane, quella che domanda sempre tutto come una bambina curiosa.
"[2]Abbiamo deciso di rimanere in Italia e cercare l'esotismo proprio qui" ho iniziato a spiegare.
"E [3]l'avete trovato?" ha riso ironico il mio capo.
"Sì, a mia moglie [4]è venuto in mente di partire sulle tracce della Dea Madre."
"E chi [5]sarebbe questa Dea Madre?" hanno chiesto i colleghi che si dividevano tra gli increduli e gli ironici.
"[6]Abbiamo fatto una bellissima vacanza in Sardegna e [7]abbiamo visitato, oltre le spiagge, tutti i siti archeologici del Neolitico. In Sardegna, come in molti altri luoghi del Mediterraneo, nel Neolitico [8]viveva una popolazione agricola che [9]venerava il culto della Dea Madre.
Uno di loro ha detto: "Ma come [10]ti [11]è saltato in mente di [12]imbarcarti in una simile stupidaggine?"
"Non [13]è una stupidaggine." ho risposto "[14]È stato molto interessante scoprire che a pochi passi da casa nostra [15]ha vissuto una civiltà cosi importante. Questo [16]è un viaggio che [17]vi [18]consiglio, fisicamente un po' faticoso, ma davvero unico."
Vedendo le espressioni ironiche dei miei colleghi, ho giurato a me stesso "Marina, la prossima vacanza non mi [19]freghi! [20]Ti porto ai Carabi e basta!"

Quando sono tornato al lavoro, tutti si aspettavano di vedermi abbronzato e pieno di ricordi esotici, così ho dovuto spiegare che non **eravamo andati** ai Caraibi e che [1]__________________ per una vacanza nostrana. La mia collega più giovane, quella che domanda sempre tutto come una bambina curiosa, ha chiesto **il perché**.
Io ho iniziato a spiegare che mia moglie ed io [2]__________________ di rimanere in Italia e cercare l'esotismo proprio qui. Il mio capo mi ha chiesto ironico se [3]__________________. Io ho risposto di sì perché a mia moglie [4]__________________ in mente di partire sulle tracce della Dea Madre.
I colleghi, divisi tra ironici ed increduli hanno chiesto chi [5]__________________ questa Dea Madre.
Ed allora io ho raccontato che [6]__________________ una bellissima vacanza in Sardegna e che [7]__________________, oltre le spiagge, tutti i siti archeologici del Neolitico. Ho aggiunto che in Sardegna, come in molti altri luoghi del Mediterraneo, nel Neolitico [8]__________________ una popolazione agricola che [9]__________________ il culto della Dea Madre.
A quel punto uno dei miei colleghi ha chiesto come [10]__________________ [11]__________________ in mente di [12]__________________ in una simile stupidaggine.
Io gli ho risposto che non [13]__________________ una stupidaggine e che [14]__________________ molto interessante scoprire che a pochi passi da casa nostra [15]__________________ una civiltà cosi importante. Gli ho detto che quello [16]__________________ un viaggio che [17]__________________ [18]__________________, fisicamente un po' faticoso, ma davvero unico.
Ma vedendo le loro espressioni ironiche ho giurato a me stesso che Marina la prossima vacanza non mi [19]__________________! [20]__________________ ai Carabi e basta!

Ogni modifica esatta vale 1 punto. **Totale: ______/20**

Test 1 Storie di vacanze

3 Porto Torres

Inserisci nel testo 10 preposizioni dove servono.

Situata all'interno del Golfo dell'Asinara, Porto Torres è sede uno dei porti principali Sardegna, il più importante il traffico di passeggeri provenienti tutta l'Italia e nord dell'Europa. La città ha un'origine antichissima: Turris Libisonis (questo il suo antico nome) è stata fondata infatti 45 a. C. circa ed è stata l'unica colonia romana in Sardegna. A Turris Libisonis nell'anno 303 subirono il martirio il presbitero Proto, il diacono Gianuario e il soldato Gavino: quale è dedicata la festa patronale, che ogni anno a Maggio attira in città migliaia di visitatori. San Gavino è anche dedicata l'omonima maestosa basilica. Si tratta più importante monumento romanico della Sardegna nonché di uno più grandi d'Italia.Testimonianze dell'epoca romana sono il Ponte Romano e le rovine di tre grandi terme. La zona che li contiene rappresenta un rilevante parco archeologico e vi ha sede anche un Antiquarium dove sono conservati i reperti più importanti.

Ogni preposizione inserita in modo esatto vale 2 punti. **Totale: ______/20**

4 Vacanze: chiusi in casa come talpe

Completa il testo con le parole della lista. Attenzione: ci sono 5 parole e uno spazio in più.

ancora - coloro - consumatori - così - cosiddetti - incetta - necessità - pari - presunto - problema - pur - quanti - secondo - sebbene - tutti

Non ___________ vanno in vacanza! ___________ la Doxa[1] il 19% della popolazione italiana (___________ a circa 11 milioni di individui) ha deciso, per scelta o per ___________, di non partire. L'associazione di psicologi volontari di "*Help me*" ha studiato il fenomeno di coloro che, ___________ non andando in ferie, fingono di esserci stati. Da uno studio risulta che il numero dei ___________ "vacanzieri talpa" arriva al 5-6% fra ___________ che non sono stati in vacanza. Grandi ___________ di tv, ___________ i vacanzieri talpa si distinguono per queste caratteristiche: fanno ___________ di cibo, soprattutto surgelati e scatolame (78%), comprano passatempi per i bambini (75%), ricercano informazioni sul ___________ posto di villeggiatura (67%) senza dimenticare dettagli sui negozi, locali e ristoranti.

Ogni parola inserita in modo esatto vale 1 punto. **Totale: ______/10**

note

1. Doxa: istituto di indagini statistiche.

5 Come una valigia

Completa il testo inserendo 15 articoli e modificando, se necessario, le preposizioni da semplici ad articolate, come negli esempi.

Tommaso P., di 6 anni, è stato dimenticato alla stazione da***i*** genitori come una valigia vecchia. Quando ***il*** treno per Parigi è stato fermato a***lla*** frontiera e polizia doganale è salita per controllare documenti, i genitori distratti si sono accorti che bambino non c'era. Si è pensato subito ad rapimento, ma poi genitori si sono ricordati che probabilmente lo avevano lasciato a stazione di Milano. Mentre due adulti facevano i biglietti, Tommasino avrebbe dovuto essere tenuto d'occhio da sorellina maggiore, Virginia. La bambina, poco più grande di fratellino pare essersi distratta ed averlo perso; poi salendo su treno, per paura che i genitori la punissero, non ha detto niente. Tommasino è stato ritrovato dopo poco a stazione di Milano, ma non credendo che di genitori possano perdere il proprio bambino tanto facilmente, magistratura ha deciso di aprire inchiesta per fare piena luce su fatto.

Ogni articolo inserito in modo esatto vale 2 punti. **Totale: ______/30**

C2 Gli Etruschi

1 Breve storia degli Etruschi

Completa il testo coniugando i verbi all'indicativo presente, imperfetto, passato remoto e al congiuntivo imperfetto.

Le origini degli Etruschi sono dibattute e controverse. Lo storico greco Erodoto - che li *(chiamare)* _______________ Tirreni - *(sostenere)* _______________ la tesi della provenienza via mare dalla Lidia, regione dell'Asia Minore. Altri storici antichi pensavano invece che *(avere)* _______________ origini autoctone: *(reputare)* _______________ infatti che gli Etruschi *(essere)* _______________ una popolazione di stirpe italica, che *(risiedere)* _______________ nella penisola già dal Neolitico.

La tesi che invece oggigiorno *(venire)* _______________ considerata corretta dalla storiografia moderna è quella di gruppi che *(provenire)* _______________ dal Mediterraneo orientale, portatori di una civiltà tecnicamente e culturalmente evoluta.

Questi gruppi *(insediarsi)* _______________ sul substrato della popolazione italica residente e la loro fusione *(dare)* _______________ vita ad una nuova civiltà con caratteri distintivi.

Gli Etruschi *(rappresentare)* _______________, a partire dall'VIII secolo a.C., l'unica civiltà presente sulla penisola italica, con sufficiente energia per intraprendere una politica espansionista. Sebbene gli Etruschi non *(essere)* _______________ una civiltà amante della guerra, la necessità economica li *(spingere)* _______________ a cercare di aumentare il proprio territorio.

Tra il VII ed il VI secolo la crescita dell'influenza etrusca *(raggiungere)* _______________, oltre alla Toscana e l'Umbria, a sud il Lazio e la Campania fino a Capua, a nord la pianura padana con la costiera adriatica. Gli Etruschi *(arrivare)* _______________ verso la metà del VI secolo ad occupare anche le coste della Corsica e *(diventare)* _______________ i padroni del mar Tirreno.

In questa fase di espansione territoriale, gli Etruschi *(entrare)* _______________ in contatto con i Cartaginesi, con i quali *(stringere)* _______________ patti di alleanza ed i Greci delle colonie dell'Italia meridionale, i loro peggiori nemici. I Celti, che *(abitare)* _______________ le pianure del Nord Italia, non *(rappresentare)* _______________ mai un grande pericolo.

Ogni verbo esatto vale 1 punto. **Totale: ______/20**

2 Il declino degli Etruschi

Completa il testo inserendo 15 preposizioni e modificando, se necessario, gli articoli in modo da formare preposizioni articolate, come nell'esempio.

Gli Etruschi erano riusciti ad imporsi ***al***le giovani colonie greche del meridione contrastandone l'espansione. Ben presto però le colonie greche dettero il via una crescita culturale e politica travolgente. Inoltre ai confini tra Etruria e Lazio sorgeva per gli Etruschi un nuovo pericolo: Roma. La città Roma infatti, un tempo dominata e governata una dinastia etrusca, diveniva sempre più aggressiva. Sul mare i romani, dopo aver battuto i Cartaginesi, inflissero gli Etruschi a Cuma il 474 a. C. una sconfitta decisiva. Anche la terraferma la situazione andò peggiorando. In meno un secolo l'Etruria campana fu conquistata dai Sabini, mentre quella padana venne invasa popolazioni celtiche provenienti da Oltralpe. Dalla metà il IV secolo la potenza commerciale e militare gli Etruschi si era ridotta poche città-stato e anche queste furono coinvolte, durante il III secolo a.C., una lotta contro la potenza romana che le avrebbe portate presto verso la loro fine. Le città-stato non riuscirono infatti coordinare una resistenza e furono sconfitte una ad una.
Con la perdita l'indipendenza si concludeva così il ciclo un popolo che pure avrebbe lasciato una meravigliosa eredità culturale alle terre che aveva abitato.

Ogni preposizione inserita in modo esatto vale 1 punto. **Totale: ______/15**

3 La cultura etrusca

Inserisci nel testo le parole della lista e 6 volte la parola "che". Poi rispondi alla domanda sotto al testo.

appare - concordi - divinità - latine - oggi - rarissimi - riferivano - serie - veniva - vi

La maggior parte delle informazioni ______________ abbiamo ______________ sugli etruschi derivano da fonti ______________. Gli autori latini erano ______________ nel definire gli etruschi un popolo molto religioso esperto nell'arte divinatoria, ebbero infatti un'articolata letteratura religiosa, oggi quasi completamente perduta. Esisteva una ______________ di rigide regole ______________ stabilivano il rapporto tra gli dèi e gli uomini. Possiamo farcene un'idea leggendo alcune memorie di storici latini ______________ si ______________ a traduzioni ______________ a noi non sono mai giunte oppure tramite ______________ documenti etruschi come la "mummia di Zagabria" o il "fegato di Piacenza". Sappiamo inoltre ______________ la religione etrusca ______________ rivelata attraverso le profezie di esseri superiori come il fanciullo Tagete e la ninfa Vegoe o Vegonia. Nel periodo piu antico della civiltà etrusca, la divinità ______________ sempre in modo molto impreciso. Si pensa che in principio ______________ fosse un'unica entità divina ______________ si manifestava in molteplici modi, assumendo connotati diversi. Tra l'VIII e il VI secolo a. C. si assiste al mutamento della religione etrusca. Dalla Grecia vennero importate in Etruria nuove ______________; quelle indigene assunsero figura umana e col tempo ereditarono le caratteristiche e le mansioni degli dèi dell'Olimpo classico.

• **Qual è la parola che precede l'unico *"che"* non pronome relativo che hai inserito?**	

Ogni parola inserita in modo esatto vale 1 punto. **Totale: ______/16**
La risposta esatta alla domanda vale 4 punti. **Totale: ______/4**

Test 2 Gli Etruschi

4 Il vino degli Etruschi

Rimetti in ordine le parti mancanti del testo. Attenzione: in ogni lista di parole c'è una parola in più.

Sull'inizio della coltivazione della vite in Italia **1.** _____ ____. ____.	**corso - degli - discusso - è - il - molto - nel - anni - si**
La tradizione vuole che siano stati gli etruschi i primi viticoltori. Oggi, con le recenti scoperte storiche e archeologiche, tale tradizione viene messa in dubbio. Questa **2.** ________________________________ ________________________________ del popolo etrusco, popolo la cui provenienza, data di arrivo e lingua sono piuttosto controversi.	**basava - dell' - ipotesi - l' - origine - si - sull' - teoria - orientale**
Il **3.** ________________________________ ________________________ indoeuropeo ma probabilmente a linguaggi pre-greci dell'Asia minore, fa supporre che anche la loro provenienza sia orientale.	**al - il - appartenga - che - fatto - gruppo - la - lingua - loro - non**
In realtà l'ipotesi più accreditata **4.**________________ ________________________________ loro vicini greci. Nella tecnica enologica il vino etrusco non doveva differire molto dagli altri vini prodotti in quell'epoca e in particolare era influenzato dalla produzione greca. Il vino etrusco era molto esportato.	**appreso - arte - avessero - che - dai - del - è - etruschi - gli - l' - se - vino**
La produzione enologica etrusca era molto importante per i commerci, tanto **5.** ________________________ ____________________________ per ottenere materie prime (metalli, sale, corallo) e schiavi.	**a - che - il - di - era - la - moneta - necessaria - scambio - vino**

Ogni parte di testo ricostruita in modo esatto vale 3 punti. **Totale: ______/15**

5 Lezione di Storia

Aiuta il Professore a rimettere in ordine tutti i foglietti, sparsi sulla scrivania, con le note per la lezione di domani sulla storia del Museo Etrusco di Volterra.

__/**A)** Dopo le prime discussioni, infatti molti grandi eruditi del tempo si dedicarono alla divulgazione scientifica dei materiali della collezione del Guarnacci e si recarono a Volterra per visitare il suo museo,	__/**B)** Dopo la sua morte (nel 1785), fu trasferito, assieme alla biblioteca, nel dugentesco Palazzo dei Priori,	__/**C)** anno in cui grazie a nuove donazioni, agli acquisti ed alle ricerche condotte dai responsabili scientifici del museo, fu collocato nella sede di Palazzo Desideri Tangassi, dove ancor'oggi si trova.
__/**D)** che appena pubblicata, scatenò vivaci polemiche negli ambienti colti ed ebbe il merito di attrarre su Volterra le attenzioni dei massimi intellettuali dell'epoca.	__/**E)** e prende il nome dal suo fondatore: Mario Guarnacci.	1_/**F)** Non si può parlare di Etruschi senza almeno accennare al bellissimo museo di Volterra.
__/**G)** dove rimase fino al 1877,	__/**H)** Si tratta del museo più importante per quanto riguarda i reperti archeologici relativi al meraviglioso popolo etrusco	__/**I)** già nato 6 anni prima della pubblicazione del saggio, esattamente nel 1761.
__/**L)** La prima sede del Museo fu Palazzo Maffei, acquistato da Guarnacci proprio per collocarvi la sua collezione, costituita dai reperti archeologici ed oltre 50.000 volumi.	4_/**M)** L'abate Guarnacci, persona di grandissima cultura e fine storico, fu autore di una storia dei più antichi abitatori d'Italia ("Le Origini Italiche", Lucca 1767),	__/**N)** In quell'anno, 1761, per paura che il suo splendido patrimonio archeologico si disperdesse, l'abate Mario Guarnacci l'aveva regalato alla città di Volterra.

1/F 2/__ 3/__ 4/M 5/__ 6/__ 7/__ 8/__ 9/__ 10/__ 11/__ 12/__

Ogni foglietto messo nell'ordine esatto vale 1 punto. **Totale: ______/10**

6 Le Balze

Inserisci nel testo gli aggettivi della lista scegliendo se metterli prima o dopo il sostantivo a cui si riferiscono. Gli aggettivi NON sono in ordine.

antiche - antichi - antica - etrusco - meno note - moltissimi - parallelo - stesse - vecchia - vostri

Ogni anno milioni di turisti visitano l'Italia. Lo scorso anno _________ ***turisti*** _________ hanno abbandonato i percorsi classici, come Roma, Firenze, Venezia in favore di _________ ***destinazioni*** _________ come quelle del mondo degli _________ ***etruschi*** _________. Il percorso che noi suggeriamo, è quello delle Balze e della Via dei Setteponti. Ma vogliamo che percorriate questa via con un mezzo un po' in disuso: i _________ ***piedi*** _________. Proprio al limite delle Balze, quelle _________ ***Balze*** _________ che Leonardo aveva esaltato, si snoda la _________ ***Via*** _________ dei Setteponti, che ricalca un _________ ***percorso*** _________. Questa strada univa le due _________ ***lucumonie***[1] _________ di Fiesole e Arezzo. Più tardi, quando Roma conquistò l'Etruria, i romani lastricarono la _________ ***strada*** _________ e le dettero il nome di *Cassia*. Con il tempo gli abitanti la definirono *Vetus* per poterla distinguere dalla *Cassia Adrianea* che avevano costruito su un _________ ***percorso*** _________.

Ogni aggettivo inserito in modo esatto vale 1 punto. **Totale: ______/10**

7 Le Balze al crepuscolo

Completa il testo con le forme implicite dei verbi (participio passato, gerundio, infinito).

L'organizzazione religiosa e amministrativa delle diocesi di Arezzo e Fiesole, *(costituirsi)* _____________ verso il V secolo lungo l'itinerario delle Balze, fu per molto tempo assai potente e dette vita alle prime pievi paleocristiane, *(costruire)* _____________ per la maggior parte su insediamenti etrusco-romani o su luoghi di culto precristiani.
Il viaggiatore senza fretta, *(percorrere)* _____________ la via del Pratomagno, dovrà fermarsi un poco presso la pieve altomedievale a due navate di Gropina, con le fondamenta *(riportare)* _____________ alla luce sotto il pavimento della chiesa romanica.
Ma le Balze diventano meravigliose quando il crepuscolo disegna ombre suggestive sulle valli *(nascondere)* _____________ e *(scavare)* _____________ dai borri[2], nelle cosiddette "buche", come la "buca delle fate".
18 sono i sentieri preparati dal Club Alpino Italiano per *(permettere)* _____________ al viaggiatore lento di raggiungere i piccoli paesi della zona *(attraversare)* _____________ i luoghi più suggestivi delle Balze.
(Seguire) _____________ questo affascinante tragitto si diviene testimoni privilegiati della cura *(usare)* _____________ nella preparazione di questi percorsi.

Ogni verbo esatto vale 1 punto. **Totale: ______/10**

note

1. lucumonie: distretti, governatorati degli etruschi.
2. borri: torrenti.

C2 Storia d'Italia

1 Breve storia d'Italia

Completa il testo con i verbi tra parentesi nelle forme attiva e passiva dei modi indicativo, congiuntivo, imperativo, gerundio.

Attorno al VII-VIII secolo a. C. i greci si stabilirono nella parte meridionale della penisola italiana, mentre il centro ed il nord *(abitare)* ______________ da popolazioni autoctone: gli etruschi ed i romani. In seguito la penisola *(unificare)* ______________ dai romani. Con il declino dell'impero romano, la penisola *(divenire)* ______________ oggetto di varie invasioni mentre al suo interno *(dividersi)* ______________ in città-stato, principati e regni che non *(fare)* ______________ altro che guerreggiare tra loro.
La prosperità economica delle città del centro e del nord Italia *(iniziare)* ______________ a partire dall'XI secolo. Con il Rinascimento si mitigarono le lotte intestine. Attorno alla seconda metà del XVI secolo il Rinascimento *(cominciare)* ______________ la sua decadenza, ma ormai si era creata un'idea di identità nazionale. All'inizio del XIX secolo *(svilupparsi)* ______________ movimenti nazionalisti - il Risorgimento - che *(portare)* ______________ all'Unità d'Italia (ad eccezione dello Stato Pontificio) nel 1860. Nel 1861 Vittorio Emanuele II di Savoia *(proclamare)* ______________ re d'Italia. Roma entrò a far parte del territorio italiano nel 1870. Dal 1870 al 1946 l'Italia *(essere)* ______________ una monarchia costituzionale.
Allo scoppiare della I Guerra Mondiale l'Italia *(rinunciare)* ______________ alla sua alleanza con il regno austroungarico e *(combattere)* ______________ a fianco degli Alleati. Nel 1922 *(andare)* ______________ al potere Benito Mussolini che *(instaurare)* ______________ una dittatura fascista. Il re *(mantenere)* ______________ comunque il suo titolo, ma privo di qualsiasi potere effettivo.
L'Italia fascista *(essere)* ______________ alleata della Germania durante la II Guerra Mondiale. Quando nel 1943 le truppe alleate *(sbarcare)* ______________ in Sicilia, il re fece arrestare Mussolini e *(scegliere)* ______________ il Maresciallo Pietro Badoglio quale primo ministro. Badoglio *(dichiarare)* ______________ guerra alla Germania, le cui truppe *(occupare)* ______________ ben presto tutto il territorio nazionale e *(liberare)* ______________ Mussolini. Negli ultimi due anni di guerra il movimento partigiano si oppose all'occupazione nazista fino alla completa liberazione del territorio italiano avvenuta nell'aprile del 1945. Il plebiscito del 1946 *(mettere)* ______________ fine alla monarchia ed un'Assemblea Costituente *(avere)* ______________ l'incarico di costituire la Repubblica Italiana.
Il piccolo Stato Vaticano, governato dal Papa, stipulò, a partire dal 1870 una serie di accordi con il governo italiano. L'accordo più significativo *(essere)* ______________ i "Patti Lateranensi" dove il Vaticano *(riconoscere)* ______________ come Stato autonomo e la religione cattolica *(diventare)* ______________ religione di Stato. Nel 1984 i "Patti Lateranensi" *(rivedere)* ______________ e *(eliminare)* ______________ la clausola che *(prevedere)* ______________ il cattolicesimo come religione di Stato.

Ogni verbo esatto vale 1 punto. **Totale: ______/30**

2 Un romantico eroe italiano: Giuseppe Garibaldi

Inserisci nel testo le forme implicite della lista.

adottando - conquistato - divenuta - liberato - mantenendo - saputo - scoppiata - trovatosi - varcando - vistosi

Figura dominante del Risorgimento Italiano, nacque a Nizza il 4 Luglio 1807. Combatté per il Rio Grande do Sud, dove conobbe Anita, che poi sposò.
A Montevideo, formò la Legione Italiana, ______________ una camicia rossa ______________ in seguito simbolo rivoluzionario.
In occasione della guerra tra Carlo Alberto e l'Austria, ______________ rifiutare la sua offerta d'aiuto, accettò il comando dei volontari del Governo provvisorio di Milano.
______________ dell'accordo temporaneo di Salasco, non depose comunque le armi e sconfisse gli Austriaci a Morazzone.
Ciò nonostante fu costretto a ritirare le truppe ______________ il confine svizzero.
Nel 1848 a Roma si batté per la difesa della Repubblica.
Nel 1854 si stabilì a Caprera, ______________ rapporti epistolari con i patrioti italiani.
______________ l'insurrezione a Palermo, sbarcò a Marsala con Mille uomini con i quali vinse numerose battaglie: a Calatafimi, a Palermo, a Milazzo. Giunto a Napoli annientò i Borbonici.
A Teano, Garibaldi offrì a Vittorio Emanuele II il regno ______________.
Ritentò l'impresa dei Mille per la conquista di Roma ma sull'Aspromonte fu bloccato dall'esercito regio e arrestato. ______________ in seguito ad una amnistia, trascorse alcuni anni a Caprera.
Nel 1867 entrò a Roma con 9000 volontari e a Mentana, ma ______________ di fronte le truppe francesi, dovette ritirarsi. Arrestato, fu condotto a Caprera. La liberazione di Roma avvenne nel 1870, ma senza Garibaldi. Morta Anita, nel 1880 sposò Francesca Armosino dalla quale ebbe tre figli. Morì nel 1882.

Ogni parola inserita in modo esatto vale 1 punto. **Totale: ______/10**

3 Garibaldi e Anita

Trasforma il dialogo in un discorso indiretto modificando le parti sottolineate, se necessario, come negli esempi.

Hans - In classe **avete studiato** Garibaldi **oggi**? Che ne [1]**pensi**? Molti italiani **credono** che [2]**sia stato** un ingenuo a consegnare l'Italia a Vittorio Emanuele II. Altri [3]**pensano** che [4]**sia stato** un gesto da codardi.

Juriji - [5]**Non lo so**. [6]**Mi** [7]**ha colpito** particolarmente la sua storia d'amore con Anita, [8]**penso** che non [9]**se ne parli** abbastanza.

Hans - Beh, cosa [10]**c'è** di tanto speciale nella storia d'amore fra Garibaldi ed Anita?

Juriji - Come? Non lo sai? Anche lei [11]**è stata** una grande rivoluzionaria. Lo aveva incontrato a Montevideo, se ne era innamorata, aveva lasciato il marito ed aveva seguito "l'eroe dei due mondi" fino in Italia.

Hans - Già, [12]**immagina** lo scandalo per quell'epoca!

Juriji - Sì, e Anita non [13]**poté sposarlo** fino al 1842, quando cioè [14]**rimase** vedova.

Hans - Juriji, [15]**sai** cosa [16]**penso**?

Juriji - …

Hans - [17]**Penso** che gli italiani [18]**abbiano ragione** quando [19]**dicono** che i russi come [20]**te** sono degli inguaribili romantici!

Hans chiese a Juriji se in classe **avessero studiato** Garibaldi **quel giorno**, poi gli chiese cosa ne [1]_______________. Aggiunse che molti italiani **credevano** che [2]_______________ un ingenuo a consegnare l'Italia a Vittorio Emanuele II mentre altri [3]_______________ che [4]_______________ un gesto da codardi.
Juriji rispose dubbioso che [5]_______________. [6]_______________ [7]_______________ particolarmente la sua storia d'amore con Anita, [8]_______________ che non [9]_______________ abbastanza.
Hans allora chiese meravigliato cosa [10]_______________ di tanto speciale nella storia d'amore tra Garibaldi e Anita.
Juriji allora gli domandò stupito se sapesse che anche lei [11]_______________ una grande rivoluzionaria. Lo aveva incontrato a Montevideo, se ne era innamorata, aveva lasciato il marito ed aveva seguito "l'eroe dei due mondi" fino in Italia.
Hans ribadì di [12]_______________ lo scandalo per quell'epoca e Juriji annuì aggiungendo che Anita non [13]_______________ sposarlo fino al 1842, quando cioè [14]_______________ vedova.
Hans scuotendo la testa chiese all'amico se [15]_______________ cosa [16]_______________.
Al silenzio di Juriji rispose che [17]_______________ che gli italiani [18]_______________ quando [19]_______________ che i russi come [20]_______________ sono degli inguaribili romantici.

Ogni modifica esatta vale 1 punto. **Totale: _____/20**

4 Il Risorgimento

Inserisci nel testo gli aggettivi della lista scegliendo se metterli prima o dopo il sostantivo a cui si riferiscono.

ricca - romantici - loro - nuovo - grande - sarda - radicali - siciliano - terribile - borghesi e nobili - particolare - storico

Il Risorgimento rappresenta, per ogni italiano, *un/uno* __________ ***momento*** __________ di __________ ***importanza***__________, vuoi perché portò all'Unità d'Italia, vuoi perché fu *una/un'* __________ ***epoca*** __________ di personaggi come Garibaldi, Bixio, Cavour, Mazzini, che a scuola vengono presentati, spesso sorvolando sui __________ ***difetti*** __________, come __________ ***eroi*** __________. Ma come avvenne veramente l'Unità d'Italia? Cosa c'è di vero nella leggenda della "Spedizione dei mille"? Certo, non sono domande cui si possa rispondere in poche righe, ma ci proveremo. L'Unità d'Italia nasce davvero con la spedizione dei mille (in realtà i partecipanti erano qualcosa più di mille) guidata da Garibaldi. La spedizione fu organizzata per sconfiggere i Borboni, che governavano il Regno delle Due Sicilie. Il Re Vittorio Emanuele di Savoia approvò questa impresa convinto della __________ ***lealtà*** __________ di Garibaldi, mentre il suo primo ministro, Camillo Benso Conte di Cavour, l'osteggiò tanto da provare a fermare i mille, imbarcati sulle navi *Piemonte* e *Lombardo*, con l'aiuto della __________ ***squadra navale*** __________. I mille sfuggirono a questo attacco e riuscirono a raggiungere la Sicilia. Combatterono fino a liberare l'isola, dovendo però fronteggiare la delusione della popolazione che li aveva accolti ed aiutati. Infatti il __________ ***popolo*** __________, che avrebbe voluto delle __________ ***riforme*** __________ che diminuissero *la/l'* __________ ***oppressione*** __________ a cui era sottoposto, capì ben presto che il cambiamento andava tutto a favore delle __________ ***classi*** __________ dell'isola. Garibaldi ed i suoi mille proseguirono la loro vittoriosa spedizione fino a conquistare completamente il Regno delle due Sicilie. A quel punto il Re Vittorio Emanuele II si mise in marcia per incontrare Garibaldi e farsi "consegnare il regno". Nello stesso momento anche Marche ed Umbria decisero con un plebiscito di entrare a far parte del __________ ***regno***__________.

Ogni aggettivo inserito in modo esatto vale 1 punto. **Totale: ______/12**

5 Giuseppe Mazzini

Inserisci nel testo 5 pronomi (2 relativi) e 5 articoli (1 determinativo), poi rispondi alle domande.

Quando parla di Risorgimento italiano non può dimenticare Giuseppe Mazzini, (1805-1872) uno dei grandi artefici dell'Unità d'Italia. Di idee repubblicane, fin da giovane prese a cuore i problemi politici e sociali del Paese. Respinti i metodi della Carboneria, aveva fatto parte, fondò nuova associazione, la "Giovine Italia", aveva lo scopo di fare dell'Italia repubblica popolare.

Trasferitosi a Marsiglia, inviò messaggio al nuovo Re di Sardegna Carlo Alberto, invitando a guidare la rivoluzione italiana. Al rifiuto di quest'ultimo, Mazzini fece seguire la propaganda rivoluzionaria della Giovine Italia. Andò a vivere a Londra dove svolse intensa propaganda politica anche attraverso opere letterarie. Nel 1848 tornò in Patria dove organizzò la resistenza della Repubblica affidata a Garibaldi. Con la caduta della Repubblica fu costretto nuovamente all'esilio. Fondò a Londra il "Comitato Nazionale Italiano" ed il "Comitato Democratico Europeo". Venne fatto rimpatriare e fu arrestato a Palermo. Liberato grazie ad un'amnistia continuò suo peregrinare fino a quando non morì, a Pisa, nel 1872.

• Qual è la parola che segue l'unico articolo determinativo che hai inserito?	______________________	riga: ______
• Qual è la parola che segue l'unico pronome relativo soggetto che hai inserito?	______________________	riga: ______

Ogni pronome inserito in modo esatto vale 1 punto. **Totale: ______/5**
Ogni articolo inserito in modo esatto vale 1 punto. **Totale: ______/5**
Ogni risposta esatta alle domande vale 4 punti. **Totale: ______/8**

6 Il tutor e lo studente

Riordina il dialogo.

Tutor - 1	**1.** Vede, nel compito che mi ha consegnato ci sono alcune inesattezze.
Studente - ___	**2.** Ma certo, come ho fatto a dimenticarlo? I primi 12 articoli costituiscono il preambolo!
Tutor - ___	**3.** Ecco, tutto qua, come vede, non c'era niente di troppo grave.
Studente - ___	**4.** E non è così?
Tutor - ___	**5.** Come? C'è la parte che enuncia i diritti ed i doveri dei cittadini, quella che contiene le norme sull'organizzazione statale, e le disposizioni per il passaggio da monarchia a repubblica.
Studente - ___	**6.** Capisco... poi qui parla delle tre parti in cui è divisa la Costituzione, ma in realtà sono quattro.
Tutor - ___	**7.** Beh, riconosco che è un errore piuttosto grave, ma nella mia scuola si studiava solo lingua italiana con pochissimo spazio per elementi di cultura e civiltà.
Studente - ___	**8.** Ha ragione, ma ha dimenticato il preambolo che enuncia i principi generali su cui si fonda lo Stato.
Tutor - ___	**9.** Certo, sono qui per questo. Dunque, prima di tutto Lei scrive che la Costituzione nasce il 2 Giugno 1946.
Studente - ___	**10.** Quali? Possiamo riguardare gli errori insieme?
Tutor - ___	**11.** Non esattamente, in quella data fu eletta l'Assemblea Costituente che elaborò la Costituzione, promulgata poi il 27 dicembre 1947 ed entrata in vigore il 1° Dicembre del 1948.

Ogni frase inserita al posto giusto vale 1 punto. **Totale: ______/10**

C2 Il morso della Taranta

1 Latrodectus tredecim guttatus

Completa il testo coniugando i verbi tra parentesi nelle forme attiva e passiva dei modi indicativo, congiuntivo, imperativo, gerundio.

Salve, mi chiamo Pino, generalmente *(occuparsi)* ____________ di gastronomia e scrivo articoli per la rivista Il Gambero Rosso, ma in quest'occasione non *(volere)* ____________ presentarvi né piatti, né vini. Al contrario, poiché l'estate si avvicina, *(leggere)* ____________ quest'articolo potrete imparare un modo divertente per bruciare moltissime calorie. Vi *(parlare)* ____________ di una bella tradizione che *(esistere)* ____________ qui dalle mie parti: il Salento. Prima di tutto *(immaginare)* ____________ che *(voi-volere)* ____________ sapere dove *(trovarsi)* ____________ il Salento. Bene, vi *(accontentare)* ____________ subito: il Salento è la parte più meridionale della Puglia (il tacco dello stivale, tanto per intenderci). È una terra ricca di storia e tradizioni, ma anche di serpenti ed insetti velenosi. *(voi-Sentire)* ____________ mai parlare della taranta? Proprio da qui *(partire)* ____________ il nostro viaggio verso una delle tradizioni più interessanti della mia terra: il tarantismo. La causa formale del tarantismo *(individuare)* ____________ nel "morso" che *(infliggere)* ____________ alla vittima la taranta, un aracnide velenoso, il cui nome scientifico è "latrodectus tredecim guttatus".

Il latrodectismo *(causare)* ____________ crisi molto simili a quelle epilettiche, stati morbosi di vario tipo, febbre alta. Ma a dire il vero le ricerche scientifiche che *(condurre)* ____________ verso la fine degli anni '50 *(rivelare)* ____________ che i tarantati non *(subire)* ____________ davvero il morso del latrodectus quanto, piuttosto, *(servirsi)* ____________ di questa scusa per esprime un disagio affettivo. Non è un caso che le vittime preferite dalle tarante *(essere)* ____________ le donne, che, fino a pochi decenni fa *(ricoprire)* ____________ in Puglia un ruolo sociale minore.

Come la stregoneria, anche il tarantismo *(potere)* ____________ essere interpretato come un rituale del dolore di una donna che, attraverso il morso del ragno, *(permettersi)* ____________ di dare libero sfogo a disagi, frustrazioni e soprusi. Il tarantismo *(curare)* ____________ con un rito sociale: la danza. Si *(iniziare)* ____________ a ballare in casa e si *(continuare)* ____________ in strada, fino a quando la persona tarantata non *(cadere)* ____________ per terra senza forze. Allora *(mettere)* ____________ a letto dove *(riposare)* ____________ per alcuni giorni fino a quando non *(essere)* ____________ completamente guarita dal maleficio gettato dall'infido ragno. Riuscite ad immaginarvi quale *(essere)* ____________ il ballo delle tarantate? No? Allora continuate a leggere!

Ogni verbo esatto vale 1 punto. **Totale: ______/30**

2 Le tarantate

Completa il testo con le parole della lista. Attenzione: ci sono due parole in più e due spazi in meno.

anche - ballo - benedetta - carri - condotta - consumasse - dalla - fondamentali - giocare - infatti - irresistibile - momento - per - piazza - più - possedute - ragno - ripeteva - si - strumenti - sudare - tempo

Era il mese di giugno, al ____________ del raccolto, il mese favorito dalla taranta ____________ colpire le sue vittime: le raccoglitrici di grano erano le esposte al morso velenoso di questo ____________. Musica, danza e colori rappresentavano gli elementi ____________ della terapia. Praticamente, un esorcismo musicale. Quando ____________ riteneva che una ragazza fosse stata morsa ____________ taranta si accompagnavano nella sua casa, o nella ____________ pubblica, dei musicisti i quali, con tamburelli, violini, organetti ed altri ____________, davano vita ad un ritmo ____________ allo scopo di far ballare, cantare e ____________ la ragazza fino allo sfinimento. Si credeva ____________ che, mentre la "tarantata" ballava per giorni, ____________ il ragno che l'aveva morsa soffrisse e si ____________ fino a scoppiare. La tarantata veniva poi ____________ presso la cappella di S. Paolo, a Galatina (LE) per essere ____________, beveva l'acqua sacra del pozzo vicino e ____________ un breve rito purificatore. A quel ____________ arrivavano a Galatina da tutta la Puglia ____________ carichi di ragazze che si ritenevano e accorrevano ad implorare l'aiuto del santo.

Ogni parola inserita in modo esatto vale 1 punto. **Totale: ______/20**

3 La notte della taranta

Trasforma il dialogo in un discorso indiretto modificando le parti sottolineate, se necessario, come nell'esempio.

Pino parla con il suo amico Francesco.

Pino - **Devo scrivere** un articolo sulla Notte della Taranta.
Francesco - [1]**Scrivilo**, così [2]**capisco** [3]**anch'io** di cosa [4]**si tratta**.
Pino - Ma come? Non [5]**lo sai**? Ormai da molti anni nei comuni del Salento [6]**si organizza** una delle più grandi manifestazioni di musica folkloristica, non solo d'Italia, ma d'Europa! [7]**Sei** davvero ignorante, Francesco, [8]**ne parlano** tutti i giornali ed i telegiornali.
Francesco - In che periodo [9]**c'è** [10]**questo** festival?
Pino - Si [11]**tiene** dai primi di agosto al 17, giorno di una grande manifestazione in uno dei comuni del Salento. [12]**A questa** manifestazione [13]**vengono chiamati** anche molti "mostri sacri" della musica italiana.
Francesco - Ah, vedi che [14]**ho** una scusa per non saperne niente: il mese di agosto [15]**mi chiudo** sempre nella [16]**mia** casetta in Sardegna dove non arrivano né elettricità né quotidiani.
Pino - [17]**Sei perdonato**, anzi [18]**ti** [19]**invito** a vedere il festival con [20]**me**!

Pino disse a Francesco che ***avrebbe dovuto*** scrivere un articolo sulla Notte della Taranta. Francesco rispose dicendogli di [1]________________, così [2]________________ [3]________________ di cosa [4]________________.

A quelle parole Pino si indignò perché Francesco non [5]________________. Poi gli disse che da molti anni nei comuni del Salento [6]________________ una delle più grandi manifestazioni di musica folkloristica, non solo d'Italia, ma d'Europa. Aggiunse che Francesco [7]________________ davvero ignorante perché [8]________________ tutti i giornali ed i telegiornali.

Quindi Francesco chiese a Pino in che periodo [9]________________ [10]________________ festival. Pino rispose che si [11]________________ dai primi di agosto al 17, giorno di una grande manifestazione in uno dei comuni del Salento, aggiungendo che [12]________________ manifestazione [13]________________ anche molti "mostri sacri" della musica italiana.
Allora Francesco sorrise dicendo che [14]________________ una scusa per non saperne niente perché lui il mese di agosto [15]________________ sempre nella [16]________________ casetta in Sardegna dove non arrivano né l'elettricità né i quotidiani.
Pino, sorridendo a sua volta, esclamò che l'amico [17]________________ e anzi, [18]________________ [19]________________ a vedere il festival con [20]________________.

Ogni modifica esatta vale 1 punto. **Totale: ______/20**

4 La taranta oggi

Rimetti in ordine le parti del testo mancanti usando le parole delle liste.

Il periodo delle tarantate era naturalmente quello estivo, ma via via che il fenomeno e la musica entravano nel folklore salentino, la pizzica (la tipica danza ballata dalle donne morse dalla taranta) cominciò ad essere suonata, cantata e ballata tutto l'anno in ogni occasione pubblica o festiva. La tradizione si è protratta fino ai nostri giorni nei quali le "tarantate" **1.**________________________________.	**ballo - costumi - da - di - esperte - folkloristici - in - questo - ragazze - sono - sostituite - state**
Nata quindi dal rito pagano dell'esorcismo delle "tarantate", la pizzica ha successivamente acquistato autonomia. Mentre **2.**________________ ________________________________ e del ruolo pubblico della donna, la pizzica continuava a segnare il folklore salentino e a soddisfare quei bisogni per i quali era nata: liberarsi dalle frustrazioni, sentire il proprio corpo, sedurre e corteggiare.	**cambiare - col - del - delle - esigenze - estingueva - fenomeno - il - si - sociali - tarantismo**
Negli ultimi anni non esiste sagra o festa salentina che non contempli anche l'esibizione di gruppi di suonatori e ballerini di pizzica nelle sue varianti "pizzica te core" e "pizzica-scherma". Moltissime **3.** ________________________________ danza: a Melpignano, Acaja Torrepaduli, Galatina hanno luogo alcune delle rassegne più importanti. Vi accorrono turisti e curiosi da tutta Italia per confrontarsi con gli esperti musicisti (tamburellisti, violinisti, chitarristi, suonatori di cupa cupa, ecc.) e ballerini del Salento.	**celebrano - che - di - di - e - fascino - il - le - manifestazioni - questa - questo - ritmo - sono**
Nel corso dell'estate salentina vengono chiamati ad esibirsi, insieme **4.** ________________________________ ________________________________, i gruppi folkloristici più importanti ed interessanti. Secondo molti studiosi, la pizzica salentina è la versione più antica e originale della tarantella, che conosce celebri varianti nel Napoletano e in Sicilia.	**a - che - di - di - fama - folclore - internazionale - italiano - musicisti - occupano - si**
Ma pochi sanno che è **5.** ________________________________ ________________________________.	**altro - che - è - in - la - luogo - più - proprio nel - qualsiasi - Salento - tarantella - tuttora - viva che**

Ogni parte di testo ricostruita in modo esatto vale 4 punti. **Totale: ______/20**

5 Gli strumenti della pizzica

Inserisci nel testo le forme implicite della lista.

assenti - detto - dominante - facendo - importato - saltellando - scandendo - sostenendo - tenendo - tesa

La pizzica e la tarantella sono danze che fanno parte della cultura popolare di tutta la parte meridionale dell'Italia. Lo strumento essenziale per suonare la pizzica è il tamburello: dai Saraceni, fu modificato nel tempo (come tutti gli strumenti, del resto). Quello moderno è di forma circolare con una membrana di pelle e dei sonagli, in passato. Viene suonato in diversi modi:

a) nel Salento la parte del polso sotto il pollice batte sulla membrana così il ritmo e il tamburello ha un ruolo, da solo l'intera melodia, oppure il tamburellista fa scorrere le dita sul tamburello vibrare solo i sonagli, in questo caso il tamburello serve solo da accompagnamento.

b) nella tarantella Campana il tamburello viene solo agitato, anche in questo caso il suono è solo di abbellimento.

c) nel Lazio il suono continuo di questo strumento è andato perduto, infatti viene suonato solo nel ritornello della canzone, dal cantante solista.

Queste canzoni sono tutte ballabili, infatti si possono ballare in diversi modi: il ballerino forma un semicerchio con le braccia e gira intorno alla dama che a sua volta, gira intorno al compagno di danza. La variante del secondo stile è che la dama si muove un fazzoletto in mano.

L'ultimo stile, anche la "danza delle spade", è un ballo esclusivamente maschile: il primo ballerino tende l'avambraccio, quasi a simulare una spada, mentre il secondo ha solo la mano, a simulare un pugnale, e si dà vita a un combattimento a suon di pizzica.

Ogni parola inserita in modo esatto vale 1 punto. **Totale: ______/10**

C2 Cittadini stranieri in Italia

1 I flussi migratori

Completa il testo con i verbi tra parentesi.

La legge che regola i flussi migratori in Italia *(cambiare)* ________________ da poco tempo e ci si chiede quali *(essere)* ________________ gli effetti e se le cose *(andare)* ________________ meglio o peggio per quanti *(decidere)* ________________ di venire a lavorare nel nostro Paese non *(essere)* ________________ cittadini dell'Unione Europea.
Dalla nuova legge *(stabilire)* ________________ che ogni anno il Governo *(decidere)* ________________ il numero massimo degli stranieri che *(potere)* ________________ entrare in Italia. Sono quindi definite quote di ingresso per lavoratori dipendenti, lavoratori autonomi e lavoratori stagionali. Nell'ambito delle quote fissate, i lavoratori dipendenti *(potere)* ________________ entrare su chiamata da parte di un datore di lavoro. La legge *(consentire)* ________________ l'ingresso anche per "ricerca di lavoro", purché vi *(essere)* ________________ in Italia un cittadino italiano o uno straniero regolarmente residente, oppure un'associazione o un ente locale che *(garantire)* ________________ per lui vitto, alloggio e spese sanitarie.
La legge *(fare)* ________________ anche particolare attenzione all'unità della famiglia. È un diritto della persona. Per questo il cittadino straniero in regola con il permesso di soggiorno, che *(avere)* ________________ un alloggio e un reddito adeguato a mantenere la famiglia, *(potere)* ________________ far entrare in Italia la moglie o il marito, i genitori a carico ed i figli.
Entrare in Italia non è facile: lo scorso anno *(respingere)* ________________ alla frontiera 47.123 persone. Quelli che *(cercare)* ________________ di entrare clandestinamente *(rimandare)* ________________ immediatamente nel proprio Paese d'origine. L'accesso *(negare)* ________________ anche a chi non *(avere)* ________________ regolare visto rilasciato dall'ambasciata italiana del Paese di partenza. Agli stranieri espulsi, fino a che non *(trascorrere)* ________________ il periodo di divieto di reingresso (di solito cinque anni), non *(concedere)* ________________ il visto. Non possono essere respinte invece persone, anche prive dei documenti, che *(presentare)* ________________ domanda di asilo politico o umanitario.
La parte più contestata di questa legge è quella che *(riguardare)* ________________ il rinnovo del permesso di soggiorno in caso di licenziamento: il cittadino extracomunitario *(dovere)* ________________ ritrovare lavoro entro sei mesi, pena la negazione del rinnovo del permesso. Molti *(chiedersi)* ________________ perché una persona che *(lavorare)* ________________ sempre onestamente *(dovere)* ________________ perdere il suo diritto a vivere in Italia solo perché momentaneamente non *(avere)* ________________ lavoro. L'altro punto assai dibattuto è l'innalzamento del periodo necessario per ottenere il permesso illimitato (carta di soggiorno) che *(elevare)* ________________ da 5 a 6 anni di residenza continua in Italia.

Ogni verbo esatto vale 1 punto. **Totale: ______/30**

2 Come ottenere il permesso di soggiorno

Trasforma il dialogo in un discorso indiretto modificando le parti sottolineate, se necessario, come nell'esempio e inserendo nei due spazi .... la parola mancante.

Jaime - Buongiorno, **dovrei fare** il permesso di soggiorno, **può dirmi cos'è** necessario?
Impiegata - Prima di tutto **deve avere** il passaporto ed un visto d'ingresso regolarmente vidimato, cioè timbrato alla frontiera.
Jaime - Tutto **questo ce l'ho**, **mi serve** altro?
Impiegata - **Deve compilare** la domanda ed **allegarvi** la fotocopia dell'interno del passaporto e l'originale del passaporto, che **le verrà** restituito insieme al permesso di soggiorno, tre foto formato tessera, una marca da bollo ed un certificato di residenza o domicilio.
Jaime - **È tutto**?
Impiegata - Sì, ma **deve fare** molta attenzione e conservare la ricevuta che **le verrà data**, in maniera che la **Sua** domanda non **vada** persa.
Jaime - Bene, grazie.
Impiegata - Un'ultima cosa: non **faccia passare** più di otto giorni dal **Suo** ingresso in Italia prima di presentare la **Sua** domanda.

Jaime salutò e disse che ***doveva fare*** il permesso di soggiorno, quindi chiese all'impiegata se ____________ ____________ ____________ necessario.
L'impiegata rispose che prima di tutto ____________ il passaporto ed un visto d'ingresso regolarmente vidimato, cioè timbrato alla frontiera.
Jaime disse che tutto ____________ ____________, e chiese .... ____________ ____________ altro.
L'impiegata rispose che ____________ la domanda ed ____________ la fotocopia dell'interno del passaporto e l'originale del passaporto, che ____________ ____________ restituito insieme al permesso di soggiorno, tre foto formato tessera, una marca da bollo ed un certificato di residenza o domicilio.
Jaime domandò .... ____________.
L'impiegata assentì e aggiunse che ____________ molta attenzione e conservare la ricevuta che ____________ ____________ in maniera che la ____________ domanda non ____________ persa.
Jaime ringraziò e l'impiegata infine gli raccomandò di non ____________ più di otto giorni dal ____________ ingresso in Italia prima di presentare la ____________ domanda.

Ogni modifica esatta vale 1 punto. **Totale: ______/21**
Ogni parola inserita in modo esatto vale 2 punti. **Totale: ______/4**

3 Il permesso di lavoro

Completa il testo con le parole della lista. Le parole NON sono in ordine.

all' - anno - cittadini - entro - normativa - perché - permesso - possibile - richieda - scaduto

Cosa si può fare per ottenere il di lavoro se ci si trova già in Italia, per esempio con un visto turistico? La italiana sull'immigrazione non prevede la possibilità di regolarizzare per motivi di lavoro i stranieri presenti in Italia senza un regolare permesso di soggiorno. È ottenere un permesso di soggiorno per lavoro solo dal Paese di provenienza, attraverso il sistema della "chiamata nominativa". Questo non vale, naturalmente, per tutti coloro che hanno un permesso di soggiorno e che devono rinnovarlo. Il sistema della chiamata nominativa prevede che un datore di lavoro di assumere un cittadino straniero residente estero. La legge però consente che la chiamata nominativa avvenga solo i limiti dei decreti-flussi annuali. Questo implica una grande difficoltà ad accedere a questa procedura, bisogna aspettare un apposito decreto del governo che definisca le quote di ingressi anno per. Dunque, solo al momento della pubblicazione di un nuovo decreto sarà possibile chiedere il soggiorno per chiamata nominativa.

Ogni parola inserita in modo esatto vale 1 punto. **Totale: ______/10**

4 Sposarsi all'estero

Completa il testo inserendo le 4 lettere mancanti di ogni parola evidenziata.

L'articolo 115 del codice civile ***stabil____*** che il cittadino italiano ***intenzio____*** a contrarre il matrimonio all'estero è soggetto alle disposizioni della legge italiana che regola la capacità delle persone di contrarre matrimonio, ***prev____*** dagli articoli 84 e ***segu____*** del codice civile. Il cittadino italiano può sposarsi all'estero, e il suo matrimonio sarà valido in Italia, purché sia ***maggior____***, non sia stato interdetto per ***infer____*** mentale, risulti libero di stato, e quindi divorziato o non vincolato da ***preced____*** matrimonio, e non abbia legami di ***paren____*** o di adozione con il futuro ***con____***. Un matrimonio contratto all'estero con il rito solo religioso, ma considerato valido agli ***eff____*** civili della legge dello Stato dove è avvenuta la celebrazione, è ***rite____*** valido anche in Italia. Lo straniero coniuge di cittadino italiano potrà ***acqui____*** la cittadinanza italiana solo se legalmente residente in Italia da almeno 6 mesi ***op____***, all'estero, dopo 3 anni dal matrimonio purché non vi sia scioglimento, annullamento o ***cessaz____*** degli effetti civili del matrimonio e se non ***suss____*** separazione legale. ***Preclu____***, inoltre l'***acquisiz____*** della cittadinanza italiana talune condanne ***pe____*** o la specifica esistenza di ***compro____*** motivi ***iner____*** la sicurezza dello Stato.

Ogni parola completata in modo esatto vale ½ punto. **Totale: ______/10**

5 Sposarsi in Italia

Inserisci nelle domande a destra il verbo "andare" o "venire". Poi inserisci le domande nel testo a sinistra prima della risposta esatta.

Se due stranieri o una/o straniera/o e un/una cittadino/a italiano/a decidono di sposarsi in Italia, quali documenti devono preparare? Cosa prevede la legge italiana per coloro che decidono di metter su famiglia? Ecco alcune utili suggerimenti.

1. _____
L'articolo 116 del codice civile regola il matrimonio di uno straniero in Italia con un cittadino italiano o con un altro straniero.

2. _____
Il cittadino straniero deve presentare una dichiarazione dell'autorità competente del proprio Stato di provenienza dalla quale risulti che, in base alle leggi di quello Stato, nulla impedisce il matrimonio e che nessuno dei due "promessi sposi" abbia contratto un matrimonio ancora valido.

3. _____
Il matrimonio contratto in Italia tra stranieri o tra un italiano e uno straniero, anche se è valido per la legge italiana, non necessariamente è valido per la legge dello Stato cui appartiene lo straniero. Alcuni Stati arabi non riconoscono la validità di un matrimonio tra un loro cittadino e uno straniero non musulmano. Dopo che sono stati raccolti tutti i documenti, è necessario fare la richiesta di pubblicazione.

4. _____
La pubblicazione è prescritta dalla legge e serve per informare tutti i cittadini della volontà di due persone di unirsi in matrimonio, in modo da potersi eventualmente opporre (per es. per bigamia). È l'ufficio matrimoni che espone la pubblicazione in una parte apposita del municipio. Chiunque, libero dal vincolo del matrimonio, decida di sposarsi, può fare richiesta di pubblicazioni.

5. _____
I due futuri sposi devono fare richiesta presso l'ufficio matrimoni del Comune di residenza di uno dei due e devono richiedere l'appuntamento per il giuramento che precede la pubblicazione con largo anticipo.

A. Dove __________ riconosciuto il matrimonio contratto in Italia?

B. Dove __________ fatta la richiesta di pubblicazione?

C. Cosa __________ regolato nel codice civile?

D. Cosa __________ richiesto al cittadino straniero?

E. La pubblicazione di matrimonio __________ sempre fatta?

Ogni domanda completata in modo esatto vale 2 punti. **Totale: ______/10**
Ogni domanda messa nel posto giusto vale 1 punto. **Totale: ______/5**

6 Adottare un bambino straniero

Rimetti il dialogo nel giusto ordine.

Marco e Claudia vengono intervistati da un giornalista a proposito dell'adozione di un bambino straniero.

Giornalista - ____	1. Perché?
Claudia - ____	2. Poi?
Giornalista - ____	3. A quel punto di nuovo di fronte al giudice che controlla che tutto sia in regola e valido.
Marco - ____	4. Prima di tutto grazie per aver accettato di partecipare al nostro programma, poi la prima domanda: è stato difficile diventare mamma e papà di Oscar?
Giornalista - 2	5. Prima di tutto si deve ricevere la dichiarazione di idoneità all'adozione.
Claudia - ____	6. Perché altrimenti la dichiarazione scade e si deve rifare tutto da capo.
Giornalista - ____	7. Lo immaginavo. Volete spiegare ai nostri radioascoltatori brevemente cosa occorre fare?
Marco - ____	8. Già e finalmente te lo porti a casa e sai che è tutto tuo.
Claudia - ____	9. Poi ci si rivolge alle associazioni riconosciute. L'associazione si occupa dei contatti, i documenti ecc. e tutto questo deve avvenire entro due anni dalla dichiarazione di idoneità.
Marco - ____	10. Poi se tutto va bene, si va a conoscere il bambino e dopo aver sbrigato tutte le formalità si porta in Italia.
Claudia - ____	11. Certamente non facile. Posso rispondere così: la mia gravidanza è durata più di tre anni, ma ne è valsa la pena.

Ogni frase messa nel giusto ordine vale 1 punto. **Totale: ______/10**

C2 Lavoro ed economia

1 Cavoli, contanti, assegno o carta di credito

Completa il testo con le parole nel riquadro.

anonimato - chi - contanti - costa - disuso - esente - fosse - garanzie - modalità - pagamento - peggio - quanto - seguito - sostituire - spese - truffatori - tutt'oggi - vantaggi - venditore - vincolato

Fin dall'antichità l'uomo ha inventato ____________ di pagamento alternative allo scambio in natura, eccessivamente ____________ e vincolante; pensate quali problemi avrebbe incontrato ____________ avesse voluto comprare un cavallo pagandolo in cavoli e, ____________ ancora, quanti cavoli avrebbe dovuto portarsi a casa il ____________ del cavallo!
Ben presto si è pensato di ____________ cavoli e altri generi simili con qualcosa che ____________ più prezioso e meno ingombrante: l'oro. In ____________ anche questo è stato soppiantato dalla carta-moneta.
Il ____________ in contanti con l'uso di carta-moneta gode ____________ di considerevole successo nella vita quotidiana per le piccole ____________, ma è ormai caduto del tutto in ____________ nelle compra-vendite di media e grande entità. I ____________ del contante, infatti, (rapida circolazione, semplicità d'uso, ____________) rappresentano anche il suo maggior difetto, in ____________ la moneta è facile preda di ladri e ____________.
Ecco arrivare allora l'assegno che, sebbene non sia ____________ da furti, falsificazioni e truffe, dà tuttavia più ____________ del contante, naturalmente con un costo aggiuntivo.
D'altra parte, pagare ____________, in qualsiasi modo lo si faccia; anche il pagamento in ____________, che apparentemente è il più economico, può risultare meno vantaggioso della carta di credito, qualora l'inflazione sia alta e gli interessi attivi rilevanti.

Ogni parola inserita in modo esatto vale 1 punto. **Totale: ______/20**

2 Giovanni, il commercialista

Trasforma il testo con le forme indefinite del verbo, come nell'esempio.

Mentre andavo __Andando__ in ufficio ho incontrato Piero, un amico e cliente ma, ***poiché non mi ero messo*** ____________________ gli occhiali, l'ho riconosciuto solo quando ero a un metro di distanza. Chiacchieravamo ***mentre camminavamo*** ____________________.
- Se non riconosci me, figuriamoci le mie fatture! Sei sicuro ***che puoi compilare*** ____________________ la mia dichiarazione dei redditi? A proposito, come si dice ***"dopo che è stata fatta*** ____________________ la legge...?"
- "...trovato l'inganno", Lascia stare Piero, tu non hai diritto a nessuna detrazione!
Dopo ***che l'ho salutato*** ____________________, sono salito in macchina; Piero correva ***e mi urlava*** ____________________ qualcosa, così mi sono fermato di colpo e ho visto le mie cartelline e i miei libri che, ***erano rimasti*** ____________________ sul tetto, volavano davanti alla macchina. Piero allora ***mentre rideva*** ____________________ mi ha detto: ***"Se giri*** ____________________ sempre così rischi di perdere anche la testa." A quel punto mi sono proprio arrabbiato e ***dopo che avevo raccolto*** ____________________ un libro, gliel'ho tirato dietro.

Ogni trasformazione esatta vale 1 punto. **Totale: ______/10**

3 L'euro

Completa il testo con i verbi della lista all'indicativo presente, imperfetto e passato prossimo.
Attenzione: quattro verbi devono essere coniugati nella forma passiva. I verbi NON sono in ordine.

abbattere	diventare	fissare	impegnarsi	essere
fare	**essere**	**impedire**	**scegliere**	**stabilire**

L'idea di una moneta unica per l'Europa risale al 1957, con la firma del Trattato di Roma. Nel 1992, i paesi aderenti alla UE, con la firma del trattato di Maastricht, ____________________ a rispettarne i parametri. Nel 1995 infine, a Madrid ____________________ le fasi di realizzazione del progetto ed ____________________ il nome della nuova moneta. Dal 1° gennaio 1999 con la determinazione delle parità fisse ed irrevocabili l'euro ____________________ la moneta ufficiale in undici dei quindici stati che a quel tempo ____________________ parte dell'Unione Europea.
Con l'entrata in vigore della moneta unica, ____________________ una delle più importanti barriere che ____________________ la libera circolazione delle persone, delle merci, dei servizi e dei capitali. Il 31 dicembre 1998 il cambio ____________________ a 1936,27 lire. Oggi l'euro ____________________ utilizzabile in 19 Paesi: Austria, Belgio, Cipro, Estonia, Finlandia, Francia, Germania, Grecia, Irlanda, Italia, Lettonia, Lituania, Lussemburgo, Malta, Paesi Bassi, Portogallo, Slovacchia, Slovenia e Spagna. L'ultimo Stato ad averla adottata ____________________ la Lituania il 1° gennaio 2015.

Ogni verbo esatto vale 1 punto. **Totale: ______/10**

4 Il lavoro del futuro

Reinserisci nel testo le preposizioni del riquadro. Le preposizioni NON sono in ordine.

a - ai - dai - dei - dei - della - dello - di - in - nel

Come cambieranno il lavoro e le competenze in risposta cambiamenti ambientali, sociali, politici e tecnologici? O in altre parole: quali saranno le professioni del futuro?
I risultati studio "Professioni oltre: il futuro delle competenze in Italia" evidenziano come la transizione tecnologica avrà un ruolo chiave definire il futuro dell'occupazione, soprattutto come acceleratrice processi di obsolescenza di competenze, mansioni e professioni.
I processi di digitalizzazione e iperconnessione richiederanno profili di competenze compositi, grado di gestire la complessità tecnica, tecnologica, organizzativa e gestionale. In tale contesto, sarà essenziale tanto l'aggiornamento professionale lavoratori, quanto la formazione di abilità adeguate nei giovani che fanno per la prima volta il loro ingresso sul mercato del lavoro.
A livello nazionale le previsioni occupazionali identificate modelli predittivi della ricerca indicano che l'80% delle professioni presenti in Italia muterà quantitativamente nel prossimo decennio. Il modello prevede, innanzitutto, che più di un terzo forza lavoro attuale svolge professioni che cresceranno nei prossimi dieci anni (circa il 36%), mentre tutte le altre rimarranno stabili (20%), o decresceranno (44%). Solo la metà delle professioni in crescita, tuttavia, saranno legate vario titolo alla tecnologia: aumenteranno anche professioni legate alla cultura, alla comunicazione, ai servizi di cura (carattere sanitario e non), all'insegnamento e alla formazione.

Ogni preposizione inserita in modo esatto vale 2 punti. **Totale: ______/20**

5 Roma produce più di Milano

Scegli la forma corretta e più appropriata.

Non è una battuta ironica, ma una rivelazione del Censis[1] che, **pubblica/pubblicando/aver pubblicato** i risultati dello studio annuale sull'economia italiana, dà un colpo di spugna ad una miriade di **luoghi/posti/principi** comuni e a parecchi slogan della Lega[2].
Con il 6,4% del PIL, **a fronte/contro/rispetto** del 4,8% di Milano, Roma non è più solo la capitale politica della Repubblica Italiana, ma anche quella economica, **essendo/essente/sia** la città che maggiormente contribuisce alla ricchezza nazionale. Ma Milano non accetta il sorpasso e controbatte che se si guarda alla ricchezza prodotta *pro capite* si riappropria ampiamente del suo **primo/primato/principio** storico, **anziché/ma/mentre** Roma si trova in ventottesima posizione.
Naturalmente entrambe le affermazioni sono veritiere e **comprovate/compromesse/compresse** dai dati. L'apparente contraddizione è da **imputando/imputarsi/essere imputata** a diversi fattori: prima di tutto Roma conta più del doppio degli abitanti di Milano, in secondo **posto/luogo/-** la superficie del Comune di Roma è dieci volte superiore **a/con/di** quella del Comune di Milano; infatti, per volontà di Mussolini, il Comune della capitale è, come estensione, il più vasto d'Europa.

Ogni forma esatta vale 1 punto. **Totale: ______/10**

note

1. Censis: istituto nazionale di ricerca socioeconomica.
2. Lega: partito politico del Nord Italia

6 L'intervista

Riordina l'intervista del professor Quadrio Curzio, docente di Scienze Politiche all'Università Cattolica di Milano.

1. *Giornalista* - Dunque professore, alla fine Roma è riuscita a battere Milano.

__ *Professore* - Non proprio. I dati da confrontare sono quelli dei sistemi metropolitani, 11 in tutta Italia, che producono il 31,4% del PIL nazionale.

__ *Professore* - In termini assoluti sì, ma il confronto città contro città non è significativo, anzi può risultare fuorviante.

__ *Giornalista* - Perché?

__ *Professore* - In primo luogo la supremazia di Milano e poi si capisce che il sistema adottato da questa città, che favorisce anche l'espansione dei comuni vicini più piccoli, funziona; non a caso molti fra i comuni più ricchi della nazione si trovano proprio nell'hinterland milanese...

__ *Professore* - Non è esattamente così; ci sono almeno due ragioni per cui Roma appare da preferire a Milano.

__ *Giornalista* - Così facendo che si scopre?

__ *Professore* - Innanzitutto perché Roma è molto più popolosa di Milano; infatti se consideriamo i dati del reddito pro capite con i suoi 43.800 euro contro i 29.400 di Roma, Milano è nettamente avanti.

__ *Giornalista* - La prima immagino sia l'estrema distanza fra super ricchi e superpoveri, due categorie ben presenti a Milano, mentre Roma è più omogenea.

__ *Giornalista* - Quindi sono questi i dati da confrontare per un'analisi più realistica.

__ *Giornalista* - Dunque il sindaco di Roma non ha motivo di esultare. Milano vince contro Roma sotto tutti i punti di vista.

12. *Professore* - Esatto. Purtroppo questo reddito pro capite così alto a Milano rappresenta solo una media. L'altro aspetto negativo è che Milano ha un'eta media altissima: ci sono ben 35 pensionati su cento abitanti. A Roma solo 22.

Ogni frase messa nel giusto ordine vale 1 punto. **Totale: ______/10**

7 Il miracolo economico

Ricostruisci l'ordine dei paragrafi del testo inserendo negli spazi __ il numero d'ordine e negli spazi .... le congiunzioni. Le congiunzioni sono in ordine.

tra - come - in effetti - in conseguenza - mentre - così - tuttavia - a fronte - e - quando

1. L'Italia ha conosciuto negli ultimi 40 anni, o meglio dal dopoguerra agli anni 90, uno sviluppo economico senza precedenti e per alcuni aspetti inatteso, considerata l'assenza sul suo territorio di materie prime e fonti di energia.

__ .... del cosiddetto "triangolo industriale", delineato fra Torino, Milano e Genova vi erano zone altamente depresse come il nord est, divenuto oggi una delle zone più ricche,

__ .... il reddito pro capite giunse quasi a triplicare.

__ .... lo si definiva comunemente, anche per riconoscenza agli aiuti americani ricevuti nell'immediato dopoguerra con il piano Marshall.

__ .... questo "miracolo economico", che ha permesso all'Italia di entrare a far parte del gruppo dei 7 Paesi più industrializzati del mondo, non si è manifestato in maniera omogenea in tutto il Paese.

__ .... negli anni 80 questo modello economico e sociale è entrato in crisi e l'industria ha subito un ridimensionamento sostanziale,

__ .... si trattò di un vero e proprio scoppio di vari settori industriali - siderurgico, metalmeccanico, chimico -

__ .... regioni, soprattutto nel sud, che a tutt'oggi non hanno ancora beneficiato di questo sviluppo economico.

__ .... del quale in soli 6 anni, dal '56 al '62, gli addetti all'industria passarono da 3,5 a 7,5 milioni e il tasso di disoccupazione scese intorno al 3%,

__ .... la società italiana, divenuta improvvisamente molto più ricca e "cittadina", scoprì il consumismo e rivoluzionò stili di vita e costumi.

__ .... gli anni 50 e 60 l'economia italiana, basata quasi esclusivamente sull'agricoltura, conobbe un processo di industrializzazione rapidissimo, un vero e proprio "boom",

12. l'Italia ha saputo riorganizzarsi dando il via all'era postindustriale, in cui il settore terziario - servizi, commercio e turismo - contribuisce al 63% del prodotto interno lordo.

Ogni congiunzione inserita in modo esatto vale 1 punto. **Totale: ______/10**

Ogni paragrafo messo nel giusto ordine vale 1 punto. **Totale: ______/10**

Soluzioni degli esercizi

A1. Test 1: Studiare l'italiano

1. L'iscrizione - cognome, luglio, americana, Italia, telefono.
2. La lingua italiana - bella, armoniosa, alcuni, complicata, molti, irregolari, lunghe, facile, poche, muta.
3. Uno studente - uno, la, gli, i, lo, le, un, un, un', un.
4. Mary in Italia - lingua ***italiana*** a; perché ***al*** college; sogno ***è*** diventare; anche ***l'***antiquariato, anno ***prossimo*** forse; corso ***di*** restauro; da ***tre*** mesi; parlare ***bene***; perché ***conosce*** anche; Infatti ***sua*** madre.
5. Paula e Mary - 1/C - 2/A - 3/B.
6. Mary e Hans - di, da, di, da, A, alla, in, alla, a, a.
7. In classe - va, stai, sembri, hai, è, ha, dormo, chiudiamo, Siamo, significa, avete, chiude, vuole, riesce, usiamo, c'è, capisco, sei, hai, organizziamo.
8. La casa dello studente - chiude, rientrano, avvisare, devono, È, vogliono, usare, può, possono, rispettare.

A1. Test 2: Conoscersi

1. In treno - Lei?; fa; Lei è; Lei quanti anni ha? ; Lei ha; Lei non ha caldo; è; Lei prende; arrivederci; Arrivederci.
2. In fila in biglietteria - Ciao, io sono Victor; tu che lavoro fai?; Sei italiano? ; Sei; tu? ; Perché vai; Hai la macchina? ; ha? ; non lo so; Ci vediamo.
3. Per conoscersi - *1*/C - *2*/F - *3*/A - *4*/B - *5*/D - *6*/L - *7*/I - *8*/H - *9*/G - *10*/E.
4. La mia città - bellissim**a**, antic**a**, ved**o**, torn**o**, prim**a**, conserv**a**, alt**i**, passeggi**o**, genitor**i**, trov**a**, interessant**e**, tranquill**o**, preferiscon**o**, gentil**e**, funzionan**o**, tant**i**, poss**o**, mi**a**, dev**o**, appartament**o**.
5. Una coppia italiana - siamo, abitiamo, ho, faccio, devo, frequenta, vogliamo, comprano, vendono, preferisce, finisco, vado, piace, dice, sono, ripete, conoscete, capite, sai, arrabbio.
6. Tu e voi - siete, antipatici, arroganti, Avete, volete, vi arrabbiate, voi, esistono, le, motociclette.
7. Eros Ramazzotti - cantante, anni, racconta, un, la, in, ma, gioca, È, simpatico.

A1. Test 3: A casa di amici

1. L'invito a cena - mia, tua, tuoi, miei, mia, sua, mia, tuoi, suoi, loro.
2. Una casa italiana - L', la, la, la, il, le, lo, I, la, gli.
3. Un'e-mail - sono, vado, abito, invitano, frequento, vivono, pranziamo, ceniamo, prepariamo, parliamo, devo, Voglio, preferisco, beve, conosco, capisco, c'è, Penso, è, fa.
4. Alcune regole di comportamento - italiani, fiori, una, dolce, è, casa, molto, il, di, per, serata.
5. La casa di Pino e Maria - bella, grande, comoda, luminoso, grandi, piccole, carini, bianca, azzurra, Tutti.
6. A cena da amici - Benvenuto, in ritardo, Scusami, presento, te, non, contenti, pronto, andate, andiamo, Ha, le, Hai, avere, fa, è, Preferisci, bevi, un, me.
7. I cannoli siciliani - 2 - 1 - 3.

A1. Test 4: Tempo libero

1. Sport - una, la, le, i, Lo, il, gli, un, le, gli.
2. Cinema - *al*, mio, sua, mia, *in*, suo, miei, *a*, loro, *al*.
3. La domenica - lo, lo, li, la, la.
4. La discoteca - con, ragazzo, di, mai, così.
5. A proposito di cinema - esco, vanno, c'è, andiamo, ama, preferisco, guardiamo, è, mangiamo, discutiamo, si chiama, abbiamo, dorme, beve, sembra, capisco, si basano, deve, continuo, mi diverto.
6. Dipingere - mi sono alzata, ho perso, ho incontrato, ha chiesto, voglio, vede, preferisco, ha avuto, ha potuto, ho deciso, ha preso, sa, ha fatto, organizza, piace, ho cominciato, ho smesso, sono finite, sono stata, sono andata.
7. Partite o concerto? - *2*/D - 4/C - 6/B - 5/A - *1*/E - 3/F.

A1. Test 5: Coppie

1. Carla e Giorgio - carina, dolce, castani, lunghi, verdi, intelligente, gentile, bello, fantastici, blu.
2. Philip e Jorg alla Bocconi - camera ***con*** un; Il ***mio*** compagno; come ***me***; colazione ***insieme*** in; ***se*** non piove; differente ***dalle*** nostre; pomeriggio ***non*** abbiamo; studenti ***a*** mangiare; Il ***prossimo*** fine-settimana; Tu ***lo*** conosci.
3. La colazione - mi, lo, mi, lo, si, la, le, le, le, li, lo.
4. Due vecchi amici - ho incontrato, sono venuti, È stata, abbiamo fatto, abbiamo passato, abbiamo preso, è andato, è diventato, sono rimasto, ho aperto, ho avuto, ha capito.
5. Una telefonata - 4/B - *3*/D - 1/F - 2/*C* - 6/E - 5/A.
6. Le chiavi di casa - a, alle, di, di, al, nel, a, a, a.

A1. Test 6: Gite in Italia

1. Un'e-mail per Carolina - *che* ~~a~~ **da** *voi è festa*; *come faccio* ~~di~~ **ad** *arrivare*; ~~Da~~ **Dall'***aeroporto*; *300 metri* ~~dal~~ **dalla** *stazione*; ~~In~~ **Tra** *una settimana*.
2. Un giro in Sicilia (parte I) - è rimasto, è piaciuta, ama, ci sono, si è divertito, ha conosciuto, ha organizzato, hanno preso, sono partiti, hanno incontrato.
3. Un giro in Sicilia (parte II) - hanno, sono, hanno, sono, sono, hanno, hanno, hanno, hanno, è.
4. Una settimana a Roma (parte I) - Ho finito, vieni, ho fatto, visitiamo, porto, sai, devi, Ti ricordi, è arrivato, abbiamo bevuto.
5. Una settimana a Roma (parte II) - sul, per, sulla, nella, dell', alla, di, a, per, alla.
6. Una gita fuori porta - mi, vi, gli, lo, mi, lo, Li, si, -mi, vi.
7. La gita del 1° Maggio - 2/C - 6/E - 1/B - 3/A - 5/D - *4/F*.

A2. Test 1: Problemi d'amore

1. Biagio racconta - in cui, a cui, *spazio in più*, mai, Quando, tanto, anzi, modo, che, con cui, insomma.
2. Marianne e il fascino latino-americano - studiavo, veniva, era venuto, lavorava, ha incontrato, frequentavo, hanno deciso, finivo, andavo, abbiamo deciso, doveva, era, si era innamorata, aveva visto, sono arrivati, hanno cominciato, cantava, aveva, è andata, aveva trovato.
3. Consigli - *Frasi corrette:* 3; 5; 6; 9; 10. *Frasi sbagliate:* 1 (***Non ci*** pensare); 2 (Dimentica***lo***!); 4 (Al tuo posto ***mi*** guarderei intorno...); 7 (Fal***la*** aspettare un po'); 8 (...perché non ***ti*** piacciono le ragazze che si fanno desiderare).
4. Lettera al giornale - un grande, di, mi, ieri, in cui, Cosa, nessuno, l'ama, meglio, con, che, molto, me, noiosa, lui, felici, a, sa, migliore, chi.
5. Doriana risponde - 5 - 3 - 4 - 1 - 2.
6. Un amore in crisi - ci vediamo, manchi, ha lasciato/ha lasciata, ha detto, doveva/deve, aveva/ha, ho visto, Ti ricordi, ci siamo divertite/ci siamo divertiti, siamo andati, È passato, sembra, Mi sento, so, dovrei, può, continuo, riesco, ce la faccio, annoio/ho annoiato/ho annoiata.

A2. Test 2: Pettegolezzi

1. Il simpatico cugino di Roberta - casetta, mio cugino, mio cugino, mio cugino, mio cugino, mio cugino, i suoi amici, mio cugino, Rosa, amore.
2. Il collega raccomandato - ci, insieme, successo, mio, fare, lei, sarei, avrei, lui, quando.
3. Pettegolezzi: dove? - In, di, nei, Al, con, alla, a, dal, sulla, dalla.
4. Due chiacchiere... (parte I) - fai, studi, ho finito, ho preso, ho incontrato, si sposa, ero, ho conosciuto, ho letto, è diventata.
5. Due chiacchiere... (parte II) - ha, è morto, ha perso, esce, lavora, torna, va, passo, porto, è.
6. Due chiacchiere... (parte III) - Quando, sempre, ora, ancora, inizio, poi, più, mai, primo, già.
7. Brasile che passione - ti, gli, ne, lo, Le, La, si, -la, ci, lo, le, Si, l', Ci, ne, Mi, ti, li, si, li.

A2. Test 3: Mangiare

1. Al bar - ho fatto, aprivamo, chiudevamo, cominciavo, andavo, lavora, sta, si incontra, chiacchierare, è, si frequenta, va, è, ha smesso, devono, pranzano, è rimasta, è, chiede, preferisce.

2. Cucinare, che passione - nel, il mio, i miei, suo, i suoi, Le sue, da mia, con il mio, la tua, dei tuoi.
3. Mangiare: dove e quando - aperti, festivi, pomeriggio, negozi, orari, molte, il, *spazio in più*, giornata, e, solo.
4. Due amici al bar - *Luigi:* 3 - 6 - 4 - 1 - 2 - 5. *Giorgio:* B - D - A - C.
5. La pizza - facendo ***qui*** in cucina; Non ***lo*** vedi; ho ***appena*** ordinato; Mangio ***anche*** quella; ordinate 2: ***una*** ai funghi; non ***mi*** piacciono; Ma ***dai***, i funghi; la birra ***ce*** l'hai; E ***ora*** che; adesso ***che*** beviamo.
6. Carmelina e le sue ricette - La, ne, mi, l'/la, lo, mi, -la, -li, le, ci.

A2. Test 4: Festa a sorpresa

1. Rachele organizza una festa - ne, le, La, Ne, li, mi, ci, -la, mi, mi.
2. Altri preparativi - non ***li*** ho trovati; non ***mi*** ha risposto; non ***li*** chiami; non ***lo*** fai; Io ***mi*** devo preparare; Certo, ***l'***ho ordinata; Il cioccolato non ***gli*** piace; Ora ***gli*** ritelefoni; No, ***ti*** prego; quello ***si*** arrabbia.
3. Musica per la festa - ieri, occupato, continuamente, ragione, Puoi, neanche, Per, tutto, paio, ne, *spazio in più.*
4. Rachele e la "festa a sorpresa" (parte I) - è andata, sta/stava, era, è dovuto, ha trovato, ha deciso, ha fatto, devi, è, sono, torniamo, ho risposto, ci sono, avevo, è uscito, ho telefonato, sono arrivati, ci siamo divertiti, ha suonato, ha detto.
5. Rachele e la "festa a sorpresa" (parte II) - ha visto, ha aperto, si sentiva, ha capito, immaginava, ha spento, hanno portato, è salita, voglio, devi.
6. Una telefonata inopportuna - 5/B - 1/E - 4/D - 3/F - *6/C* - 2/A.
7. I consigli della nonna - 1. dovresti ~~faresti~~ (*corretta:* fare) attenzione; 2. anche se non ti ~~piaceresti~~ (*corretta:* piace); 3. Anzi, ~~saresti~~ (*corretta:* sarebbe) meglio; 4. Spero che ~~seguiresti~~ (*corretta:* seguirai) questi; 5. come ti ~~dirò~~ (*corretta:* dirà) tua madre.

A2. Test 5: Viaggi e gite

1. Un elefante a Roma (parte I) - 1. a Roma ~~vedevo~~ (*corretta:* ho visto) un elefante; 2. Stai attento, ~~torni~~ (*corretta:* torna) qui; 3. selvaggi mi ~~piace~~ (*corretta:* piacciono) molto; 4. è rimasto calmo e non si ~~muoveva~~ (*corretta:* è mosso); 5. l'elefante ~~fuggiva~~ (*corretta:* era fuggito) due giorni.
2. Un elefante a Roma (parte II) - lascerei, dovete, ho voluto, sarei, farei, fidatevi, Scappate, hanno deciso, ho saputo, avranno.
3. Il mio primo viaggio in aereo - in, del, breve, volta, passeggeri, a, paura, *spazio in più,* ha, lo, perché.
4. Viaggio in Italia - l'/lo, mi, mi, ne, Ci, Ti, Le, Ti, -mi, -ne.
5. Tour organizzato - 6/A - 4/B - 5/F - *2/C* - *1*/E - 3/D.
6. Due città italiane (parte I) - la più, bellissima, di più, superiore, meno, inferiori, tanto, quanto, più, del.
7. Due città italiane (parte II) - ottime, meglio, come, più, del, delle, la più, superiore, il più, del.
8. Orangutango nel parco nazionale della Maiella - siamo andati, ama, Ci siamo alzati, siamo partiti, c'era, odiano, hanno cominciato, abbiamo raggiunto, sa, si è messa, sono arrivate, è finito, potreste, desidererebbe, stiamo festeggiando, avete, sembra, mi sono innervosito, andrei, si sta divertendo.

A2. Test 6: Le storie di Simona

1. Simona racconta (parte I) - li, mi, lo, le, la, mi, si, -lo, ci, ci.
2. Il marito di Simona - *2*/A - 3/*F* - 5/C - 1/D - 4/B - 6/E.
3. Simona racconta (parte II)
Stamattina sono andata ***a*** comprare un vestito elegantissimo ***per*** questa sera, perché finalmente mio marito ha deciso ***di*** non festeggiare l'ultimo dell'anno ***a*** casa e andiamo ***in*** un locale alla moda molto elegante. Ho trovato subito il vestito, ma ho dovuto girare molti negozi ***per*** trovare le scarpe e la borsa; ***nella*** mia famiglia infatti abbiamo tutti i piedi lunghi e non è facile trovare le scarpe ***del*** nostro numero. Di solito in queste occasioni mio marito non ha un vestito elegante ***da*** mettersi, perché ***a*** lui non piace fare spese e spendere molti soldi per vestirsi bene, (...).
4. Una breve vacanza - sto scrivendo, siamo arrivati, dobbiamo, sono finite, vorrei, siamo andati, è, Ci siamo divertiti, abbiamo preso, c'è, cantava, aspettavamo, lascio, devo prepararmi, mi sono comprata, piaceva, ha visto, ha detto, ha regalato, abbraccio.
5. Dopo le vacanze - Sei stata, siamo andate, si è *appena* separata, lavora, può, è, conosci, hai incontrata, avevo/ho avuto, ricordo, avete fatto, ha avuto/aveva, è riuscito, siamo partiti, prenotare, ho visto, è venuta, avevo *mai* vista, ho visitato, piacerebbe.
6. Le nuove case di Simona e Veronica - nella tua, i miei, mia, nel tuo, Mio, ai suoi, i nostri, la loro figlia, i tuoi, sua.
7. Simona in un negozio - *Simona* - Scusi, vorrei provare ***quel*** vestito in vetrina. Che taglia è?;
Simona - No, non c'è una taglia ***più*** piccola?;
Simona - Uhm, probabilmente la 38 è piccola, ma voglio provarla lo ***stesso***. Che colori avete?;
Simona - No, ma vorrei vedere ***qualche*** cravatta per mio marito;
Commessa - Bene, ***basta*** così?

B1. Test 1: Fatti insoliti

1. Una storia incredibile - sono uscito, ho preso, vado, è morto, pioveva, c'era, sono entrato, Viaggiavo, ascoltavo, danno, dicendo, vuoi, guida, sorpassare, sii, è ricominciata, ho continuato, ricordo, ho fatto, guidava, si arrabbiava,finivano, trasmetteva, ha fermato, faccia, Si rende, succedono, ha perso/perde, dia, ho riconosciuto.
2. Una strana paura - 5/B - 6/*A* - 1/E - 3/D - 4/F - *2*/C.
3. Il favore - te lo, me l'/me lo, l'/la, mi, gliela, gli, lo/l', ci/c', ne, te la.
4. Il messaggio misterioso - Siccome - e - ma - invece - infatti - finché-che - però - e - (*virgola*).
5. Un regalo inaspettato - *Camilla* - Ma ***che*** bella borsa...
Barbara - ... non mi regala mai ***niente*** per San Valentino (...) quando non ***me l'***aspetto...
Camilla - ... piacerebbe comprarne ***una*** simile.
Barbara - ... vicino ***ci*** puoi andare ora.
6. Il piatto della casa - Chiamalo, Fallo, scusi, venga, prendile, Dammi, deciditi, sbrigati, consigliami, scegliere, scusa, pensare, aspettarti, prendilo, fa'/fai, Senta, porti, vada, Prenda, aspetti.

B1. Test 2: La moda

1. I saldi - sono cominciati, è, hai comprato, crederai, ho avuto, hai fatto, ho preso, arrivi/arriverai, avrei dovuto, avresti fatto, posso, entrerei, so, c'entra, Pago, compro, vado, hanno regalato, voglio, mi aiutano.
2. Un regalo per Maria - 2 - 3 - 5 - 4 - 1; 9 - 6 - 7 - 10 - 8.
3. Una casa di moda famosa nel mondo: Gucci - *Frasi corrette:* 2; 5; 6; 7; 8; 9. *Frasi sbagliate:* 1 (Gucci nasce ***a*** Firenze); 3 (il successo di Gucci ***cresce***); 4 (Gucci apre i ***suoi*** negozi); 10 (Gucci ***lo*** realizza).
4. Storia della moda italiana
La moda, come affermazione sociale ed importante mezzo di comunicazione, nasce alla fine dell'Ottocento, a Parigi. In Italia nasce all'inizio del secolo scorso, ma è ***il*** 12 febbraio 1951 che acquista una fama internazionale. In questa data infatti, ***il*** conte Giovanni Battista Giorgini ha ***l'*** idea di presentare in ***un*** solo ed unico luogo, Firenze, ***le*** collezioni delle diverse case di moda sparse tra Roma, Milano e Firenze. Organizza ***la*** prima grande sfilata nella sua magnifica villa: Villa Torrigiani. Inizia così ***il*** «Rinascimento» della moda italiana.
Con ***gli*** anni, la moda italiana ottiene sempre maggiori successi. Milano diventa una delle capitali della moda, con Parigi e New York. ***Lo*** sforzo delle aziende italiane dà ***i*** suoi frutti: il Made in Italy diventa simbolo di prestigio, altissima qualità e design.
5. Moda oggi, storia domani - che, inutile, primi, costume, considerare, cambiato, composti, figli, spendere, speso.
6. Il sistema moda - Tra, degli, della, In, dei, negli, Negli, di, a, In, per la, a, -, nel, dall', in, da, di, in, in.
7. L'industria del falso - 2 - 5 - 4 - 3 - 1.

B1. Test 3: Oltre a Roma, Venezia, Firenze

1. La Val d'Aosta - più piccola, le più alte, maggiore, meno, bellissimi, ottima, uno dei, moltissimi, superiori, più.
2. Informazioni - mi, Mi, lo, l'/la, lo, gli, ci, l'/lo, ti, le/l', mi, Le, le, ci, ci, le, Mi, li, La, Si.
3. Pedro e Luis alla ricerca di Piazza Dante - *1*/C - 6/*E* - 3/D - 2/B - 5/A - 4/F.
4. Parma - fine, come, della, circa, quello, *spazio in più*, trovano, Uno, progettato, si, più.
5. La Repubblica si San Marino
Si tratta ***della*** più antica e piccola repubblica ***del*** mondo. La sua superficie copre solo 61 chilometri quadrati ***della*** penisola italiana. San Marino infatti si trova, come il Vaticano, dentro la Repubblica Italiana, ma ne è completamente indipendente. Appena si entra ***in*** territorio sanmarinense si trova un cartello che dice "Benvenuti nell'antica terra ***della*** libertà" e effettivamente i suoi abitanti anche oggi sono liberi ***dalle*** tasse. Per questo molti turisti non vanno ***a*** visitare i monumenti, le mura, le torri e le chiese, ma entrano subito ***nei*** negozi ***per*** comprare tutti quei prodotti che senza tasse costano meno che ***in*** Italia.

6. Le cinque terre - posso, avete portato, volevate, avevamo visto, eravamo andati, c'era, è finito, sono, smettete, avevo proposto, avevi, faceva, va, deve, vuoi, Calmatevi, dite, riprendo, ho perso, dici, Ho trovato, Vi ricordate, siamo andati, Ci siamo divertiti, stavamo, ti eri fermato, si è arrabbiata, ho *mai* sentita, vanno, camminiamo.

B1. Test 4: Prodotti tipici

1. Il prosciutto di Parma - unici, dei (*dopo* nell'abilità), paziente, infatti, né, una, piacere, sua, facilmente, peccato.
2. Dove si produce il prosciutto di Parma?
Ovviamente a Parma, la stessa città ***da*** cui viene il formaggio parmigiano e la musica ***di*** Giuseppe Verdi. La domanda ***da*** porsi è un'altra: che cosa ha Parma di così speciale ***per*** produrre cose tanto buone e preziose? Prima ***di*** tutto un'ottima posizione geografica: né troppo ***a*** nord, né troppo ***a*** sud, né troppo vicina né troppo lontana ***dal*** mare e ***dalla*** montagna. Il Po, il fiume più lungo ***d'*** Italia attraversa le sue terre e lascia tanta acqua ed umidità. Quindi la campagna è ricca ed è facile allevare animali da mangiare e da far lavorare.
3. Curiosità: alcuni nomi - alcuni, che, nel quale, meno, questo, con cui, la cui, che, quella, quali.
4. Le qualità del parmigiano - 1/D - 4/B - 5/C - 2/A - 3/E.
5. La storia del parmigiano e del Parmense - si usi, potrebbero, si possa, ascoltare, è nato, si produceva, sia, viaggiava, avevano esportato, sarebbe arrivata.
6. Margherita Doc, o meglio SGT, Specialità Tradizionale Garantita - 3 - 4 - 5 - 2 - 1.
7. La mozzarella di bufala - c', *spazio in più*, -ne, -la, -la, si, -la, la, si, -la, si, -la, si, -la, si, -la, -la, *spazio in più*, si, -la, si, -si.

B1. Test 5: Innamorarsi a Venezia

1. Estate a Venezia - sono andata, può/potrebbe, C'erano, sia, esiste, ho deciso, mi sono iscritta, ho cominciato, ho incontrato, era *appena* tornato, stavano, ami, avevo deciso, ho accettato, mi sono resa, sarebbero venuti, mi sono affrettata, è tornato, sono uscita, esco.
2. Il gelato galeotto - noi, La, lo, ci, in, Ne, tu, a, di, darsi.
3. Colpo di fulmine - quanto, se, che, fa, si, conosciuto, pensare, spesso, finalmente, di.
4. Incontri veneziani - *Dialogo 1:* 5 - 9 - 10 - 6 - 2. *Dialogo 2:* 7 - 4 - 8 - 1 - 3.
5. In giro per Venezia - chiederLe, mi dica, guardi, deve, la trova, arriva, chieda, Le sarà, La ringrazio, si figuri.
6. Un fine settimana
Lo ***scorso*** fine-settimana, io e Andrea siamo andati in Toscana. Quando ero piccola andavo ***sempre*** in vacanza con i miei genitori in una casa vicino a Firenze, ma non ci tornavo ***da*** otto anni. Siamo arrivati a Siena ***verso*** mezzogiorno, ma abbiamo dovuto girare per un'ora ***prima*** di trovare un albergo libero, perché era il primo luglio, il giorno precedente il celebre Palio. Dopo esserci sistemati, abbiamo mangiato qualcosa e siamo andati in un posto bellissimo: le Crete. Non è un posto storico, ma la natura è davvero bellissima. Abbiamo deciso di cenare lì e poi di guardare le stelle ***fino a*** tardi. Il giorno ***dopo***, domenica, siamo andati in un paesino, San Gimignano, dove ero stata con i miei genitori dieci anni ***fa***. Che bel fine settimana è stato! La settimana ***prossima*** pensiamo di tornare in Toscana, ma non è sicuro perchè ***tra*** dieci giorni avrò gli esami e devo studiare molto.
7. Caro diario - manche**rà**, conos**ciuto**, piaciut**a**, davver**o**, studia**ndo**, pot**uto**, citt**à**, riman**e**, dubb**i**, particolar**e**, colleg**ate**, larg**o**, **sia**, **era**, ricchis**sima**, esclusiva**mente**, ch**e**, cultural**i**, torn**are**, sar**ebbe**.

B1. Test 6: Musica

1. Al festival pucciniano a Torre del Lago - prenderesti, è, debba, consigli, dovreste, canto, ha fatto, sta, raccontava, dovrebbe, è, penso, spieghi, ha ottenuto, cantava, abbiamo sentito, è stato, ha cantato, vacci, venire.
2. Giacomo Puccini
Nasce a Lucca nel 1858 ***da*** una famiglia ***di*** musicisti da cinque generazioni; ***fin da*** piccolo dimostra ***di*** possedere un grande talento musicale, ma non ha nessuna voglia di studiare, forse perché gli viene tutto fin troppo facile. L'11 marzo 1876, ***all'***età di diciotto anni, va ***a*** piedi da Lucca a Pisa, "consumando un paio di scarpe", ***per*** ascoltare l'Aida di Verdi. Ne rimane folgorato; l'Aida rappresenta per lui "l'aprirsi di una finestra ***sul*** mondo ***della*** musica" e comincia a comporre le proprie opere: *La Bohème*, *Tosca*, *Madama Butterfly*. Muore nel 1924 ***senza*** poter veder in scena l'ultima opera composta, *Turandot*.
3. Andrea Bocelli - che, che, che, sulla cui, il quale, a cui, in cui, da cui, di cui, il quale.
4. Dopo lo spettacolo - vi, me, si, gli, ti, mi, lo, mi, -lo, ci, le, ti, ci, -ti, li, ci, ne, lei, Mi, -la.
5. A proposito di Madama Butterfly - *1*/B - 5/F - 2/C - 6/E - 3/A - 4/D - *7*.
6. Dialogo formale - Le sembra, lo ammetta, Lei non ne conosce, Si riferisce, Non faccia finta, La smetta, Ha cominciato Lei, Lei invece non perde mai l'occasione, sua amica, Mi faccia.
7. Antonio Stradivari (1644 – 1737) - B - I - D - E - F - L - A - C - H - G.

B2. Test 1: Maternità e paternità

1. Un figlio ti cambia la vita - rilassati, siamo uscite, diceva, ha cambiato, è nato, mi sento, prendere, sarebbe cambiata, immaginavo, avrei cambiato, avevo avvisata/o, avevi detto, Conosco, si scoprono, passa, ha avuto, aveva addolcita, era diventata, è tornata, mi preoccupo.
2. Essere madre - mia, mi, mi, mie, miei, ti, tu, Ti, miei, mio
3. Essere padre - meno, durante, in atto, infatti, in quanto, maggiore, due, di più, attorno, genitoriale
4. Nipoti e figli - ne, la, te la, si, glieli, Li, -li, gli, Le, si.
5. I consigli di una psicologa ad una mamma ansiosa - Guarda, tu, ti preoccupi, stai/sta', tuo, Abituati, puoi, suoi, devi, gli impedisci, Trattalo, aiutarlo, dagli, digli, proibirgli, sii, corrergli, mandalo, suoi, abbi.
6. Il congedo di maternità - *1*/C - 6/A - 5/E - 3/B - 2/D - 4/*F*.
7. Legislazione italiana - Visto, già, più, Innanzitutto, così, oltre, fino, prima, dal, Inoltre, finora, in, invece, Per, come, Nel, al, anche, se, in.

B2. Test 2: Università e comunicazione

1. Le prime donne docenti universitarie - racconta, teneva, racconta, dava, ci fu, teneva, era, voleva, Venne, impartiva, era, ammetteva, stavano, era/fu, riuscì, si occupò, divenne, ebbe, ottenne, vollero.
2. Più cellulari che abitanti: tra italiani e tecnologia è amore - frequenti, fossimo, costituirebbe, stupisce, rinunceresti, scelga, offrire, si tratti, fosse, ammettendo
3. Il galateo telefonico: regole e consigli - *1*/D - 2/M - 3/L - 4/A - 5/F - 6/G - 7/B - 8/E - 9/H - 10/I - 11/C
4. Una telefonata difficile - D - 5 - B - 3 - 4 - E - C - A - 2 - 1
5. L'industria della cultura - 6. perché, sebbene questa professione ~~ha~~ (*corretta:* abbia) a che fare con la cultura, 7. è molto ~~orientato~~ (*corretta:* orientata) verso la "vendita" della cultura.
6. La Facoltà di Scienze della comunicazione - nata, preparino, studiano, ha, frequentare, sceglie, può, risulti, entra, prepara.
7. Il successo di Scienze della comunicazione - giovani ***che*** si iscrivono; è forse ***quello che*** garantisce; sicurezze ***a chi*** intenda; ragion ***per cui*** è necessario; linguaggi ***di cui*** ci si serve; motivo ***per cui*** sempre; Lettere o Filosofia, ***che*** negli anni; carriere ***a cui*** possono aspirare; A ***chi*** si rivolge; laurea? ***A chiunque*** abbia fantasia.

B2. Test 3: Cronaca e Legge

1. Come difendersi dai ladri - tranquilli, possa, siamo, è, può, brutte, è, siano, ci, sarebbe.
2. L'esame - *1*/I - *2*/F - *3*/A - *4*/B - *5*/C - *6*/H - *7*/D - *8*/E - *9*/L - *10*/G.
3. Due vecchi compagni - avessi dimenticato/a; potrei; stia; Pensavo; sapessi; ci siamo separati; Avevo notato; andavano; aveva vinto; si sarebbe trasferito; se ne è andato; avrei potuto; ho; vivere; foste rimasti; sareste/sareste stati; abbia potuto; lavorano; fossi; cercherei.
4. La delinquenza ha un grande futuro (parte I) - 4. dalla metà del Novecento ad oggi non ~~esisteva~~ (*corretta:* esiste) più; 9. di coloro ~~cui~~ (*corretta:* che) conoscono e comandano.
5. La delinquenza ha un grande futuro (parte II)
Qualche anno fa ***in*** una sua rubrica ***su*** *L'Espresso*, Giorgio Bocca scriveva: "Non rispettare la legge è divertente. Meno la rispetti e meno rischi. E puoi avere successo ***nella*** società ***del*** divertimento. Se ci si chiede perché la gente delinqua, ***in*** particolare perché delinquano politici, burocrati, militari, persone ricche ed importanti che non avrebbero un bisogno materiale ***di*** delinquere, una ***delle*** risposte può essere che delinquere è divertente e che ***in*** una società dove cresce la delinquenza cresce anche l'impunità. Ai figli si potrebbe consigliare ***di*** andare a scuola ***di*** delinquenza, privata o pubblica, non fa differenza."
6. Precauzioni da prendere quando si va in vacanza - raccomandarti, vivi, non spegnere, fa'/fai, Chiedi, svuotarti, fa'/fai, lasci, Non dire, dillo, Non lasciare, non darla, chiedi, tua, ricordati, prendi, te, Abbi, Ti, sai.

7. Una brutta sorpresa
Salve, vi racconto la mia storia...
Il mio nome è Alessandro e lo scorso 8 gennaio verso le 11.00 mi sono recato presso l'ufficio postale ***dove*** vado di solito ***quando*** sono a Milano. ***Dopo*** circa un'ora di attesa, arrivato il mio turno, chiedo il saldo del mio conto corrente ***e*** scopro che mancavano 4.000 euro rispetto alla cifra attesa!!! Ho richiesto immediatamente l'estratto dei movimenti ed ho capito che da alcuni giorni qualcuno stava prelevando da "altri sportelli" tramite carta Postamat cifre altissime. ***Senza*** aspettare un attimo ho bloccato la carta, ma non ho potuto domandare altro ***perché*** alle 12.00 in punto l'ufficio ha chiuso ***malgrado*** le mie proteste. Allora ho iniziato subito a bombardare di telefonate il call center di Poste Italiane ed ogni operatore che ho interpellato mi ha indicato una procedura differente; ***quindi*** mi sono precipitato dai carabinieri per effettuare la prima delle due denuncie verso ignoti da me effettuate e grazie anche alle loro indicazioni ho mandato una richiesta di rimborso alla Direzione delle Poste Italiane, allegando tutti i documenti. Pareva evidente la clonazione della mia carta. Infatti, ***sebbene*** io sia tutt'ora in possesso della mia carta Postamat Maestro e non l'abbia mai ceduta a terzi, qualcuno aveva prelevato ingenti somme di denaro dal mio conto tra Nizza, Mentone e Lugano ***mentre*** io ero serenamente a Laglio per passare le festività natalizie come posso dimostrare proprio grazie ai movimenti della carta.
Ciò nonostante, a distanza di tre settimane, non ho ancora ricevuto alcuna risposta esauriente dalle poste.

B2. Test 4: Inquinamento

1. A proposito d'inquinamento - ma, vadano, la, acqua, inquinamento, costruire, problema (dopo *il più grande*), Infatti, distruzione, meno. - guerre, particolare, politica, risorsa, risolvere, pensassero, in, mentre, cui, purché (dopo *è possibile,*).
2. Spegni il motore - meglio, che, più, la più, del, peggio, che, di, meno, migliore.
3. Raccolta differenziata - 6) Signora; 10) Signora; 9) Ragazzo; 3) Ragazzo; 8) Signora; 12) Signora; 5) Ragazzo; 11) Ragazzo; 7) Ragazzo; 4) Signora.
4. Centro chiuso al traffico - sono, restano, possiamo, Guarda, parlare; c'è, vai, facessero, ci sarebbe, voglia, capisco, avevo proposto/ho proposto, ti sei lamentato, passavano, dice, dobbiamo, dobbiamo, serve, Ti ricordi, dire.
5. Le domeniche senza traffico - viene venduta/è venduta/si vende; viene lasciata/è lasciata/si lascia; è *più* amata dai; si potesse; vengono fermate; sono invitati/vengono invitati; *ai cittadini* sono stati offerti; saranno organizzati *in piazza* dal; potranno essere noleggiate dai; verrà regalato/sarà regalato.
6. Cose da sapere - 1 a; 2 b; 3 a; 4 a; 5 b.

B2. Test 5: Tolleranza

1. Italiani tolleranti ma non troppo - più, degli, i meno, abbastanza, primissima, quanto, più, maggiore di, pochissimi, moltissime.
2. La tolleranza - qualcuno, modo, soprattutto, Secondo, che, rinunciare (*nella seconda lista*), vergogna (*nella seconda lista*), dicano, eletti, niente. - diminuito, parole, poi, arroganti, nessuno, giusto (*nella prima lista*), traffico, della, passar (*nella prima lista*), Io.
3. Tutti possiamo sbagliare (parte I) - credevo, fossero, volessero, sono morti, avevo, avessi, volevo, beveva, picchiava, morissi, avrebbe detto, fosse morta, sarei rimasto, fosse, è venuta, ha raccontato, voleva, hanno obbligata, aiutasse, aveva perso, amasse, ha *mai* dimenticato, nascesse, si sente, odia, lasciassi, andassi, era morto, andarmene, sono stato.
4. Tutti possiamo sbagliare (parte II) - *1*/I - *2*/A - *3*/F - *4*/G - *5*/C - *6*/D - *7*/B - *8*/L - *9*/E - *10*/H.
5. San Francesco d'Assisi - rappresenta, nacque, Trascorse, desiderava, fu fatto, cambiarono, guarisse, visse, illustrano, fosse.
6. Assisi
Non si ha una data certa sulla nascita di Assisi, ***ma*** sappiamo che sorse in territorio etrusco e risentì della cultura di questa civiltà. Divenne un importante Municipio ***dopo che*** fu conquistata dai Romani, che edificarono grandi templi come quello di Minerva, un teatro, il foro, l'anfiteatro, terme e ville. Dopo l'Impero Romano Assisi non rimase indenne al passaggio delle invasioni barbariche, ***nonostante*** fosse situata in una posizione privilegiata. Poi, ***in seguito alla*** caduta del Sacro Romano Impero, fu rasa al suolo dai Goti di Totila ***e*** riconquistata dai Bizantini per essere poi nuovamente presa dai Longobardi.
Fu ***quando*** Federico Barbarossa scese in Italia che Assisi assunse un ruolo importante, non solo dal punto di vista militare e strategico, ***ma anche*** come centro culturale. Fu proprio ad Assisi infatti ***che*** il Barbarossa fece educare il nipote Federico II, futuro imperatore.
Dal 1200 al 1500 ad Assisi si alternarono nuovi e vecchi padroni tra cui i Visconti, i Montefeltro e gli Sforza. Dal '500, ***fino alla*** formazione dello Stato Italiano nel 1860, fece parte del territorio dello Stato della Chiesa.
Con la proclamazione di San Francesco "Patrono d'Italia" Assisi divenne, ***ed*** è tutt'oggi, meta turistica di massa. Inoltre, in qualità di testimone del messaggio di Francesco, Assisi si propone come "Capitale Mondiale della Pace".

B2. Test 6: Donne

1. Paola e Luciano - voleva, -le, avevano visto, -glielo, piacciono, ne, li, preferisce, aveva deciso, -gliene, usciva, gli, ha telefonato, -gli, lo, aspettava, si è innervosito, doveva, -ci, è riuscito, è corso, l', ha trovata, sapeva, ha cominciato, Desiderava, erano, si è ricordato, L', ha cercata, se n'era andata, aveva venduto, li, li, ne, ha lasciate, le, ha portate, mi, gliel'.
2. L'arte italiana al femminile - sarà, avete trovato, ci siano, abbiamo dovuto, potevamo, ha visto, abbia chiesto, era, considerava, avete scelto, dicevo/ho detto, è stato, avessi, consigliereste, direi, ha avuto, era, era, faceva, ha preso, si è innamorato, fosse, ha deciso, fosse, si sono trasferiti, è diventata, ha cominciato, è diventata, ritraevano, ho raccontato
3. Lucia racconta: "Ambiziosa sì, ma..."
"Penso di essere una donna piuttosto ambiziosa, ma non ***farei*** mai del male agli ***altri*** per raggiungere il mio ***scopo***.
Credo che la cosa più ***importante*** nella vita sia vivere in **pace** con sé stessi. Se fosse ***necessario***, sarei disposta a ***lavorare*** anche la notte e i giorni ***di*** festa per raggiungere un successo, ma ***non*** rinuncerei mai alla mia ***famiglia*** o ad un amico.
Una volta ***ebbi*** un'ottima proposta di lavoro, ***la*** più interessante e vantaggiosa che abbia mai ***ricevuto***, ma avrei dovuto trasferirmi e lasciare le persone **che** amavo.
Così ***dissi*** di no, ma non mi sono mai pentita **della** mia scelta e oggi la rifarei. Per me la vita affettiva è ***più*** importante della carriera.
Mi ***piace*** avere successo, certo, ma penso che sia ***meglio*** vivere liberi e sereni con meno soldi ***che*** diventare schiavi della propria avidità".
4. Una questione delicata - 9; 1; 7; 2; 5; 3; 10; 8; 6; 4.
5. Una figlia complicata - 1. lo so che non me ne ~~voglia~~ (*corretta:* vuole).; 2. L'unico modo ~~chi~~ (*corretta:* che) conosce per comunicare...; 3. Forse perché ~~l'~~ (*corretta:* gli) ho dedicato più tempo...; 4. Lei infatti è stata allevata ~~da~~ (*corretta:* dai) nonni, più che da me.
6. Il punto di vista della figlia - per quanto, lei, qualsiasi cosa, Se, così, fossi, nemmeno, dice, cosa, in cui.

C1. Test 1: Premi Nobel italiani

1. Rita Levi Montalcini e Renato Dulbecco
Sono due grandi scienziati italiani che hanno ricevuto il Premio Nobel per le loro ricerche in medicina. Entrambi si sono laureati all'Università di Torino nel 1936 e, ***malgrado*** le enormi difficoltà a causa del regime fascista e della guerra, hanno portato avanti i loro studi in Italia. Nell'immediato dopoguerra però, ***dopo*** aver lottato con i Partigiani e il Partito d'Azione per la liberazione della propria patria, sono stati costretti a trasferirsi negli Stati Uniti per continuare le proprie ricerche. È qui che, ***grazie*** ai mezzi messi loro a disposizione ***dalle*** università americane, hanno raggiunto risultati scientifici ***tali da*** meritare il Nobel.
2. Rita Levi Montalcini, premio Nobel per la medicina nel 1986 racconta - dotato, maggiore, uno, nostra (*dopo* dopoguerra mentre), noi, la, tale, ci, nonostante, personale.
3. Biografia di un premio Nobel - *1* - 10 - 8 - 4 - 6 - 11 - 2 - 5 - 9 - 7 - 3.
4. Intervista a Dulbecco - sottopone, conosciamo, fossero, abbia, sono/sarebbero, essere assunta, sarebbe, essere preferita, sarebbe, fossero, conoscessero, potrebbero, dovrebbe, tengono, dovrebbe, nasce, ha, essere suddiviso, adotterei, ci sia.
5. Enrico Fermi - ess**ere**, Eb**be**, laure**ò**, frutt**ò**, cono**bbe**, realizz**ò**, pu**ò**, salv**ato**, segu**ì**, avre**bbero**, colp**ito**, **era**, part**irono**, fec**ero**, trasfer**irono**, coinv**olto**, port**ò**, Mor**ì**, dov**uto**, av**eva**.
6. Dario Fo, premio Nobel per la Letteratura
Quando Dario Fo è stato insignito del Premio Nobel per ***la*** Letteratura nel 1997, molti sono stati sorpresi, ***poiché*** in passato era stato molto ostacolato dalla politica nazionale italiana. Ma ***come*** dare torto all'Accademia delle Scienze, che ha ***così*** motivato ***così*** (*altra possibilità*) la decisione:
MOTIVAZIONE: Figura preminente del teatro politico che, nella tradizione dei giullari medievali, ha fustigato il potere **e** restaurato la dignità degli umili.
Dario Fo nasce il 24 marzo 1926; ancora giovanissimo si trasferisce a Milano ***dove*** frequenta l'Accademia di Belle Arti di Brera. A partire dal

1952 comincia a collaborare con la Rai, da ***cui*** viene spesso censurato. Sempre ***a*** causa della sua irriverenza nei confronti del potere, i grandi teatri evitano di accoglierlo, ***ma*** questo non frena l'affetto e l'ammirazione che il pubblico nutre per lui. Nel 1997 ottiene, per il suo lavoro, il riconoscimento ***più*** ambito: il Premio Nobel.
7. Luigi Pirandello - 1. sua esistenza fu ~~contrassegnato~~ (*corretto:* contrassegnata); 2. per l'incomprensione ~~dimostrato~~ (*corretto:* dimostrata); 3. come Lettore per ~~qualche anni~~ (*corretto:* alcuni anni/qualche anno); 4. che lo scrittore ~~sopportava~~ (*corretto:* sopportò).

C1. Test 2: Esploratori

1. Roberto Vittori: un italiano nello spazio - con, con, in, nei, dal, con, di, in, di, In.
2. Amerigo Vespucci - 1. spedizione, ~~avvenendo~~ (*corretto:* avvenuta); 2.partecipò come comandante di ~~un~~ (*corretto:* una) nave alla spedizione; 3. ~~Separatasi~~ (*corretto:* separatosi) dal resto della spedizione; 4. Waldseemüller chiamò l'~~intera~~ (*corretto:* intero) continente.
3. Reinhold Messner - Ha attraversato, apre, spiega, ricordano, Sono, possono, È stato, è riuscito, racchiude, cerco.
4. Intervista a Reinhold Messner - **1)** *A* - E - F - C; **2)** L - H - B - D; **3)** M - G - I.
5. Cristoforo Colombo - svilupp**ato**, rivendic**ata**, segu**endo**, trasferì, sposò, risal**e**, navig**ando**, Av**endo**, riten**eva**, fo**sse**, bast**asse**, Salp**ò**, er**ano**, conce**sse**, nomin**ata**, tocc**ò**, ve**nne**, organizz**ò**, mor**ì**, a**ver**.
6. Marco Polo (parte I) - nel, quegli, se, il più, loro, tardi, dove, affidatogli, di cui, a tal fine.
7. Marco Polo (parte II) - iniziarono, cadde, dettò, sarebbe stato, tornò, fece, sposò, ebbe, sarebbe occupato/occuperà, Sappiamo, consegnò, recapitasse, procurarono, conobbe, firmò, attestò, fossero, venivano, venne, morì.

C1. Test 3: Paesaggi umani

1. Un mito del cinema: Totò - *13* - 9 - 12 - *4* - 7 - 10 - 6 - 8 - 2 - 11 - *1* - 5 - 3.
2. Peppone e Don Camillo (parte I) - 1. che nella vita reale fu ~~aspra~~ (*corretto:* aspro); 2. Mai tali scelte ~~non~~ furono più azzeccate.
3. Peppone e Don Camillo (parte II) - dal, dei, di, al, dalla, in, di, della, in, nel.
4. Il padre di Pinocchio
Chi non conosce la storia di Pinocchio, il burattino di legno ***che*** diventa bambino?
È il libro più tradotto al mondo dopo la Bibbia. Tuttavia non tutti ***quelli che*** conoscono la storia hanno letto il libro e sanno ***chi*** l'ha scritto. ***Alcuni*** credono che l'autore di Pinocchio sia lo stesso ***che*** ha creato Cenerentola. Qualcun altro pensa addirittura che l'abbia inventato Walt Disney. Invece l'autore ***a cui*** dobbiamo la storia del famoso burattino-bambino è un italiano ***il cui*** vero cognome, Lorenzini, è sconosciuto alla maggioranza degli stessi italiani, ***che*** lo conoscono con il suo nome d'arte: Carlo Collodi. (...) La madre era originaria di un paesino in provincia di Pistoia, Collodi, appunto, ***da cui*** lo scrittore prese l'idea del suo pseudonimo.
5. Carlo (Lorenzini) Collodi - Alla, In, diversi, subito, Dopo, Malgrado, a causa del, proprio, a, ma.
6. Storia straordinaria di un ricercatore italiano - lavoravo, mi sono stancato, sono partito, gestendo, ho avuto, dovevo, ottenesse, lavorasse, si è rivelata, avevo lasciato, avessi, dovessi, è stata, potevo, riesco, possa, comincia, trovo, difendersi, ho trovato.
7. Giacomo Casanova - Fu, brillante, Caratterizzò, significa, Amò, sostengano, amasse, Fu, Inventò, si arricchì, convinti, usando, Finì, riuscì, comprando, assumere, richiede, Trascorse, abbandonato, avrebbe avuto.
8. Giulio Andreotti - dovesse, lui, si era già laureato, aveva, poteva.

C1. Test 4: Ma questo italiano?

1. Ortografia italiana - vorrei/volevo, prenda, sottolineano/hanno sottolineato, desidera, venga, sia, si rendono, suggerisce, sarebbe, dovrebbero, provengono, possano, scrivono, bisognerebbe, sembrano, imparino/imparassero, siano/fossero, hanno introdotto, abbiano tratto/traggano, imparassimo.
2. Italiano e dialetti - Chiunque, quello, questo, proprie, qualcuno, che, moltitudine, piuttosto, insomma, più. hanno origine, sebbene, sorta, causa, si, che, grazie, come, certo, se.
3. Impariamo a scrivere
Per imparare a scrivere non bisogna essere presuntuosi, ma occorre seguire queste semplici regole: ***tanto per*** cominciare bisogna leggere molto. Ricordo che un celebre calciatore ha detto che deve la sua bravura non solo all'esercizio fisico, ***ma anche*** al fatto che ha guardato migliaia di partite. Quindi occorre leggere molto, e leggere testi di grandi autori. Inoltre leggere molto ci darà la possibilità di imparare, ***senza*** accorgercene, i meccanismi della lingua e i trucchi della narrazione. Poi bisogna esercitarsi molto. Ogni occasione è buona (articoli, diari, appunti, ecc...): infatti **se** è vero che per sviluppare l'abilità orale bisogna parlare molto, per sviluppare la scrittura bisogna scrivere molto. A volte può essere utile imparare a familiarizzare con i vari tipi di scrittura. Pertanto ogni volta ***che*** scrivete qualcosa, ***anche se*** si tratta di una semplice e-mail, non dimenticate di rileggerla. Quando vi capita di scrivere qualcosa ***di più*** corposo (un articolo, un racconto), non correggete subito, ma aspettate un po' di tempo: capita ***infatti*** che si cominci a scrivere una frase e poi, invece, strada facendo, ***se*** ne aggiunge un'altra e si cambia costruzione sintattica. Infine non stancatevi ***mai*** di rileggere: serve a correggere questo tipo di errori.
4. A lezione di scrittura con Silvio Avventura - ti, ho telefonato, ho iniziato, cui, parla, lui, che/in cui, l', ho visto, lo, apprezzano, Chi, te, che, io, veniva, ti, che, dirigeva, faccia, li, ha pubblicati/aveva pubblicati, fosse diventata, che, pensi, tu, cui, te, lei, me lo.
5. Il siciliano - 3. È comprovato che i primi ~~abitatori~~ (*corretto:* abitanti); 4. In seguito è attestato che ~~vi ci~~ (*corretto:* ci si/ vi si) stabilirono; 7. la Sicilia fu sottomessa ~~di~~ (*corretto:* da) orde; 8. nonostante il greco si ~~fossi~~ (*corretto:* fosse) molto diffuso.

C1. Test 5: Ma come farebbe Hollywood?

1. L'Italia a Hollywood - sarebbe, Intendiamo, si sono fatti, pensate, hanno vinto, Provate, parlare, avremmo perso, sanno, Si tratta, essersi affermati, interrompe, raccontano*, mettono*, danno*, mostrando, prodotte, possa, voglia, chiamando (* *in alternativa*: hanno raccontato, hanno messo, hanno dato).
2. Il mandolino del capitano Corelli - continua, tutto, doveva, Mai che, altrettanto, maggiori, continuamente, altrimenti, sarebbe stato, nere, sullo, più, Si deve, abbastanza, troppo, ne usciamo, incapaci, spunto, considerata, Dopo, instauratosi, grazie, nessuno, che, mal, poco, in confronto, portò, da, una.
3. Gli oscar italiani più recenti - comune, più, dove, da, durante, lontana (*dopo* la guerra resterà), con, completamente, tardi, il.
4. E l'attore più bravo di Hollywood? Ma Benigni, naturalmente - 1. amicizie sincere nel paese ~~di~~ (*corretto:* da) cui proviene; 2. un attore comico e basta ~~sia~~ (*corretto:* sarebbe/è) fargli un torto; 3. Non solo è regista della maggior parte ~~di~~ (*corretto:* dei) suoi film; 4. Divina Commedia con ~~un~~ (*corretto:* uno) stile proprio.
5. Gli "Spaghetti Western"
Se i film americani girati nelle città italiane non si contano ***neppure***, i film italiani che hanno come ambientazione il mondo dei *cowboys* sono pochissimi.
Come dire che l'erba del vicino è sempre più verde e il cinema offre la possibilità di coglierla. Ma gli italiani, specialmente in passato, non erano ricchi come gli americani, perciò, ***mentre*** gli attori di Hollywood venivano a Roma a girare Vacanze romane e si recavano a Capri, Siena, Firenze, Venezia, Palermo per altri indimenticabili film, i registi italiani ricreavano il far west sulle spiagge di Tirrenia, vicino a Pisa. Qui vennero girati quasi tutti i cosiddetti *Spaghetti western*, che crearono un vero e proprio genere cinematografico che si compose di oltre 100 opere in meno di dieci anni, tra la fine degli anni 60 e i primi anni 70. Caposcuola del genere fu Sergio Leone, che realizzò film *western* diventati di culto anche negli Stati Uniti ***malgrado*** lui fosse completamente italiano. I suoi film lanciarono anche attori divenuti poi delle vere e proprie Star di Hollywood, primo fra tutti Clint Eastwood, ***ma*** anche Klaus Kinski, Rod Stiger, Lee Van Cleef e Charles Bronson. E ***per quanto*** sia difficile immaginare l'Arizona o il Messico in Toscana, sullo schermo l'illusione è perfetta.
6. L'antica Roma hollywoodiana - *1* - 7 - 3 - 4 - *10* - 6 - 5 - 9 - 11 - 10 - 2 - 8.
7. Scene italoamericane - di, il, Ne, la, di.
8. Intervista a Anna Caimati Hoster - 3 - 5 - 2 - 1 - 4.

C1. Test 6: Scrittori

1. Scrivere un romanzo
Se sognate di scrivere un romanzo, sappiate che non basta avere talento ***né*** aver trovato una buona idea, occorrono anche pazienza e tecnica.
Gli esperti ritengono che tutti i romanzi del mondo si basino su una trentina di trame diverse, ***quindi*** per scrivere una storia originale bisogna

concentrarsi non tanto sulla trama quanto sui personaggi, l'ambientazione e la narrazione.
Per esempio, ***se*** sceglierete un narratore interno, la stessa storia apparirà del tutto differente ***qualora*** la racconti una voce esterna. Lo stesso discorso vale naturalmente per la forma.
Inoltre, ***per quanto*** un personaggio possa apparire indefinito ed anonimo nel romanzo, lo scrittore deve conoscerlo profondamente ***e*** sapere ogni cosa di lui, a prescindere dal fatto che se ne voglia informare il lettore ***o*** meno. Infatti, ***anche se*** molti dettagli restano fuori dalla storia, bisogna pensare al protagonista e porsi mille domande su di lui, ***anziché*** limitarsi a delinearlo nelle sue caratteristiche principali.
Questo modo di procedere è opportuno non solo per creare dei personaggi, ***ma anche*** per buttar giù una storia coerente e convincente.

2. Lezioni di scrittura - ***Si può*** insegnare ***a*** scrivere? Questa ***è*** una ***bella domanda***.
Una risposta può darla il fatto che Raymond Carver ***iniziò con un corso di scrittura creativa***, un'altra ***si trova nel bel libro di*** Giulio Mozzi "Lezioni di scrittura".

3. Italo Calvino - *1 - 4 - 3 -* 5 - 10 - 8 - 6 - 9 - 2 - 7 - 11 - *12*.

4. Italo Calvino: sinonimo di successo - più, *spazio in più*, libreria, opere, parte, quanto, attività, il cui, immagine, si, collana.

5. Achille piè veloce
Ulisse è ***un*** giovane ***scrittore*** in crisi creativa (un tempo ha scritto un libro ma si è ***fermato*** lì), lavora in una casa editrice sull'orlo del collasso ed è ***innamorato*** di ***Pilar***, ***una bellissima immigrata*** senza permesso di soggiorno, ***la*** quale non rinuncia alla sua inveterata poligamia. Un giorno ***gli*** arriva via e-mail un messaggio: "Se Lei riuscisse a concepire nella Sua testa una qualsiasi definizione di normalità in nessun modo io rientrerei nella Sua definizione". ***Ulisse*** si reca all'appuntamento con ***Achille*** ("Lei ha un nome omerico come me", diceva il messaggio), che è ***malato*** e che ***gli*** apre un mondo inatteso di assurdità, vitalità e dolore. L'alleanza fra ***i*** due ***uomini***, ***Ulisse*** e ***Achille***, è una risorsa nuova, inaspettata. A vantaggio di chi? Di cosa? Che prezzo deve pagare ***la bella Pilar*** per la sua libertà? E ***Ulisse*** per la sua dignità? E soprattutto ***Achille*** per la sua vita? Gli eventi scivolano rapinosi verso una chiusa inattesa, fra commozione, rabbia e ilarità.

6. L'ermetismo (parte I) - trae, sia, c'è, è, rifiuta, accompagna, accetta, appartengono, fosse, sarebbe, fare, afferrino, prova, sia, è.

7. L'ermetismo (parte II) - la, che, nel, ma, va, nel, un, In, ma, che, del, ma, se, non, dal, dal, Da, di, da, nei.

C2. Test 1: Storie di vacanza

1. Ai caraibi - mangiando, faceva, sognavamo, aveva sentito, avremmo dovuto, interessa/interessava, contare, faceva, aver discusso, abbiamo deciso, sono finite, gettando, chiedere, vacci, imitando, sarebbe, dovreste, sceglierei, fidatevi, ci siamo messi.

2. Sulle tracce della Dea Madre - 1. avevamo deciso, 2. avevamo deciso, 3. l'avevamo trovato, 4. era venuto, 5. fosse, 6. avevamo fatto, 7. avevamo visitato, 8. viveva/era vissuta, 9. venerava, 10. mi, 11. era saltato, 12. imbarcarmi, 13. era, 14. era stato, 15. era vissuta, 16. era, 17. gli, 18. consigliavo, 19. avrebbe fregato, 20. La porto.

3. Porto Torres
Situata all'interno del Golfo dell'Asinara, Porto Torres è sede ***di*** uno dei porti principali ***della*** Sardegna, il più importante ***per*** il traffico di passeggeri provenienti ***da*** tutta l'Italia e ***dal*** nord dell'Europa. La città ha un'origine antichissima: Turris Libisonis (questo il suo antico nome) è stata fondata infatti ***nel*** 45 a. C. circa ed è stata l'unica colonia romana in Sardegna. A Turris Libisonis nell'anno 303 subirono il martirio il presbitero Proto, il diacono Gianuario e il soldato Gavino: ***al*** quale è dedicata la festa patronale, che ogni anno a Maggio attira in città migliaia di visitatori. ***A*** San Gavino è anche dedicata l'omonima maestosa basilica. Si tratta ***del*** più importante monumento romanico della Sardegna nonché di uno ***dei*** più grandi d'Italia.Testimonianze dell'epoca romana sono il Ponte Romano e le rovine di tre grandi terme. La zona che li contiene rappresenta un rilevante parco archeologico e vi ha sede anche un Antiquarium dove sono conservati i reperti più importanti.

4. Vacanze: chiusi in casa come talpe - tutti, secondo, pari, necessità, pur, cosiddetti, coloro, consumatori, *spazio in più*, incetta, presunto.

5. Come una valigia
Tommaso P., di 6 anni, è stato dimenticato alla stazione da**i** genitori come una valigia vecchia. Quando **il** treno per Parigi è stato fermato **alla** frontiera e ***la*** polizia doganale è salita per controllare ***i*** documenti, i genitori distratti si sono accorti che ***il*** bambino non c'era. Si è pensato subito ad ***un*** rapimento, ma poi ***i*** genitori si sono ricordati che probabilmente lo avevano lasciato a***lla*** stazione di Milano. Mentre ***i*** due adulti facevano i biglietti, Tommasino avrebbe dovuto essere tenuto d'occhio da***lla*** sorellina maggiore, Virginia. La bambina, poco più grande ~~di~~ ***del*** fratellino pare essersi distratta ed averlo perso; poi salendo su***l*** treno, per paura che i genitori la punissero, non ha detto niente. Tommasino è stato ritrovato dopo poco a***lla*** stazione di Milano, ma non credendo che ~~di~~ ***dei*** genitori possano perdere il proprio bambino tanto facilmente, ***la*** magistratura ha deciso di aprire ***un'***inchiesta per fare piena luce su***l*** fatto.

C2. Test 2: Gli etruschi

1. Breve storia degli Etruschi - chiamava, sosteneva, avessero, reputavano, fossero, risiedeva, viene, provengono, si insediarono, diede, rappresentarono, fossero, spinse, raggiunse, arrivarono, diventarono, entrarono, strinsero, abitavano, rappresentarono.

2. Il declino degli Etruschi
Gli Etruschi erano riusciti ad imporsi **al**le giovani colonie greche del meridione contrastandone l'espansione. Ben presto però le colonie greche dettero il via ***ad*** una crescita culturale e politica travolgente. Inoltre ai confini tra Etruria e Lazio sorgeva per gli Etruschi un nuovo pericolo: Roma. La città Roma ***di*** infatti, un tempo dominata e governata ***da*** una dinastia etrusca, diveniva sempre più aggressiva. Sul mare i romani, dopo aver battuto i Cartaginesi, inflissero ***a***gli Etruschi a Cuma ~~il~~ ***nel*** 474 a. C. una sconfitta decisiva. Anche ***su***la terraferma la situazione andò peggiorando. In meno ***di*** un secolo l'Etruria campana fu conquistata dai Sabini, mentre quella padana venne invasa ***da*** popolazioni celtiche provenienti da Oltralpe.
Dalla metà ~~il~~ ***del*** IV secolo la potenza commerciale e militare ***de***gli Etruschi si era ridotta ***a*** poche città-stato e anche queste furono coinvolte, durante il III secolo a.C., ***in*** una lotta contro la potenza romana che le avrebbe portate presto verso la loro fine. Le città-stato non riuscirono infatti ***a*** coordinare una resistenza e furono sconfitte una ad una.
Con la perdita ***del***l'indipendenza si concludeva così il ciclo ***di*** un popolo che pure avrebbe lasciato una meravigliosa eredità culturale alle terre che aveva abitato.

3. La cultura etrusca - che, oggi, latine, concordi, serie, che, che, riferivano, che, rarissimi, che, veniva, appare, vi, che, divinità.
Qual è la parola che precede l'unico "che" non pronome relativo che hai inserito? ***inoltre***.

4. Il vino degli Etruschi - **1.** si è discusso molto nel corso degli anni; **2.** teoria si basava sull'ipotesi dell'origine orientale; **3.** fatto che la loro lingua non appartenga al gruppo; **4.** è che gli etruschi avessero appreso l'arte del vino dai; **5.** che il vino era la necessaria moneta di scambio.

5. Lezione di Storia - *1*/*F* - *2*/H - *3*/E - *4*/*M* - *5*/D - *6*/A - *7*/I - *8*/N - *9*/L - *10*/B - *11*/G - *12*/C.

6. Le Balze - moltissimi turisti, destinazioni meno note, antichi etruschi, vostri piedi, stesse balze, antica Via, percorso etrusco, antiche lucumonie, vecchia strada, percorso parallelo.

7. Le Balze al crepuscolo - costituitasi, costruite, percorrendo/percorsa, riportate, nascoste, scavate, permettere, attraversando. Seguendo, usata.

C2. Test 3: Storia d'Italia

1. Breve storia d'Italia - erano abitati, fu unificata/venne unificata, divenne, venne divisa/fu divisa/era divisa, facevano, iniziò, cominciò, si svilupparono, portarono, fu proclamato/venne proclamato, fu, rinunciò, combatté, andò, instaurò, mantenne, fu, sbarcarono, scelse, dichiarò, occuparono, liberarono, mise, ebbe, furono, venne riconosciuto/fu riconosciuto, divenne, furono rivisti/vennero rivisti, fu eliminata/venne eliminata, prevedeva.

2. Un romantico eroe italiano: Giuseppe Garibaldi - adottando, divenuta, vistosi, Saputo, varcando, mantenendo, Scoppiata, conquistato, Liberato, trovatosi.

3. Garibaldi e Anita - 1. pensasse, 2. fosse stato, 3. pensavano, 4. fosse stato, 5. non lo sapeva, 6. L'/Lo, 7. aveva colpito, 8. pensava, 9. se ne parlasse, 10. ci fosse, 11. era stata, 12. immaginare, 13. poté sposarlo, 14. rimase, 15. sapeva, 16. pensasse, 17. pensava, 18. avessero ragione, 19. dicevano, 20. lui.

4. Il Risorgimento - un momento storico, particolare importanza, un'epoca ricca, loro difetti, eroi romantici, grande lealtà, squadra navale sarda, popolo siciliano, riforme radicali, la terribile oppressione, classi borghesi e nobili, nuovo regno.

5. Giuseppe Mazzini
Quando ***si*** parla di Risorgimento italiano non ***si*** può dimenticare Giuseppe Mazzini, (1805-1872) uno dei grandi artefici dell'Unità d'Italia. Di idee repubblicane, fin da giovane prese a cuore i problemi politici e

sociali del Paese. Respinti i metodi della Carboneria, ***di cui*** aveva fatto parte, fondò ***una*** nuova associazione, la "Giovine Italia", ***che*** aveva lo scopo di fare dell'Italia ***una*** repubblica popolare.
Trasferitosi a Marsiglia, inviò ***un*** messaggio al nuovo Re di Sardegna Carlo Alberto, invitando***lo*** a guidare la rivoluzione italiana. Al rifiuto di quest'ultimo, Mazzini fece seguire la propaganda rivoluzionaria della Giovine Italia. Andò a vivere a Londra dove svolse ***un'***intensa propaganda politica anche attraverso opere letterarie. Nel 1848 tornò in Patria dove organizzò la resistenza della Repubblica affidata a Garibaldi. Con la caduta della Repubblica fu costretto nuovamente all'esilio. Fondò a Londra il "Comitato Nazionale Italiano" ed il "Comitato Democratico Europeo". Venne fatto rimpatriare e fu arrestato a Palermo.
Liberato grazie ad una amnistia continuò ***il*** suo peregrinare fino a quando non morì, a Pisa, nel 1872.
Qual è la parola che segue l'unico articolo determinativo che hai inserito?
suo - riga 21
Qual è la parola che segue l'unico pronome relativo soggetto che hai inserito?
aveva - riga 7
6. Il tutor e lo studente - *1* - 10 - 9 - 4 - 11 - 7 - 6 - 5 - 8 - 2 - 3.

C2. Test 4: Il morso della Taranta

1. Latrodectus tredecim guttatus - mi occupo, voglio, leggendo, parlerò, esiste, immaginate, vogliate, si trova, accontento, Avete sentito, parte, è stata individuata, infligge, causa, sono state condotte, hanno rivelato, subivano, si servivano, fossero, ricoprivano, può, si permette*, viene curato/è curato*, inizia*, continua*, cade*, viene messa*, riposa*, è*, sia* (* *in alternativa*: si permetteva, veniva curato/era curato, iniziava, continuava, cadeva, veniva messa, riposava, era, fosse).
2. Le tarantate - momento, per, più (dopo *erano le*), ragno, fondamentali, si, dalla, piazza, strumenti, irresistibile, sudare, infatti, anche, consumasse, condotta, benedetta, ripeteva, tempo, carri, possedute (dopo: *ritenevano*).
3. La notte della taranta - 1.scriverlo, 2.avrebbe capito, 3.anche lui, 4.si trattava, 5.lo sapeva, 6.si organizzava, 7.era, 8.ne parlavano, 9.c'era, 10.quel, 11.teneva, 12.a quella, 13.venivano chiamati, 14.aveva, 15.si chiude, 16.sua, 17.era perdonato, 18.lo, 19.invitava, 20.lui.
4. La taranta oggi - **1.** Sono state sostituite da ragazze esperte di questo ballo in folkloristici costumi; **2.** col cambiare delle esigenze sociali il fenomeno del tarantismo si estingueva; **3.** sono le manifestazioni che celebrano il fascino di questo ritmo e di questa; **4.** insieme a musicisti di fama internazionale che si occupano di folklore italiano; **5.** proprio nel Salento che la tarantella è tuttora più viva che in qualsiasi altro luogo.
5. Gli strumenti della pizzica
La pizzica e la tarantella sono danze che fanno parte della cultura popolare di tutta la parte meridionale dell'Italia. Lo strumento essenziale per suonare la pizzica è il tamburello: ***importato*** dai Saraceni, fu modificato nel tempo (come tutti gli strumenti, del resto). Quello moderno è di forma circolare con una membrana di pelle e dei sonagli, in passato ***assenti***. Viene suonato in diversi modi:
a) nel Salento la parte del polso sotto il pollice batte sulla membrana ***sostenendo*** così il ritmo e il tamburello ha un ruolo ***dominante***, ***scandendo*** da solo l'intera melodia, oppure il tamburellista fa scorrere le dita sul tamburello ***facendo*** vibrare solo i sonagli, in questo caso il tamburello serve solo da accompagnamento.
b) nella tarantella Campana il tamburello viene solo agitato, anche in questo caso il suono è solo di abbellimento.
c) nel Lazio il suono continuo di questo strumento è andato perduto, infatti viene suonato solo nel ritornello della canzone, dal cantante solista.
Queste canzoni sono tutte ballabili, infatti si possono ballare in diversi modi: il ballerino forma un semicerchio con le braccia e gira intorno alla dama che ***saltellando*** a sua volta, gira intorno al compagno di danza. La variante del secondo stile è che la dama si muove ***tenendo*** un fazzoletto in mano.
L'ultimo stile, ***detto*** anche la "danza delle spade", è un ballo esclusivamente maschile: il primo ballerino tende l'avambraccio, quasi a simulare una spada, mentre il secondo ha solo la mano ***tesa***, a simulare un pugnale, e si dà vita a un combattimento a suon di pizzica.

C2. Test 5: Cittadini stranieri in Italia

1. I flussi migratori - è cambiata, siano, vadano, hanno deciso, essendo, è stabilito, decide, possono, possono, consente, sia, garantisca, fa, ha, può, sono state respinte, cercano, vengono rimandati, è negato/viene negato, ha, trascorre, viene concesso, presentino/presentano, riguarda, deve, si chiedono, lavora, deve, ha, è stato elevato.
2. Come ottenere il permesso di soggiorno - poteva, dirgli, cos'era, doveva avere, quello, ce l'aveva, ***se*** (*parola da inserire*), gli, serviva/servisse, doveva compilare, allegarvi, gli, sarebbe stato, ***se*** (*parola da inserire*), era tutto, doveva fare, gli, sarebbe stata data, sua, andasse, far passare, suo, sua.
3. Il permesso di lavoro
Cosa si può fare per ottenere il ***permesso*** di lavoro se ci si trova già in Italia, per esempio con un visto turistico? La ***normativa*** italiana sull'immigrazione non prevede la possibilità di regolarizzare per motivi di lavoro i ***cittadini*** stranieri presenti in Italia senza un regolare permesso di soggiorno. È ***possibile*** ottenere un permesso di soggiorno per lavoro solo dal Paese di provenienza, attraverso il sistema della "chiamata nominativa". Questo non vale, naturalmente, per tutti coloro che hanno un permesso di soggiorno ***scaduto*** e che devono rinnovarlo. Il sistema della chiamata nominativa prevede che un datore di lavoro ***richieda*** di assumere un cittadino straniero residente ***all'*** estero. La legge però consente che la chiamata nominativa avvenga solo ***entro*** i limiti dei decreti-flussi annuali. Questo implica una grande difficoltà ad accedere a questa procedura, ***perché*** bisogna aspettare un apposito decreto del governo che definisca le quote di ingressi anno per ***anno***. Dunque, solo al momento della pubblicazione di un nuovo decreto sarà possibile chiedere il soggiorno per chiamata nominativa.
4. Sposarsi all'estero - stabil**isce**, intenzio**nato**, pre**vista**, segu**enti**, maggior**enne**, infer**mità**, preced**ente**, paren**tela**, con**iuge**, eff**etti**, rite**nuto**, acqui**sire**, opp**ure**, cessa**zione**, suss**iste**, Preclu**dono**, acquisi**zione**, pe**nali**, compro**vati**, iner**enti.**
5. Sposarsi in Italia - 1./C.- Cosa ***viene*** regolato nel codice civile?; 2./ D. - Cosa ***viene*** richiesto al cittadino straniero?; 3./A. - Dove ***viene*** riconosciuto il matrimonio contratto in Italia?; 4./E. - La pubblicazione di matrimonio ***viene*** sempre fatta?; 5./B. - Dove ***va*** fatta la richiesta di pubblicazione?
6. Adottare un bambino straniero - 4 - 11 - 7 - 5 - *2* - 9 - 1 - 6 - 3 - 10 - 8.

C2. Test 6: Lavoro ed economia

1. Cavoli, contanti, assegno o carta di credito - modalità, vincolato, chi, peggio, venditore, sostituire, fosse, seguito, pagamento, tutt'oggi, spese, disuso, vantaggi, anonimato, quanto, truffatori, esente, garanzie, costa, contanti.
2. Giovanni, il commercialista - non essendomi messo, camminando, di poter compilare, fatta, averlo salutato, urlandomi, rimasti/essendo rimasti, ridendo, girando, dopo aver raccolto.
3. L'euro - si sono impegnati, sono state stabilite, è stato scelto, è diventata, facevano, è stata abbattuta, impediva, è stato fissato, è, è stata.
4. Il lavoro del futuro
Come cambieranno il lavoro e le competenze in risposta ***ai*** cambiamenti ambientali, sociali, politici e tecnologici? O in altre parole: quali saranno le professioni del futuro?
I risultati ***dello*** studio "Professioni oltre: il futuro delle competenze in Italia" evidenziano come la transizione tecnologica avrà un ruolo chiave ***nel*** definire il futuro dell'occupazione, soprattutto come acceleratrice ***dei*** processi di obsolescenza di competenze, mansioni e professioni.
I processi di digitalizzazione e iperconnessione richiederanno profili di competenze compositi, ***in*** grado di gestire la complessità tecnica, tecnologica, organizzativa e gestionale. In tale contesto, sarà essenziale tanto l'aggiornamento professionale ***dei*** lavoratori, quanto la formazione di abilità adeguate nei giovani che fanno per la prima volta il loro ingresso sul mercato del lavoro.
A livello nazionale le previsioni occupazionali identificate ***dai*** modelli predittivi della ricerca indicano che l'80% delle professioni presenti in Italia muterà quantitativamente nel prossimo decennio. Il modello prevede, innanzitutto, che più di un terzo ***della*** forza lavoro attuale svolge professioni che cresceranno nei prossimi dieci anni (circa il 36%), mentre tutte le altre rimarranno stabili (20%), o decresceranno (44%). Solo la metà delle professioni in crescita, tuttavia, saranno legate ***a*** vario titolo alla tecnologia: aumenteranno anche professioni legate alla cultura, alla comunicazione, ai servizi di cura (***di*** carattere sanitario e non), all'insegnamento e alla formazione.

5. Roma produce più di Milano - pubblicando, luoghi, a fronte, essendo, primato, mentre, comprovate, imputarsi, luogo, a.
6. L'intervista - *1* - 6 - 2 - 3 - 8 - 10 - 7 - 4 - 11 - 5 - 9 - *12*.
7. Il miracolo economico - 8 - a fronte; 6 - mentre; 3 - come; 7 - Tuttavia; 11 - Quando; 4 - In effetti; 9 - e; 10 - Così; 11 - Tra.

Appunti